Dieter Bartetzko

Illusionen in Stein

Simmungsarchitektur im Nationalsozialismus

ZENTRALVERLAG

Impressum

Illusionen in Stein – Stimmungsarchitektur im Nationalsozialismus
von Dieter Bartetzko

Lektorat: Andreas Mietzsch
Bildrecherche: Dr. Robert Habel
Gestaltung: Michaela u. Oliver-Sven Reblin
Bildbearbeitung: Benjamin Röbig
Druck: enka-druck, Berlin
Titelfoto: Bundesarchiv 183-E04492, Scherl Bilderdienst 1939

Printed in Germany
1. Auflage 2012
ISBN: 978-3-9812417-2-3
www.zentralverlag.de

ZENTRALVERLAG AG & Co. KG
Lützowstraße 33–36
10785 Berlin
info@zentralverlag.de

Komplett überarbeitete und erweiterte Lizenzausgabe, mit freundlicher Genehmigung der Rowohlt Verlag GmbH, Reinbeck bei Hamburg

Die Deutsche Nationalbibliothek verzeichnet diese Publikation in der Deutschen Nationalbibliografie; detaillierte bibliografische Daten sind im Internet über http://dnb.dnb.de abrufbar.

Inhalt

EINFÜHRUNG 5

Der Teufel steckt in den Nuancen –
Zur Neuausgabe der Illusionen in Stein 6

Massenpsychologie und Architektur –
NS-Baukunst und die Regie des öffentlichen Lebens 24

Wie über so unter der Erde –
NS-Architektur als Todesglanz 32

STIMMUNGSARCHITEKTUR 53

Archetypus ohne Ende –
Grundregeln der Stimmungsarchitektur 54

Bauen mit Geschichte –
Vergangenheit, Gegenwart und Ewigkeit 62

Bild und Bau –
NS-Bauten als Schaubilder 68

Aus Fahnen werden Pfeiler –
NS-Bauten als Dauerkundgebung 70

Baukunst und Denkmal –
Das Ewigkeitspathos von NS-Bauten 78

Schein und Sein –
Das Massentheater der Baukunst im Dritten Reich 88

THEATERBAUTEN 93

Über allem –
Theater 94

Intimität und Monumentalität –
Max Reinhardts Theaterbauten 109

Theater total –
Die Thingstätten im Dritten Reich 121

LICHTSPIELHÄUSER 133

„Kein Rokokoschloss für Buster Keaton" –
Die Stimmungsarchitektur der Lichtspielhäuser 134

„Lichteffekte: noch nie dagewesen" –
Kino und Lichtarchitektur im Dritten Reich 151

BÜHNENBAUTEN 163

Metaphern der Ewigkeit –
Max Reinhardts Bühnenbilder 164

Max Reinhardt ... –
... und die neuen Bühnenbauten 166

Kuben, Treppen und Podeste –
Reduktionsarchitektur auf den Bühnen der zwanziger Jahre 176

FILMARCHITEKTUREN 189

Lehrmeister der Realität –
Film und Filmbauten als Leitbilder 190

Seh-Schule für Bau-Bedeutung –
Der expressionistische Film 194

Ewige Bauten –
Historienfilme 197

Klassische Ordnung –
Preußenfilme und ihr Gefolge 202

Der Held und seine Welt –
Bergfilme 204

Ordnung und Chaos –
Fritz Langs Filme und das Dritte Reich 206

ORDENSBURGEN 229

Das Leben ein Schweben –
Ordensburgen 230

EPILOG 257

„Spannender als die Wirklichkeit" –
Ein Schlusswort 258

Quellennachweise der Abbildungen 267

EINFÜHRUNG

Der Teufel steckt in den Nuancen

ZUR NEUAUSGABE DER ILLUSIONEN IN STEIN

Distanzen – NS-Architektur gestern und heute

Als ich im Herbst 1984 in Berlin-Mitte an der Ecke Albrecht- und Reinhardtstraße einen Bunker aus der Zeit des „Dritten Reichs" fotografierte, zitterten mir die Hände. Noch gab es die Mauer. Westdeutsche Besucher wurden hier, in der „Hauptstadt der DDR", misstrauisch gemustert, wenn sie vor einem solchen Gebäude einen Fotoapparat zückten. Als ich im Januar 2012 während der Vorbereitungen zur Wiederauflage dieses Buchs an derselben Stelle stand, überlegte ich, ob noch Zeit sei, mit dem neuen Besitzer des Bunkers, dem Sammler Christian Boros, einen Termin zur Besichtigung seiner Galerie zu vereinbaren – Welten haben sich in den 28 Jahren seit Erscheinen der „Illusionen in Stein" verändert, und Welten, so scheint es, liegen zwischen dem damaligen und dem heutigen Blick auf die NS-Architektur.

Abb. 1: Karl Bonatz, Bunker an der Reinhardtstraße in Berlin, 1942, heute Sammlung Boros

2007 werteten die Medien die Umnutzung des grauen Betonkolosses durch Christian Boros als Großereignis der deutschen Kunstszene. Im Mittelpunkt der Berichterstattung stand der effektvolle Kontrast, in dem der brutale Beton der Bunkerhallen zu den fragilen Kunstwerken steht. Ebenso oft war der Gegensatz zwischen dem bedrohlichen „Kriegswürfel" und dem gläsernen Penthaus Thema, das Boros sich auf dem Dach hat bauen lassen und das seither nachts wie eine Druse über der dunkel brütenden Architekturmasse glüht. 1984, als ich den Bunker zum ersten Mal sah, stand er – 1945 bis 1949 Gefängnis der sowjetischen Besatzer, danach lange Lager für Textilien, Trocken- und Südfrüchte – seit Jahren leer. Das Metall der Scharniere und Klinken seiner schwerfälligen Tempel-Portale war schartig und stumpf geworden. Auf den hölzernen Panelen klebten dicke Schichten Taubenkot und aus den Lüftungslöchern strömte kalte Luft. Sie roch nach Moder, Fäulnis, Tod – der Geruch des „Dritten Reichs", so schien es mir damals.

Abschreckender Todesort 1984, lockende Kunststätte 2012: Die Eindrücke könnten unterschiedlicher kaum sein – und betreffen doch denselben Bau: Er ist ein Kubus, der durch seine Wucht, aber auch das markige Dekor ins Auge fällt, 18 Meter hoch, 1943 von Zwangsarbeitern errichtet und von seinem Architekten trotz der zwangsläufigen Eile nach dem Vorbild florentinischer Palazzi der Frührenaissance und römisch-antiker Kastelle gestaltet.[1] Die Reduktion der Schmuckformen auf Grobreize lässt deutlich die Verwandtschaft dieser von Krieg und Todesangst geschaffenen Architektur mit den NS-Staatspalästen hervortreten, die Albert Speer und sein Stab wenige Jahre zuvor für die Achsen des künftigen „Germania" und Wilhelm Kreis für das „Oberkommando des Heeres" samt Gruftenhalle entworfen hatten.

Heute bemerkt man diese Affinität beiläufig; in den achtziger Jahren löste sie Beklemmung aus. Jeder, der sich in jener Zeit auch nur entfernt für NS-Architektur interessierte (und sie nicht, was häufig auch vorkam, als fanatischer Nationalist aufsuchte), schreckte beim Anblick des Bunkers nicht nur vor ihm, sondern vor der gesamten Bauwelt des „Dritten Reichs" zurück. Nirgendwo sonst, ausgenommen Nürnberg und München, waren die Erinnerungen an die Greuel der Diktatur so drängend wie in Berlins Zentrum. Sie kreisten über der ehemaligen Reichsbank, die Heinrich Wolff 1933 errichtet hatte und in der seinerzeit die SED residierte, umlagerten das ehemalige Reichsluftfahrtministerium Ernst Sagebiels, das der DDR als „Haus der Ministerien" diente, stiegen auf, wenn man an den endlosen Kuben des „Goebbelsbaus" vorüberging, dem gigantesken ursprünglichen „Reichspropagandaministerium" am Thälmannplatz und der Mauerstraße, in dem die DDR, scheinbar ungerührt von der düsteren Vergangenheit, ihr „Ministerium für Medienpolitik" untergebracht hatte.

Selbst von verschwundenen Bauwerken blieb ihre Aura und die der Verbrechen wirksam: Als Mitte der achtziger Jahre auf dem Gelände von Hitlers ehemaliger Reichskanzlei Bagger die Baugruben für Plattenwohnbauten aushoben, nahm die Anzahl der Passanten in der sonst spärlich bevölkerten Wilhelmstraße – damals Otto-Grotewohl-Straße – schlagartig zu. Es war, als würden die Gespenster der Vergangenheit zahlreicher, je tiefer die Riesenschaufeln vordrangen. Auf der westlichen Seite der Mauer reagierte man irritiert und verständnislos auf den ignoranten Umgang mit diesem Areal, das eine der zentralen Brutstätten des Staatsterrors gewesen war. So erschien es wie ein taktischer Gegenzug, dass zur selben Zeit im westlichen Verlauf der Wilhelmstraße die Gestapo-Zellen im Keller des verschwundenen Prinz Albrecht-Palais ausgegraben wurden, um Teil der Dokumentationsstätte „Topographie des Terrors" zu werden. Ob ideologischer Schachzug oder späte Einsicht: die Bundesrepublik, so sah man es aus der Perspektive von Alexander Mitscherlichs „Die Unfähigkeit zu trauern", stellte sich der braunen Vergangenheit, die Jahrzehnte zuvor von Sprengkommandos auf immer hatte begraben werden sollen.

Frei vom Licht dieser Aufklärungskampagne blieb vorerst noch das ehemalige Botschafterviertel im Westteil des Tiergartens. Eine Topographie des seidigen, weil diplomatisch verbrämten Terrors, lag es nicht nur im übertragenen Sinne im Dämmerlicht: Das Gelände war verwildert, wuchernde Laubkronen bildeten ein dichtes Schattendach, Gestrüpp und Kletterpflanzen überdeckten die teilzerstörten einstigen Botschaften Italiens, Japans, Spaniens, Norwegens und Dänemarks. Von einigen anderen Niederlassungen, wie der Griechenlands, zeugten nur noch schüttere Fundamente, von denen wiederum die gepflegte Baugruppe der einstigen Jugoslawischen Botschaft abstach wie ein Gemälde de Chiricos. Nur die Angestellten der bescheidenen Konsulate, die einige Länder dort unterhielten, bewegten sich auf den Straßen. Nachts kamen Huren und Stricher, Freier, Drogensüchtige und Stadtstreicher. Immer aber gab es auch Neugierige, die beklommen oder sensationslüstern durch das Viertel streiften, die Überreste des Dritten Reichs musternd. „Hier wohnt der Tod" hatte ein Sprayer auf die Fassade der ausgebrannten Dänischen Botschaft gesprüht. Die Worte fassten zusammen, was die Mehrheit von diesem Ort dachte.

Scheu – in der DDR getarnt als Ignoranz derer, die mit dem „real existierenden Sozialismus" den Faschismus endgültig besiegt zu haben meinten – war die Hauptreaktion auf die baulichen Relikte des Dritten Reichs. Die andere war Hass. Er hatte sich unmittelbar nach dem Krieg in den Sprengungen beispielsweise auf dem Nürnberger Reichsparteitagsgelände ausgetobt, wo zunächst die amerikanische Armee, dann Nürnbergs Stadtverwaltung die Türme des Märzfelds und andere Großbauten in die Luft jagten. Nach einer Phase des Wegsehens, 1963 zusammengefasst in Nikolaus Pevsners brillant verächtlichem Satz „Was die nationalsozialistische Architektur in Deutschland angeht, so ist jedes Wort über sie zuviel",[2] und der Sprengung der Pfeilerhallen auf Speers Nürnberger Zeppelintribüne aus Sicherheitsgründen 1967, brach 1974, gesteigert und genährt vom Generationenkonflikt der Studentenrevolten 1968, der Hass auf die materiellen Hinterlassenschaften des „Dritten Reichs" mit ungeahnter Vehemenz wieder auf. Anlass war die Eröffnung der Ausstellung „Kunst im Dritten Reich. Dokumente der Unterwerfung" im Frankfurter Kunstverein. Als erste Ausstellung nach 1945, die NS-Kunst öffentlich präsentierte, entfachte sie Streitgespräche, die zu Tumulten anwuchsen. Die Mehrheit wollte diese Kunstwerke nicht sehen, verweigerte ihnen nicht nur den Kunstwert, sondern auch die Daseinsberechtigung.

Nach dem stürmischen Auftakt entwickelte sich die Schau zu einem Publikumserfolg. Doch dass die blinde Abwehr des architektonischen NS-Erbes nur vorübergehend abgeebbt war, erwies sich weitere zehn Jahre später: Im

Abb. 2: Ludwig Moshamer, Japanische Botschaft in Berlin, 1939-42

Zug der Berliner Internationalen Bauaustellung (IBA) wurde 1985 auch im Botschaftsviertel gebaut. Aufsehen erregte die Wiederherstellung der Japanischen Botschaft als japanisches Kulturzentrum. Das Gebäude, errichtet 1938 bis 1942 nach Entwürfen von Ludwig Moshammer und Cäsar Pinnau als subtile Mischung aus Stilelementen der „versteinerten Moderne" der späten Weimarer Republik, dem kompakten Neoklassizismus Albert Speers und japonisierenden Motiven, wurde wegen Baufälligkeit bis auf die Grundmauern abgetragen, als Kopie seiner selbst neu aufgeführt und um einen postmodernen Trakt ergänzt, der die Formen des Altbaus modifizierend aufgriff.

NS-Architektur mit einer Sorgfalt nachzubauen, wie man sie beim Parthenon erwartet hätte, weckte bei vielen Bürgern Empörung. Diese zielte auch auf die Postmoderne, die dieser Vorgehensweise unwillentlich den Weg geebnet hatte. Als Architekturtrend, der in Opposition zur Anonymität der Spätmoderne bildreiche historische Stile rehabilitierte, störte postmodernes Bauen das bewährte stillschweigende Einverständnis, wonach modernes Bauen mit Demokratie, retrospektive Bauformen dagegen mit autoritätshörigem Konservatismus gleichzusetzen seien. Im diesbezüglich besonders empfindlichen Berlin, wo Rob Krier und Oswald Mathias Ungers als Protagonisten der IBA mit klassizierenden Pfeilerreihen, Säulen und Werksteinverblendungen Furore machten, kursierte bald der Vorwurf, postmoderne Architekten seien mehr oder weniger ahnungslose nachträgliche Kollaborateure der „Baumeister des Dritten Reichs".

Auch ich schloss damals voreilig von formalen auf geistige Parallelen und unterstellte in der Einleitung der „Illusionen in Stein" postmodernen Architekturen Affinität zur NS-Architektur und ihren Botschaften. Deshalb habe ich diese Kapitel in der Neuauflage durch ergänzende Ausführungen zur Spezifik der NS-Stimmungsarchitektur und ihrer Ikonographie des Vagen ersetzt.

Wie ich und einige weitere Architekturkritiker (dies ist nicht als nachträgliche Entschuldigung meiner Irrtümer gedacht) waren in den achtziger Jahren auch viele Architekten schockiert vom vermeintlichen, gelegentlich aber auch wissentlich leichtfertigen Umgang postmodernen Bauens mit dem architektonischen Formenrepertoire des „Dritten Reichs". Eine besonders entschiedene Gegnerin solcher frivoler Spielereien war die italienische Architektin Gae Aulenti. Als im Rahmen der IBA überlegt wurde, die Italienische Botschaft nach dem Vorbild der Japanischen ebenfalls partiell zu reaktivieren, legte sie einen spektakulären Entwurf vor: Zum Zeichen der unversöhnlichen Gegnerschaft von Faschismus und Demokratie schlug Gae Aulenti vor, den 1938-1941 von Friedrich Hetzelt und Willy Wagner erbauten Monumentalbau von einem

Abb. 3: Dokumentationszentrum Reichsparteitagsgelände Nürnberg

Abb. 4: Franz u. Ludwig Ruff, Kongresshalle Reichsparteitagsgelände Nürnberg, Dokumentationszentrum oben links

gläsernen Keil durchstoßen zu lassen, dessen Spitze die unversehrten pompösen Säulenstellungen der Schaufront förmlich hätte explodieren lassen.

Der Vorschlag setzte sich nicht durch, hinterließ aber in Berlin und sehr viel später auch in Nürnberg Spuren: Daniel Libeskinds Berliner Jüdisches Museum nämlich, wechselnd als geborstener Davidstern oder Blitzschlag gedeutet, nutzt, obwohl von Aulentis Entwurf unabhängig, die Keilform als Symbol der siegreichen Demokratie. 1998, ein Jahr vor der Eröffnung des Libeskind-Baus, wurde in Nürnberg der Wettbewerb für ein Dokumentationszentrum in der Kongresshalle des ehemaligen Reichsparteitagsgeländes entschieden. Ihn gewann der österreichische Architekt Günther Domenig mit einem Vorschlag, in dessen schriftlichem Kommentar ausdrücklich von einem „Pfahl" aus Glas und Stahl die Rede ist, der den NS-Titan durchbohre.

Akzeptanz statt Verdrängung – NS-Architektur nach 1989

Günther Domenigs 2001 eingeweihtes Nürnberger Dokumentationszentrum ist weit entfernt von der Aggressivität der Aulenti-Skizzen. Der Bau verzichtet auf die „tödliche" Spitze, scheint eher durch die starren Granitmassen des Kongresshallen-Torsos von Franz und Ludwig Ruff zu gleiten als sie zu sprengen, akzentuiert und irritiert die Fassade, aber zerstört sie nicht. Ein Grund dafür dürfte das gelassenere Verhältnis zur NS-Architektur sein, zu dem die Deutschen nach der Wende gefunden haben: Je mehr ehemalige Ministerien des „Dritten Reichs" zu Amtssitzen der „Berliner Republik" wurden, desto mehr verblasste das einstige grelle Bild von der kontaminierten, von jeder neuen Nutzung auszuschließenden Architektur des NS-Regimes.

Großes Interesse weckte 1997 der Umbau der ehemaligen Reichsbank, die Heinrich Wolff 1934 als einen der ersten Repräsentationsbauten des „Dritten Reichs" schuf. Hans Kollhoff passte sie bis zum Jahr 2000 den Erfordernissen des Außenministeriums der Bundesrepublik an. Kollhoff, dem einige Jahre zuvor postmoderne Affinität zum NS-Stil vorgeworfen worden war, erwies sich dabei als überparteilicher Treuhänder des Denkmals und feinsinniger Deuter der braunen Hinterlassenschaften. Denn er zivilisierte

Abb. 5: Heinrich Wolff, Reichsbank-Erweiterungsbau, heute Auswärtiges Amt, 1934-40, links der neue Kopfbau von Müller und Reimann

einerseits die teilweise erhaltenen Ehrenhallen und Repräsentationsräume des Dritten Reichs, indem er dezente statt magischer Beleuchtung einsetzte und auf pompösen Ersatz der verschwundenen Monumentalmosaike, Hoheitszeichen und Wandgemälde verzichtete. Andrerseits aber enthielt er sich jeder pseudodemokratischen Kraftmeierei, schonte düster-feierliche Wandvertäfelungen, Treppenkaskaden oder Marmorintarsien und bewahrte damit authentische Zeugnisse der architektonischen Verführungskunst. Ebenso bedacht ging Kollhoff bei einigen markanten Räumen der SED vor, denen er gleichfalls ihre zeittypische Gestalt entweder beließ oder sie leicht im Sinne „demokratischen Bauens" retuschierte. Ebenfalls akzeptiert ist ein anderes Bauwerk von Heinrich Wolff, nämlich der ehemalige Sitz der Reichsbank in Frankfurt am Main. Heute beherbergt es im Schatten der Bankentürme die Hauptverwaltung der Deutschen Bundesbank.

Vergleichbar sorgfältig wurden Ernst Sagebiels Reichsluftfahrtministerium und das von Karl Reichle 1933 sowie 1937-1940 bemerkenswert zynisch entworfene Propagandaministerium[3] behandelt. Beim Umbau des Luftfahrtministeriums zum Finanzministerium setzte das Architektenteam HPP zwischen 1996 und 2000 darauf, dass Politiker und Bürger nach sechs Jahrzehnten Demokratie nicht mehr vor den Überwältigungsarchitekturen des „Tausendjährigen Reichs" in die Knie gezwungen würden und behielten deshalb den pompösen Ehrenhof der Baugruppe ebenso bei wie Empfangshallen und Flure sowie den drei Geschosse übergreifenden, zentralen Festsaal, den die SED hatte renovieren und mit neuen Hoheitszeichen versehen lassen, um dort die Verfassung der DDR zu beschließen (s. Seite 14).

Auch bei der Instandsetzung und Erweiterung des Propagandaministeriums zum Arbeitsministerium gingen die Beteiligten vom neutralisierenden Einfluss der historischen Distanz aus (s. Seite 15). Der Architekt Josef Paul Kleihues, allgemein anerkannt als ehemaliger Leiter der IBA und Verfasser ihres Leitspruchs von der „kritischen Rekonstruktion der Stadt“, passte das Innere des Altbaus den neuen Anforderungen an und ergänzte, worin man vielleicht einen dezenten Verweis auf den Sieg und das Selbstvertrauen der Demokratie sehen kann, die pathetischen steinverkleideten Kuben mit transparenten grazilen Anbauten der „Zweiten Moderne“.

Eine andere, anfangs umstrittene Variante wählte der Italiener Vittorio de Feo, als er zwischen 1996 und 2003 die Botschaft seines Landes wiederherstellte (s. Seite 16). Gestützt auf eine Äußerung des damaligen Leiters des italienischen Kulturinstituts Pierangelo Schiera, dass Deutschlands „Vergangenheitsbewältigung sich nicht auf italienisch übersetzen“[4] lasse, ließ de Feo mit seinem Entwurf „Akzeptanz statt Verdrängung“[5] Gestalt werden. Er sanierte die Baugruppe, beließ ihrem Äußeren die geringen Zerstörungsspuren (Granateneinschläge und Einschusslöcher im Sockelbereich) und entfernte im Inneren die faschistischen Hoheitszeichen, die seither in einem Ausstellungssaal zu besichtigen sind. Einen entschiedenen symbolischen Akzent des politischen Wandels setzte der Architekt im Innenhof. Dort ließ er die

Abb. 6: Heinrich Wolff, ehemalige Reichsbank Frankfurt/Main, 1931-33, heute Deutsche Bundesbank

Abb. 7: Ernst Sagebiel, Reichsluftfahrtministerium, 1934-35, heute Bundesfinanzministerium

Abb. 8: Bundesministerium der Finanzen 2012

teilzerstörten Kollonaden ruinös. Von manchen Kritikern als heroisierender Ruineneffekt à la Piranesi abgelehnt, bilden die gestürzten Säulen dennoch einen dezent mahnenden Gegenpol zur zeremoniösen Theatralik einer neuen geschwungenen Freitreppe, die de Feo als Zugang zum zentralen Festsaal der Botschaft einfügte. Gefertigt aus dem gleichen Travertin wie der Altbau, fußend auf Skizzen Friedrich Hetzelts, verlängert die dramatisch inszenierte Treppe die Schaueffekte von 1938 in die Gegenwart; Befreiung von den Fesseln der Vergangenheit nennen dies die Befürworter, gedankenloses Weitertragen faschistoider Baukunst sehen die Gegner darin.

Erregtes Für und Wider gab es auch, als zwischen 1998 und 2003 die spanischen Architekten Jesús Velasco Ruiz und José de Onzono y Angulo die teilweise ausgebrannte Spanische Botschaft wiederherstellten. Der Zweiflügelbau auf spitzwinkligem Grundriss mit einer säulenbestückten Schaufront abgeschrägten Spitze wurde von 1938 bis 1943 nach einem Entwurf von Walter und Johannes Krüger, den Schöpfern des „Tannenberg-Ehrenmals", errichtet. Widerstand seitens Experten und Denkmalschützern rief der umfassende Abriss des ruinösen „Kanzleitraktes" hervor, den die beiden Spanier mit einem historisierenden Neubau in den ursprünglichen Proportionen ersetzten. Dies, und die radikale Entkernung des Residenzflügels, bei der nur das Treppenhaus und die Fassade geschont wurden, wurden als unstatthafte Entsorgung der Geschichte bemängelt. Völlig unbedarft aber erfolgte der Umbau nicht: die neuen Trakte stechen mit verschlanktem Dekor und weichen statt hartkantigen Übergängen vom Altbau ab; insbesondere der Kanzleitrakt wirkt zuweilen – beabsichtigt? – wie eine desillusionierend dünne Attrappe.

Wie breit die Palette der Gestaltungs- und Deutungsformen beim Umbau von NS-Architekturen inzwischen ist, bezeugt die Sanierung des „Bendlerblocks" für das Verteidigungsministerium der Bundesrepublik zwischen 1997 und 2003. Obwohl der Hauptbau bereits 1911-1914 vom Architektenduo Reinhardt/Süßenguth als Heeresamt errichtet und lediglich von Wilhelm Kreis bis 1938 erweitert wurde, gilt er wegen der Ereignisse des 20. Juli 1944 als Architektur des „Dritten Reichs" schlechthin. Dem Rechnung tragend, ließ das Ministerium nach dem Umbau durch das Team Burckhardt/Emch/Berger im monumentalen Atrium einen 5 Meter breiten und 10 Meter langen Teppich des Künstlers Via Lewandowsky auslegen, der nur zu ebener Erde wie eines der üblichen zeremoniellen Empfangszeichen wirkt. Vom umlaufenden Treppenhaus her betrachtet, erweist sich die rot changierende Oberfläche jedoch als Luftbild des kriegszerstörten Berlin. Je höher der Betrachter steigt, desto deutlicher werden die Konturen der beklemmenden Ruinenlandschaft – so nachdenklich hat sich wohl noch keine militärische Institution mit den etwaigen Folgen ihres Tuns auseinandergesetzt.

Das genaue Gegenteil, nämlich Geschichtsvergessenheit und Zerstörung eines bedeutenden Denkmals der NS-Zeit, warfen im Jahr 2000 viele dem Umbau des Berliner Olympiastadions vor. Die Anlage, die Walter und Werner March 1934-1936 mit Marathontor, Langemarck- und Glockenturm samt ihren flankierenden Pfeiler-Bataillonen zur Inkunabel des „Dritten Reichs" und seiner ausgeklügelten eindruckmachenden Stimmungsarchitektur gestalteten, wandelte sich bis 2004 dank eines Entwurfs von Gerkan, Marg und Partner zum High-Tech-Fußballstadion mit spektakulär leuchtendem Schwebedach.

Abb. 9: Karl Reichle, ehem. Reichsministerium für Volksaufklärung u. Propaganda, 1936-40, heute Bundesministerium für Arbeit und Soziales

Abb. 10: Friedrich Hetzelt, Italienische Botschaft in Berlin, 1939-41

Um dem Denkmalschutz zu genügen, wurden alle Zutaten reversibel gestaltet. Damit ist ein Minimum an verantwortungsbewusstem Umgang mit einem Hauptwerk des „Heldischen Bauens" gewährleistet. Die Frage, ob der neue Glanz den verderblichen ursprünglichen Effekt des Riesenbaus steigert oder korrigiert, ist so unbeantwortbar wie die nach dem halbvollen oder halbleeren Glas. Doch solange die von magischer Massenarchitektur gestützte Entfesselung hirnlos gemachter Massen sich heutzutage auf Hooligans und ihnen verwandte Fanatiker beschränkt, kann man sich wohl getrost auf den Immunisierungseffekt des globalen Showbusiness mit seinen als entlastende Zerstreuung erkannten Massenveranstaltungen setzen; wer rockt, marschiert nicht.

Was dem Umbau des Olympiastadions vorgeworfen wurde, trat als verstockte, von Profitgier gesteuerte Ignoranz erst bei Bauarbeiten auf dem „Gauforum" Hermann Gieslers (dem einzigen realisierten von Dutzenden geplanten) in Weimar ein. Dort wurde die im Rohbau steckengebliebene „Halle der Volksgemeinschaft" 2005 unter dem Namen „Weimar-Atrium" als provinziell-elegantes Einkaufszentrum fertiggestellt. Zwischen 2010 und 2011 mühte sich die Stadtverwaltung in verspäteter Reaktion auf bundesweite Kritik, nach einer Sanierung aller Fassaden mit aufgesetzt munterer Farbgebung „den Forumscharakter und damit die dunkle Vergangenheit des Denkmals aufzubrechen."[6]

Die Regel freilich des Umgangs mit allen nicht durch braune Verbrechen berüchtigten NS-Bauten basiert derzeit auf Halbherzigkeit und Gleichgültigkeit, den Zwillingsschwestern von Toleranz und Gelassenheit. Mit dem stillgelegten Flughafen Berlin-Tempelhof beispielsweise gehen die Zuständigen um wie mit einer x-beliebigen, schwer verwertbaren Immobilie. Dabei ist diese Monumentalanlage Ernst Sagebiels ein architektonisches Meisterwerk, in dem die aberwitzige ideologische Maxime, das „Dritte Reich" sei gleichermaßen vorwärts und rückwärts gewandt, belebe jahrtausendealte Traditionen wieder und sei doch auf dem Weg zum weltweit modernsten Staat, perfid glaubwürdige Gestalt fand: Das 1936 begonnene Flughafengebäude war nach seiner Vollendung 1941 mit der Bruttogeschossfläche von 307.000 Quadratmetern das flächenmäßig größte Gebäude der Welt und damit ein international staunenerregender Pionierbau der Ingenieurstechnik. Zugleich aber gab ihm Sagebiel die Anmutung einer zeitlosen titanischen Kultstätte, deren schimmernde Granitpfeiler, spiegelnde Marmorböden und pompöse Kassettendecken im gleichen Atemzug von den Heldenflügen des Dädalus und Ikarus wie von denen des „Fliegergottes" im „Dritten Reich", nämlich dem Jagdflieger und Luftwaffenoffizier Werner Mölders, zu raunen scheinen.

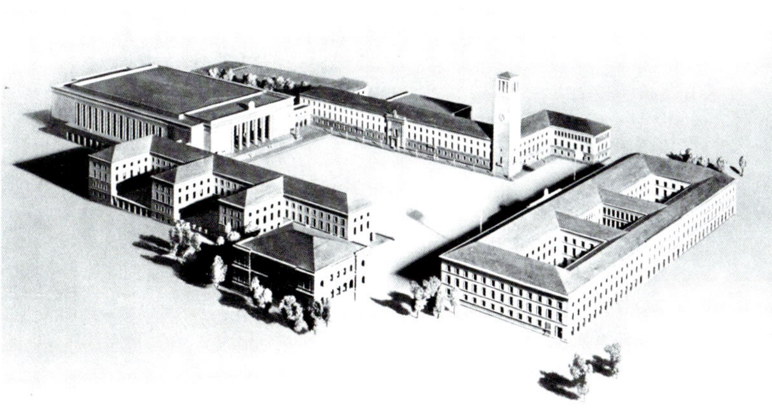

Abb. 11: Hermann Giesler, ehemaliges „Gauforum" Weimar, Modell, 1937 Baubeginn, Foto vor 1938

Der Preis, den wir für den wachsenden historischen Abstand zum baulichen Erbe der NS-Diktatur und den damit verbundenen Gewöhnungseffekt zahlen, ist hoch. Mit Tempelhof (oder Prora, dem KdF-Titan von Clemens

Abb. 12: Einkaufszentrum Atrium im ehem. Gauforum Weimar

Klotz und Erich zu Putlitz auf Rügen, (s. Seite 20) lässt die bundesdeutsche Gesellschaft zwei zentrale Denkmäler der Hybris des „Dritten Reichs" untergehen. Immerhin nimmt dies die Öffentlichkeit noch gelegentlich missbilligend zur Kenntnis. Weniger spektakuläre Bauwerke dagegen werden umgestaltet oder abgerissen wie jeder andere belanglose Altbau. So geschehen im Frühjahr 2012 in der Innenstadt von Frankfurt am Main. Dort wurde ein 1936 errichtetes Bürohaus sang- und klanglos zugunsten eines Hochhauses beseitigt, unerachtet dessen, dass der travertinverkleidete markante Bau des Architekten Heinrich Schreiber 1938 ein Glanzlicht in Gerdy Troosts Bildband „Das Bauen im Neuen Reich" darstellte. Wie abgestumpft die Allgemeinheit für die Botschaften der (Alltags-)Bauten des „Dritten Reichs" inzwischen ist, bezeugt die Tatsache, dass eine markante Eckfigur des Gebäudes geborgen wurde, um sie am geplanten Neubau als wirkungsvoll patinierten Bauschmuck wiederzuverwenden.

Würden heute, wenn ein neuer Bildband die Bauwerke des „Dritten Reichs" verklärte, ähnlich empörte Artikel erscheinen wie 1985, als Leon Kriers „Eine Architektur der Sehnsucht"? untertiteltes Konvolut erschien, in dem Albert Speer der „bedeutendste Baumeister des 20. Jahrhunderts"[7] genannt wird? Mit Sicherheit nicht. Denn mittlerweile ist die Architektur des „Dritten Reichs" überwiegend als Spielart des internationalen Neoklassizismus der dreißiger Jahre angesehen, oder sie wird allenfalls unter den Vorzeichen gleichmacherischer Totalitarismustheorien als „Machtarchitektur" bezeichnet, die dem Bauen der damaligen Sowjetunion, Franco-Spaniens und Mussolinis Italien entspreche.[8]

Mehr als an den existierenden Hinterlassenschaften des „Dritten Reichs" scheint die Allgemeinheit nun an Filmen interessiert, die jene Epoche vergegenwärtigen. Den vorläufigen Höhepunkt erreichte dieses Interesse 2004 im internationalen Erfolg von Oliver Hirschbiegels „Der Untergang". Überwiegend in der klaustrophobischen Unterwelt-Atmosphäre des sogenannten „Führerbunkers" spielend, brachte der Film damit auch den ich-besessenen Fanatismus des Regimes und seiner Akteure meisterhaft ins Bild. Doch genügten schon die wenigen Blicke auf und in die (fiktiven, aber detailgetreu nachgebildeten) darüber gelegenen NS-Paläste, um zu erhellen, welche Magie die öffentliche Bauwelt des NS-Regimes selbst noch im ramponierten Zustand auszuüben vermochte: Wie auf den Karikaturen der „Neuen Reichskanzlei", deren hypertrophe Galerien und Hallen seinerzeit der Speer-Assistent Hans Stephan mit verschüchtert geduckten Gestalten bevölkerte, um die erschlagende Gewalt zu veranschaulichen, die sie auf jeden, insbesondere aber auf ausländische Diplomaten und Gäste ausüben würden, irrten bei Hirschbiegel versprengte Deutsche durch die Ruinen, teils fassungslos, teils aber auch ein letztes Mal ermutigt zur grausigen „Nibelungentreue".

Mit anderen Worten: In „Der Untergang" kehrt hinter dem Rücken der Beteiligten die NS-Architektur zu ihrem Ursprung zurück – dem Film und seinen Suggestionen. Das Gefesseltsein, das das heutige Publikum dabei gelegentlich verspür, ist nur der Abglanz jener Magie, die die Leinwand in den zwanziger und dreißiger Jahren auf die Allgemeinheit ausübte. „Pictura est biblia pauperum": Was in Form der starren Gemälde und Statuen des Mittelalters ganz Europa gleichsam hypnotisierte, erneuerte sich in den bewegten

Abb. 14: Herausbruch der Skulptur und Abriss 2011

Abb. 13: Heinrich Schreiber, Laboratoriumsgebäude, Frankfurt/Main

Bildern der ersten Jahrzehnte des 20. Jahrhunderts. Faszinierend neu, von zuvor ungekannter Präsenz und Überzeugungskraft, besetzte und leitete die lebende Abbildwelt des Films nicht nur das Bildgedächtnis, sondern auch die Wahrnehmung und den Gefühlshaushalt der Allgemeinheit.

Filme waren das Prägewerk, in dem die Pathosformeln entstanden, die das NS-Regime in die Wirklichkeit übertrug. Diese wurde, wie Siegfried Kracauer in seinem genialen Aperçu formulierte, „eingespannt, sich selbst vorzutäuschen".[9] Nichts war dafür besser geeignet als Architektur, die durch ihr pures Dasein jene neue Welt suggerierte, die die Machthaber geschaffen zu haben behaupteten. Die Glaubwürdigkeit der NS-Architekturen wiederum beruhte zum Gutteil auf jenen hypnotischen Motiven, die der Film zuvor für seine „sprechenden Bauten" entwickelt und erprobt hatte. So trafen Hitlers „Worte in Stein" auf ein Publikum, das dank der vorangegangenen Schulung in den Leinwandpalästen mühelos und willig verinnerlichte, was die Architekturen ihm darboten.

Das effektivste Gestaltungselement, das Regisseure, Kameraleute, Graphiker und Architekten zwischen 1900 und 1929 entwickelt hatten, war das der Verknappung: Wie in der mittelalterlichen Malerei beispielsweise ein zinnengekrönter Turm genügte, um den Betrachtern Code zu sein für Recht, Würde und Macht, das Gottesgnadentum von Monarchen und Adligen, den Schutz himmlischer wie irdischer Burgen, Städte und Rathäuser, den Glanz des weltlichen wie des himmlischen Jerusalem, so genügten im Film eine Quaderwand oder eine Bogenfolge, um jeden Zuschauer je nach Bedarf Altägypten, das Nibelungenreich oder sonstige mythenumrankte Welten assoziieren und auf die eigene Zeit beziehen zu lassen.

Ein im buchstäblichen wie übertragenen Sinne winziges Detail des Gestaltungsfundus der Diktatur macht dies deutlich: das doppelte S auf den

Abb. 15: Clemens Klotz, „KdF" Seebad Prora auf Rügen, Seeseite, 1936-39

Kragen der SS-Uniformen. Seine sichtlich den Schrifteinblendungen des expressionistischen Stummfilms entlehnten Zackenformen, (1929 vom Grafiker Walter Heck in die für die NSDAP verbindliche Form gebracht), signalisierten in der „arisierten" Atmosphäre des Dritten Reichs als „Sieg-Runen" ein auferstandenes Germanentum. Auf denselben Blick aber wirkten das schnittige Buchstaben-Doppel als Chiffre moderner Dynamik, symbolisierte die Elektroblitze eines Staats und einer Partei auf dem höchsten Stand der zeitgenössischen Technik.

Auch die Architektur bot solche Kürzel. Eines der ausgeklügeltsten ist die Anschlussstelle des neuen Propagandaministeriums an die angrenzenden Altbauten: Im Vorgriff auf eine spätere Verbreiterung der Mauerstraße hatte dessen Architekt Karl Reichle den Neubau um etwa drei Meter hinter die vorhandene Bauflucht zurückgesetzt. Die Nahtstellen verblendete er mit dem Muschelkalk der Fassadenverkleidung, den er zur Straße hin in Pilaster überführte. Diese wiederum krönten je ein Reichsadler, dessen Krallen und Flügelspitzen in die Wand überglitten (s. S. 69). So wurde aus der Not gestalterische Tugend – und propagandistische Suggestion. Denn die vibrierende Dynamik, mit der diese Reichsadler aus dem Bau aufzuschießen scheinen, auf dem sie einen letzten Sekundenbruchteil verharren, verbindet geschichtsträchtiges Beharren mit dem Sprung in die angeblich neue Zeit, in der wiederum – vergegenständlicht im Adler – der Propaganda die Lufthoheit zukam.

Sein oder nichtsein – Die fortdauernde Scheu vor dem braunen Erbe

Reichles Reichsadler wurden kurz nach 1945 abgeschlagen. Dass damit aus einem bedeutungsschweren architektonischen Coup ein scheinbar belangloser Stumpf geworden ist, dürften nur Experten wahrnehmen. Doch diese wiederum sind momentan meilenweit von solchen Detailbeobachtungen entfernt. So jedenfalls mein Eindruck, als ich im November 2011 an einem Symposium zum zehnjährigen Jubiläum des Nürnberger „Dokumentationszentrums Reichsparteitagsgelände" teilnahm. Während dieser Veranstaltung schien es zweitweise, als wären zwischen der Niederschrift der „Illusionen in Stein" und dem Jubiläum des Dokumentationszentrums nur wenige Wochen vergangen. So beantworteten zum Beispiel der bayerische Landeskonservator Johannes Greipel und Wolfgang Benz, der ehemalige Leiter des Zentrums für Antisemitismusforschung an der TU Berlin, die Grundfrage der Veranstaltung „Erhalt oder Verfall?" (des Reichsparteitagsgeländes und anderer NS-Stätten) mit Plädoyers für einen, wie sie es nannten, „geordneten Verfall". Das wiederum weckte beim größtenteils sachverständigen Publikum die Befürchtung, die gigantesken Fragmente würden sich dadurch im Lauf der Zeit zu romantischen Trümmerstätten wandeln, deren Anblick, ganz im Sinne von Hitlers und Albert Speers „Ruinen-Theorie"[10], die Diktatur im Nachhinein verharmlosen, zumindest aber für hartgesottene wie für potentielle Neonazis verklären, ja mystifizieren könnte.

Die unterschwellige Furcht vor der Suggestion dieser Bauwerke, wie sie vor drei Jahrzehnten gang und gebe war, feierte nicht nur in dieser Hinsicht Urständ im Dokumentationszentrum: Wolfgang Benz, von Teilen der Zuhörer mit Applaus unterstützt, forderte, man solle den „Goldenen Saal" der Zeppelintribüne verschlossen halten und nur ausgesuchten Besuchern präsentieren; Nürnberger Bürger schlugen vor, die Kongresshalle künftig nicht mehr für Rock- und andere Freiluftkonzerte zu öffnen, weil derlei Veranstaltungen die Massenhysterien der NSDAP-Spektakel wiederholten. Selbst Brechts (schuldlos) zur Platitüde verkommener Satz vom „Schoß, der fruchtbar noch" wurde zitiert.

Einige Wochen nach dieser Veranstaltung erzählte mir mein vierzehnjähriger Sohn von einer Klassenfahrt, in deren Verlauf er das Nürnberger Reichsparteitagsgelände besichtigte. Er empfand die Riesenbauten als beeindruckend, aber monoton, grob und letztlich langweilig. Ist also der Keil, respektive „Pfahl" des Dokumentationszentrums ein Elfenbeinturm, in dessen Abgeschiedenheit sich weltfremde Befürchtungen über die andauernde Verführungskraft der NS-Bauten erhalten haben? Ein abseits gelegenes Gebäude des Reichsparteitagsgeländes scheint das zu bestätigen: die Umspannstation, die Albert Speer seinerzeit als vages Zitat eines ehrfurchtgebietenden antiken Mausoleums gestaltet hat. In ihr residieren gegenwärtig eine McDonalds-Filiale und ein Fitness-Studio.

Zeit und Gewohnheit haben ihr Urteil gesprochen und die Bedenken der Fachwelt als berufsbedingte Blindheit für die Zeichen der Gegenwart entlarvt. Seit Jahren ist die vormals skandalöse These von der „Gnade des Vergessens" akzeptiert. Selbst wenn sie es nicht wäre, hätten die allgemein bekannten Auswirkungen der Datenflut unseres telematischen Zeitalters dafür gesorgt, dass dem Gros der Deutschen das „Dritte Reich" mittlerweile so fern scheint wie die Epoche Karls des Großen. Was heute eine Gesellschaft ins Mark trifft, ist spätestens übermorgen vergessen. Dennoch hieße es vorschnell urteilen, wollte man daraus auf eine Art totaler kollektiver Amnesie in Bezug auf das „Dritte Reich" schließen. Auch dafür, und für die dennoch wachen Sinne der Experten, lieferte das Nürnberger Symposium den Beweis: Albert A. Feiber, der Kurator der „Dokumentationsstätte Obersalzberg", legte dar, dass dort im Jahr 2010 rund 327.000 Besucher gezählt wurden. Viele von ihnen suchten das Dokumentationszentrum auf, doch mehr noch suchten nach Spuren des inzwischen legendären „Berghofs", den Hitler zum zweiten Regierungssitz seiner Diktatur hatte ausbauen lassen. Vergeblich, denn die bayerische Landesregierung hat sich seit 1945 bemüht, alle baulichen Reste zu tilgen. Mit dem Effekt, dass das Gelände zum mythischen Ort und jeder kleinste Mauerrest zum geheimnisvollen, die Phantasie reizenden Überbleibsel geworden ist.

Mit anderen Worten: Die Erinnerungen an das „Dritte Reich" sitzen sprungbereit in Grauzonen des kollektiven Gedächtnisses. Es genügt eine kleine Blickverschiebung und die widerstreitenden Gefühle dreier Generationen stehen wieder auf. Nichts ist bewältigt, nichts endgültig geklärt. Viele Antworten auf die zahllosen ungeklärten Fragen zur Wirkungsweise des Schreckensregimes sind, und darin liegt dessen immense, zunehmend verkannte Bedeutung, im baulichen Erbe des „Dritten Reichs" gespeichert. In den architektonischen Hinterlassenschaften verkehrt sich Hitlers kleinbürgerlich-größenwahnsinnige Vision vom Wirken der „Worte in Stein" in ihr Gegenteil: „Die großen Kulturdokumente der Menschheit aus Granit und Marmor stehen seit Jahrtausenden. Und sie allein sind ein wahrhaft ruhender Pol in der Flucht all der anderen Erscheinungen (...) Deshalb sollen diese Bauwerke (des „Dritten Reichs") hineinragen, gleich den Domen unserer Vergangenheit, in die Jahrtausende der Zukunft."[11] So hatte der Diktator 1937 in Nürnberg den Zweck des von ihm initiierten und überwachte „Heldischen Bauens" umrissen, ahnungslos, dass diese Architektur ihn und seine todessüchtige Wahnherrschaft am Ende nicht glorifizieren, sondern entlarven würde. Seien es der Bunker in Berlins Mitte, der Bendlerblock, die Ministerien oder Weimars Gauforum: mit den überkommenen NS-Bauten ragen auch deren Botschaften „hinein in die Zukunft".

Sie zu entschlüsseln bedarf es noch Generationen von Forschern. Das umso mehr, als diese Gebäude keineswegs immer als bewusste Täuschungsmanöver entworfen und erstellt wurden. Im Gegenteil: ein wichtiger Bestandteil ihres Werdens ist die Selbsthypnose ihrer Schöpfer. Wie Film- und Theaterregisseure, die von ihrer vollendeten Inszenierung überwältigt werden, berauschten Architekten und Auftraggeber sich an der fingierten Größe, der behaupteten Überlegenheit, der simulierten Synthese von Vergangenheit, Gegenwart und Zukunft. Aus diesem Grund habe ich die NS-Architektur „Illusionen in Stein" genannt, sind die Bauwerke doch nicht nur Stimmungsmacher für die Unterworfenen, sondern auch die Gestalt gewordene Selbstwahrnehmung der Unterwerfer.

Es sind die gestalterischen und funktionalen Nuancen, die diese Illusionen als solche kenntlich machen und sie vom international verbreiteten Neoklassizismus unterscheiden. Als eines der makabersten Beispiele sei abschließend die „Deutsche Kriegsgräberstätte" in El Alamein erwähnt. Errichtet wurde der aus örtlichem, kristallin flirrendem, weißgelbem Sandstein gefügte Bau erst zwischen 1955 und 1959. Er ist 4.313 (der offizielle Gedenkstein trägt die Zahl 4.200) Gefallenen des deutschen „Afrikakorps" gewidmet. So unverkennbar, wie die polygone, an den Kanten von Türmen besetzte Großform ein Zitat des staufischen Castel del Monte ist, so eindeutig ist sie auch, (der Architekt ist unbekannt), inspiriert von Entwürfen des Wilhelm Kreis.

Von Kreis' häufig das Castel del Monte aufgreifenden „Gefallenenehrenmalen" führt eine gerade Linie über das 1934-1938 errichtete „Freikorps-Ehrenmal" Robert Tischlers auf dem Annaberg in Oberschlesien sowie den unrealisierten Entwurf für ein „Deutsches Schauspielhaus" von F. Emmel (1938) bis hin zum „Reichsehrenmal Tannenberg" (1924-1927 und 1934) der Gebrüder Krüger – und der „Wormser Burg" in Fritz Langs Nibelungenfilmen. Gemeinsam ist all diesen Filiationen des staufischen Ursprungsbaus, dass sie den Wesenkern des Nationalsozialismus in Architektur vergegenständlichen: die Sucht nach dem angeblich glorreichen Opfer- und Heldentod. Viele Staaten Europas widmeten während jener Jahrzehnte ihren Gefallenen ähnliche Gedenkstätten – doch es blieb dem nationalsozialistischen Deutschland und seinen Bauten vorbehalten, die Welt der Toten und der Lebenden zu vermengen. Dies ist die entscheidende Nuance, die das Bauen im „Dritten Reich" von gleichzeitig Entstandenem anderer Länder trennt. Sie nistete sich so gründlich im Unterbewusstsein der Deutschen ein, dass noch im Jahr 1955 ein deutscher Architekt nicht anders konnte, als eine Gedenkstätte in Form dieser Totenburgen zu entwerfen.

Wie leicht es doch ist, von hier aus den Bogen zu Hubert Schrades perfiden Zeilen über die Münchner „Ehrentempel der Gefallenen der Bewegung" zu schlagen: „Ihre Offenheit macht das, woran sie erinnern, zu einer ständig wirkenden Wirklichkeit des Lebens. Diese Wirklichkeit aber heißt Opfer!"[12] Zu leicht. Welcher halbwegs vernünftige Mensch sollte selbst im Ausnahmezustand des Dritten Reichs dergleichen Zumutungen ohne zumindest inneres Aufbegehren hingenommen haben? Es bedurfte unzähliger und pausenloser Nuancen, um eine umfassende Ikonographie des Vagen zu entwickeln, dank derer die Sinne dauerhaft umnachtet werden konnten. Dazu aber waren die fieberhaft produzierende Deutsche Filmindustrie und die ihr verwandten Institutionen imstande.

Massenpsychologie und Architektur

NS-BAUKUNST UND DIE REGIE DES ÖFFENTLICHEN LEBENS

„Die Ersatzbefriedigungen, wie die Kunst sie bietet, sind gegen die Realität Illusionen, darum nicht weniger wirksam dank der Rolle, die die Phantasie im Seelenleben behauptet hat." (Sigmund Freud)[13]

„Dass der in sich selbst, in seinen Körperpanzer und die gesellschaftlichen Zwänge eingesperrte Mensch unter bestimmten Umständen lieber ausbrechen möchte, als sich satt essen und dass seine Politik darin bestehen kann, diesen Ausbruch zu organisieren und nicht eine ökonomische Ordnung, die der nächsten Generation die Aussicht auflebenslang gefüllte Mägen verspricht, das eben lehrt der Faschismus." (Klaus Theweleit)[14]

Alarmiert durch den drohenden Zusammenbruch der deutschen Demokratie, suchte Sigmund Freud 1931 die beunruhigenden Zeichen der Zeit zu deuten. Die im zunehmend brutaler werdenden Klassenkampf, in Parteienhass und sozialen Unruhen, in der wachsenden Vorliebe für Heilslehren und Endzeitpropaganda sich abzeichnende Überlebenskrise der Republik diagnostizierte er im Titel seiner Schrift als „Unbehagen in der Kultur". Seine Beobachtungen veranlassten ihn, indirekt zur Analyse des kollektiven Unbewußten, zur präventiven Erkenntnis der darin enthaltenen zerstörerischen Kräfte aufzufordern: „Eine besondere Bedeutung beansprucht der Fall, dass eine größere Anzahl von Menschen gemeinsam den Versuch unternimmt, sich Glücksversicherung und Leidensschutz durch wahnhafte Umbildung der Wirklichkeit zu schaffen."[15] Dass damit exakt die Zukunft des deutschen Volkes beschrieben war, wurde spätestens nach dem 30. Januar 1933 klar.

Im selben Jahr noch erschien Wilhelm Reichs *‚Massenpsychologie des Faschismus'*. Nach Reich beruhten die Glücksversicherungen wie der Leidensschutz, welche die faschistische Ideologie versprach, auf den von Freud diagnostizierten wahnhaften Umbildungen der Wirklichkeit. Von Kleinbürgern für Kleinbürger entworfen, entsprach die Ideologie der Nazis kollektiven psychischen Dispositionen des Kleinbürgertums und konnte somit dessen enthusiastischer Zustimmung sicher sein.[16]

Heute, nachdem eine Vielzahl von Analysen massenpsychologischer Phänomene im Wirkungskreis des NS-Systems vorliegt[17], ist wohl unbestreitbar, dass neben den rational rekonstruierbaren Folgen sozioökonomischer und politischer Krisen die Krisen der kollektiven Psyche, das massenpsychologische Geschick des NS-Systems, wesentlich zum Gelingen der faschistischen Barbarei beitrugen – oder, wie Erich Fromm bereits 1945 formulierte: „Nazismus ist ein ökonomisch-politisches Problem – aber der Griff, mit dem er ein ganzes Volk gepackt hält, muss auf psychologischer Grundlage verstanden werden."[18]

Der Griff, womit die deutsche Gesellschaft von den braunen Machthabern über Jahre hin gepackt wurde, bestand neben dem politischen und ökonomischen Terror bekanntlich in der Entfaltung eines monströsen Propaganda-Apparats. Er bildete als wirksamstes Mittel, neben der Indienstnahme der Medien, Masseninszenierungen aus, deren dichte Folge weite Teile der Gesellschaft in Atem hielt und in eine Art von Massenhypnose zu versetzen imstande war. Die Masse war zugleich Subjekt und Objekt der Inszenierungen, Opfer und Träger der neuen Ordnung: Adolf Hitler und seine Gefolgsleute, das belegt schon ein flüchtiger Blick auf die Praktiken faschistischer Selbstdarstellung, besaßen ein mit Skrupellosigkeit und Opportunismus gepaartes Gespür für massenpsychologisch wirksame Inszenierung, für suggestive Appelle an unbewusste Bedürfnisse, welche sie auf Dauer den der Argumentation und der Kraft der Vernunft vertrauenden demokratischen Kräften überlegen machten. Während Freud beispielsweise seine Befürchtungen in die vorsichtige Formel kleidete „fast scheint es, die Schöpfung einer großen menschlichen Gemeinschaft würde am besten gelingen, wenn man sich um das Glück des einzelnen nicht zu kümmern bräuchte"[19], propagierten die Strategen der faschistischen Machtübernahme bereits jahrelang diese Grundsätze und handelten danach. Das stereotype „Du bist nichts, dein Volk ist alles", flankiert vom geifernden Hass auf den „schrankenlosen Individualismus des Systems", kleidet die bei Freud konstatierten Glücksverheißungen und den Leidensschutz in die Forderung zur Selbstaufgabe. Sie entspricht exakt der bei Fromm analysierten „Sucht, sich zu unterwerfen … (bei gleichzeitiger; D. B.) Begierde nach Macht … Die zunehmende soziale Verelendung rief in den Gemütern eine psychische Projektion hervor, die von großer Bedeutung für die Ausbreitung des Nationalsozialismus wurde. Anstatt seine wirtschaftliche und soziale Lage ins Auge zu fassen, begann der Mittelstand sein Schicksal in dem der Nation zu spiegeln."[20] Die nach Fromm entstandenen Untersuchungen zur Massenpsychologie des Faschismus haben deutlich gemacht, dass zwar die breiten Schichten des Mittelstands das Hauptkontingent der von faschistischen Ideologien überwältigten Wähler darstellten. Es gelang jedoch dem NS-System vor und insbesondere nach 1933 gerade auf Grund seiner massenpsychologisch wirksamen Selbstdarstellung, auch andere Teile der Gesellschaft zumindest zeitweise in seinen Bann zu schlagen.[21]

Während schon die Inhalte der Propaganda vom Einfühlungsvermögen der braunen Agitatoren in die Mechanismen der kollektiven Psyche zeugen, so in ungleich höherem Maß die Formen, derer sich die Selbstdarstellung des Systems bediente. Auch hierfür lautete das Stichwort: die Masse.

Was seit den Erfahrungen der Französischen Revolution 1789 und ihren deutschen Folgeerscheinungen als lebensbedrohende Metapher des Weltuntergangs in vielen deutschen Köpfen spukte, hatte durch die gescheiterte Revolution von 1918 und die Massendemonstrationen während der Krisen der Weimarer Republik die zwingende Kraft eines kollektiven Traumas gewonnen, welches weite Teile der deutschen Gesellschaft gepackt hielt. Die

Masse, das war der Inbegriff einer gestörten Welt, die durch den Verlust der alten autoritären Ordnung samt Kaiserhaus, durch die Kriegsniederlage und das sogenannte Versailler Diktat, durch Inflation und Revolution aus allen Fugen geraten schien.

Im Wirbel demonstrierender Massen sah ein Großteil der deutschen Gesellschaft das erschreckende Abbild eines Lebens, das als bedrohliches Chaos empfunden wurde. Im Gegensatz zur ungeliebten Republik erschien im Rückblick das Kaiserreich als bergender Hort der Ordnung.

Elias Canetti hat in seinen Untersuchungen über *,Masse und Macht'* dargestellt, welch panische Ängste das Erlebnis der Masse im einzelnen auszulösen vermochte und vermag, Klaus Theweleit hat in seinen *,Männerphantasien'* die Furcht vor der Vermassung als wesentlichen Beweggrund der Wende zur Zwangsordnung des sogenannten Nationalsozialismus offengelegt. Hitlers *,Mein Kampf'* wiederum entpuppt sich – im Licht der Erkenntnisse solcher Forschungen gelesen – als erschreckend hellsichtiges Kompendium des Umgangs mit der Masse wie der psychischen Gegebenheiten, welche innerhalb der Teilnehmer an Massenveranstaltungen in Kraft treten. Hitler, gestützt auf Gustave Le Bons 1865 verfasste Thesen zur Massenpsychologie, lieferte 1925 die exakte Vorwegnahme dessen, was sich in den beiden folgenden Jahrzehnten abspielen sollte: „Die Massenversammlung ist auch schon deshalb notwendig, weil in ihr der einzelne, der sich zunächst ... vereinsamt fühlt und leicht der Angst verfällt, allein zu sein, zum erstenmal das Bild einer größeren Gemeinschaft erhält, was bei den meisten Menschen kräftigend und ermutigend wirkt ... (hier; D. B.) unterliegt er dem zauberhaften Einfluss dessen, was wir mit dem Wort *Massensuggestion* bezeichnen."[22] Voraussetzung aber solcher Ermutigung, des Gelingens massensuggestiver Inszenierungen war die Ordnung der angsterregenden Masse, ihre Ausrichtung und Formierung. Das „Menschenmaterial" musste „Stein für den Bildhauer" werden, wie Joseph Goebbels zynisch formulierte.[23]

Egal, wie geordnet die Reihen beispielsweise demonstrierender Arbeiter auch marschieren mochten, in den Angstphantasien des Großteils der deutschen Gesellschaft, das hat Klaus Theweleit deutlich gemacht, tobte die Masse als verschlingende Weltuntergangsflut. Bruno E. Werner in seinen Erinnerungen an die zwanziger Jahre schreibt: „Das Fließende, Flutende der Zeit wurde zum Grunderlebnis."[24] Der deutsche Faschismus ersetzte das beunruhigende Grundgefühl mit seinem Gegenteil, dem Versprechen tausendjähriger unverbrüchlicher Ordnung, anschaulich gemacht in den strengen Formationen der zum Ornament erstarrten Massen. Canetti beschreibt den Hintergrund solcher gerade in Deutschland zur Massenwirksamkeit prädestinierten beruhigenden Aspekte der exakt formierten Masse. Die streng geordneten Menschenformationen der faschistischen Kundgebungen, so Canetti, hatten nicht nur offenkundig ihr Vorbild im militärischen Reglement. Sie wirkten vor allem als nun alle erfassende Wiederbelebung des kaiserlichen Heeres. War dieses jahrzehntelang das Symbol für Ruhe, Sicherheit, Ordnung und Überlegenheit gewesen, so fungierte nun die Massenornamentik als leibhaftiger Beweis wie als erneuertes Symbol. Beider Aussagekraft war die gleiche: Als Bild und als Zustand suggerierten sie die Wiederkehr oder Erneuerung einer vermeintlich glorreichen, sicheren Vergangenheit, sie demonstrierten den Sieg der sogenannten konservativen Revolution: Die Masse kam nach dem berühmten Wort Walter Benjamins damals „zu ihrem Ausdruck, beileibe nicht zu ihrem Recht“[25].

Zurück zum Ausgangspunkt der Überlegungen, dem Verhältnis zwischen Massen-Trauma und Architektur: In der Emigration vollendete der deutsche Schriftsteller Paul Zech seinen unter dem unmittelbaren Eindruck der ersten Monate des Regimes 1933 begonnenen Roman *‚Deutschland, dein Tänzer ist der Tod'*. Zech, ein überzeugter Kommunist, fand den Mut, in seiner Erzählung die Ratlosigkeit angesichts der klassenübergreifenden Begeisterung für das Regime auszusprechen: „Weshalb soll man die Sonnenflecktheorie nicht auch auf die gehirnliche Verfassung der Menschen übertragen dürfen? Vielleicht ist dieser Massenwahnsinn … nur damit zu erklären, dass bestimmte Kräftekreise, von deren Vorhandensein wir wohl eine Ahnung haben, ihre wirkende Gewalt aber nicht zu erkennen vermögen, das logische Denken bestimmter Gehirnserien gelähmt haben, die Erkenntnisse verschoben und das Handeln verwirrt. Erklärbar, dass nur aus dieser Verwirrung heraus die Massenpsychose sich bilden konnte; der braune Zustand, das Unverständliche und von dem gesund gebliebenen Teil des deutschen Volkes nicht für möglich Gehaltene.“[26]

Auch sechs Jahrzehnte nach der Befreiung vom Faschismus ist noch nicht endgültig geklärt, warum fast zwölf Jahre hindurch die institutionalisierte Barbarei, still erduldet, von den meisten sogar offen beklatscht, zertrümmern und entstellen konnte, was immer unter ihren Einfluss geriet. Die Fragen, mit denen Zech beziehungsweise die handelnden Personen seines Romans sich quälen, sind inzwischen durch die angesprochenen Untersuchungen wie durch zahlreiche andere Analysen deutlicher geworden. Gelöst ist deshalb das Problem des deutschen Faschismus noch nicht. Bereits Zech und seine nicht vom Glanz des Faschismus geblendeten Zeitgenossen wussten, dass die ökonomischen Mechanismen des Spätkapitalismus Industrielle zu Helfershelfern Hitlers und seiner Partei werden ließen, dass die starrköpfig-unbelehrbaren und weiterhin einflussreichen adligen und militaristischen Kreise der wilhelminischen Gesellschaft zu Steigbügelhaltern der neuen Machthaber wurden, hoffend, dass damit die alte Ordnung wiederhergestellt würde. Auch dass diese Vorgänge gleichsam Hand in Hand arbeiteten mit Ereignissen wie der Niederlage im Ersten Weltkrieg, der gescheiterten Revolution, dem demütigenden Friedensvertrag und der Deutschland besonders hart treffenden Weltwirtschaftskrise.[27] Unbegriffen sind, trotz der eingangs erwähnten Untersuchungen über massenpsychologische Phänomene, die bei Zech als „Sonnenflecke“ bezeichneten verwirrenden Reaktionen; die Begeisterungsstürme über hassgeifernde Reden der Machthaber; die Vernunft und Logik außer Kraft setzende Gefolgschaft der Deutschen auch angesichts der für jedermann erkennbaren Ungeheuerlichkeiten wie Parteien- und Gewerkschaftsauflösung, Jagd auf Andersdenkende; das geduldige Ausharren während der massiv spürbaren Versorgungskrisen 1935 und 1936; das schweigende Dulden oder die Zustimmung zum Irrsinn der „Reichskristallnacht“, der Nürnberger Gesetze, gegenüber Denunziation, Kontrolle, Massenmord und Krieg.

Wo, um auf das hier zu behandelnde Gebiet der Baukunst zurückzukehren, ist im Netzwerk der Massenpsychologie Platz für die Architekten des heute unter der Hand als antifaschistisch angesehenen Neuen Bauens der zwanziger Jahre? (V. Magnago Lampugnani und W. Pehnt haben darauf aufmerksam gemacht.[28]) Sie waren fassungslos darüber, dass die neue Staatsführung die ihr angedienten Architekturen nicht ebenso beifällig aufnahm wie die Verantwortlichen der Weimarer Republik.

Unbefangener als die bisher angesprochenen Autoren urteilte Hannah Vogt, als sie 1966 ihre zwölf Fragen an die für sie noch jüngste Vergangenheit formulierte. Sie riskierte die Unzulänglichkeit einer Pauschalbetrachtung zugunsten des Versuchs, Faschismus als Massenphänomen ernst zu nehmen: „Die breiten Mittelschichten (zog) das Gewalttätige der Bewegung ... eher an, als dass es sie abstieß; denn sie suchten ja den ‚starken Mann', der den Knoten ihrer mannigfaltigen Sorgen und wirtschaftlichen Nöte nicht sorgfältig lösen, sondern mit einem Hieb durchschlagen sollte ... Die Intellektuellen ... hielten das, was ihnen anstößig war, für nicht wahr oder nur für eine geschickte Taktik. Sie bewunderten die Demagogie, die so große Massen in Bewegung setzte, und waren bereit, die dabei angewandten Mittel mit dem Ziel zu entschuldigen. Dieses Ziel machten sie sich vielfach nach eigenen Wünschen zurecht ... die Jugend ... ließ sich vor allem durch Hitlers Radikalismus anziehen ... Hinzu kam der Appell an Opferbereitschaft und Gefolgschaftstreue, der die Sehnsucht nach Aufopferung für eine große Sache befriedigte."[29]

Skizzen des gesellschaftlichen Bewusstseins (wie die eben zitierte) bieten das von zahlreichen Autobiographien in letzter Zeit erhärtete Bild einer Gesellschaft, in welcher elementare Ängste und Sehnsüchte klassen- und schichtenspezifische Denk- und Verhaltensweisen sprengten. In diesen Grauzonen kollektiver Bedürfnisse und Schrecken, betrachtet man die sich überstürzenden ökonomischen, politischen und sozialen Krisen zwischen 1918 und 1933, entwickelte sich die allgemeine Bereitschaft, die braune Diktatur als letzten Ausweg zu wählen.

Der Historiker Hermann Graml hat in einem Aufsatz über die faschistische Außenpolitik die Grundstruktur des „die Massen" faszinierenden faschistischen Weltbildes zusammengefaßt: „Es kann als Tatsache angesehen werden, dass die deutsche Gesellschaft auf die rapide Industrialisierung im letzten Drittel des 19. Jahrhunderts in doppelter Weise reagierte: Einerseits provozierte sie eine ungeheure Steigerung des Kraftgefühls ... andererseits reagierten breite Schichten ... mit ausgeprägter Abneigung ... einer Abneigung, die sich die Befreiung von allen tatsächlichen und vermeintlichen Übeln der Industriegesellschaft vorwiegend von der Restauration des Vergangenen versprach ... In sämtlichen programmatischen Äußerungen von Repräsentanten der NS-Bewegung, sofern die Grundanschauung artikuliert wird, ist ... jene Flucht aus der Wirklichkeit des 20. Jahrhundert in eine mit feudalistischen Zügen ausgestattete mythische Vergangenheit als gemeinsamer Nenner nachweisbar."[30] „Wirklichkeitsflucht" lautet das Stichwort für den Erfolg des Faschismus wie für die unbewussten Erwartungen, die von der Gesellschaft an den Sieg der NSDAP geknüpft wurden. Bereits der 30. Januar 1933 geriet für beide Seiten zum überzeugenden Auftakt für den kollektiven Versuch, die, wie Fritz Stern in seiner Abhandlung über „Kulturpessimismus" beschreibt, „verachtete Gegenwart (zu) zerstören, um in einer imaginären

Zukunft eine idealisierte Vergangenheit wiederzufinden"[31]. Die Rundfunk-Reportage vom Schauplatz der (von langer Hand vorbereiteten) „spontanen" Siegesfeier der Berliner in der Nacht nach Hitlers Ernennung zum Reichskanzler enthüllt in ihrer ekstatischen Begeisterung, in welchem Ausmaß die Wirklichkeit verzerrt wahrgenommen, als Bestätigung von Wunschträumen interpretiert wurde: „Und doch leuchtet es in seinen Augen über dieses erwachende Deutschland, über diese Massen von Menschen aus allen Ständen (!), aus allen Schichten der Bevölkerung, die hier vorbeimarschieren, Arbeiter der Stirn und der Faust – alle Klassenunterschiede sind verwischt. Es ist ein Bild, wie es vielleicht einmal gewesen sein mag 1813, als es hieß: ‚Der König rief und alle alle kamen' … Ein wunderbares *Bild, ein Bild* (Hervorhebungen von mir, D. B.), das man so bald jedenfalls nicht mehr erleben wird."[32]

Am Gelingen der Wirklichkeitsflucht arbeiteten alle mit, nicht nur die Unterdrücker, sondern auch die sich ihnen bereitwillig Unterwerfenden. Dass „das Verhältnis der Deutschen zu Hitler weitgehend auf bewusster Täuschung und Selbsttäuschung beruhte"[33], wird bestätigt von einer Bemerkung des englischen Germanisten J. P. Stern, der in Wien und Prag die Praktiken der NS-Führer und die Reaktionen der Bevölkerung miterlebte. In seiner Studie *‚Der Führer und das Volk'* schreibt Stern: „Die Bevölkerung im Reich wusste soviel … und sowenig … wie sie wissen wollte. Was man nicht wusste, das *wollte* man – aus verständlichen Gründen – nicht wissen. Etwas nicht wissen zu wollen, heißt jedoch stets, dass man genug weiß, um zu wissen, dass man nicht *mehr* wissen will."[34] Um solche Täuschungs- und Selbsttäuschungsmanöver nicht zu unerträglich schwierigen Kraftakten auswachsen zu lassen, bedurfte es handgreiflicher Belege für die Berechtigung solcher Anschauungs- und Verhaltensweisen. Der Architektur, die durch ihr pures Dasein bereits imstande ist, als abbildende und zugleich benutzbare Kunst Wunschträume als Wirklichkeit erscheinen zu lassen, kommt hierbei eine überragende Bedeutung zu. Mit nichts besser als mit ihr lassen sich Welten (im buchstäblichen Sinn) bauen.

Der Streit um die Stuttgarter Weißenhofsiedlung gegen Ende der zwanziger Jahre zeigt, welches Gewicht Gebäuden beziehungsweise der gebauten Umwelt im Gefühlshaushalt derjenigen zukam, die sich von Vermassung bedroht glaubten. 1927 als programmatisches Projekt der Möglichkeiten Neuen Bauens errichtet, wurde sie zum Mittelpunkt heftiger Auseinandersetzungen, worin es, jenseits vordergründiger Streitereien um architektonische Qualität, um Sinn und Gestalt der Republik, der deutschen Gesellschaft und ihrer künftigen Lebensweisen ging. „Nie war baukünstlerischer Ausdruck etwas anderes als symbolhafte Formung des Zeitgeistes", verkündete Gustav Lampmann im *Zentralblatt der Bauverwaltung* 1927, „heutzutage ist sein bauliches Wirkungsfeld … die Wohnung der breiten Masse"[35]. Dass eben dies Bauen für die Masse einen unerträglichen Affront für das Bedürfnis nach Geborgenheit und Individualität darstelle, ein provozierendes Symbol des verhassten Industriezeitalters sei, bildete das Hauptargument der Gegner. So protestierte der Bund für Heimatschutz in Württemberg und Hohenzollern energisch gegen „das Bestreben, das Wohnhaus … zur ‚Wohnmaschine' herabzuwürdigen"[36]. Der Stuttgarter Städtebauer Heinz Wetzel vermisste den „beruhigende(n) und überzeugende(n) Eindruck des Erdgewachsenseins"[37]. Paul Bonatz schließlich diffamierte, Feindbild- und Sündenbockstrategien der Faschisten bestätigend, die Weißenhofsiedlung 1928 als „Vorstadt Jerusalems“[38]. Solcherlei Auslassungen machen deutlich, dass die Angst vor Vermassung und angeblich identitätsraubendem Internationalismus einen Ausweg fand im verketzernden Aburteilen der neuen Bauformen; dass die Bauten selbst als provozierender Ausdruck des Wandels, der Unruhe der eigenen Zeit gesehen wurden. Zwangsläufig mussten retrospektive Bauformen gegenüber einer Architektur die Vorderhand gewinnen, in der die „Bewohner ... nur eine bestimmte Art von Intellektuellen ... unbeschwert von ‚historischem Ballast‘ unsentimental, freizügig und heimatlos, von allen Bindung sich lösend“[39] sein konnten. Nur für „vaterlandslose Gesellen “, wie es einige Jahre später hieß, konnten solche „Nomadenzelt(e) aus Beton und Stahl“[40] gemacht sein. Der Erfolg jener alles Provisorisch-Nomadenhafte abstreifenden Architektur des Dritten Reiches ist in solchen Einschätzungen vorprogrammiert.

„Ein besonderes Charakteristikum der Bauten liegt indessen in der eingeplanten Einbeziehung von Menschenmassen in ihre Strukturen ... In Gestalt der formierten und uniformierten Massen erhielt die faschistische Architektur ihr notwendiges komplementäres Ornament. Die leibhaftige Erfahrung der Autorität des faschistischen Systems war die ... ideologische Funktion der faschistischen Architektur.“[41] Die architektonische Illusion, die erst Täuschung und Selbsttäuschung der Massen komplettierte, die die leibhaftige Erfahrung von Autorität zum Genuss machte, bestand in den (auch) von Architektur stimulierten kollektiven Ekstasen. Max Reinhardt, der berühmteste Massenregisseur während der ersten Jahrzehnte des 20. Jahrhunderts, urteilte aus langjähriger Erfahrung: „Ohne von innen kommenden Schwung ist auch von Massen keine Wirkung zu erlangen ... Jeder und jede einzelne muss von der Überzeugung erfüllt sein, dass er/sie eine darstellerische Aufgabe zu erfüllen hat und ein kleines, aber wichtiges Glied in dem großen Organismus ist.“[42] Der, wie der französische Botschafter François Poncet berichtete, „eigenartige Rausch, von dem Hunderttausende ergriffen sind, die romantische Erregung, mystische Ekstase, eine Art heiligem Wahn, dem sie verfallen“[43], zeigt, dass die sorgfältig inszenierten faschistischen Schauspiele Reinhardts Erkenntnisse in die Realität übertrugen. Der Behauptung „Volk ist Wir, Masse ist Es ... Das Volk handelt selbst. Das Volk steht auf, das Volk marschiert. Masse wird beherrscht, Volk wird geführt“[44], lieferten nicht nur die Massenornamente den scheinbaren Beweis, sondern auch die sie umgebenden Bauten.

Die formierte, die geschlossene Masse bedarf, das hat Elias Canetti einleuchtend beschrieben, des geschlossenen Raums: „Die Grenze verhindert eine regellose Zunahme, aber sie erschwert und verzögert auch das Auseinanderlaufen. Was an Wachstumsmöglichkeiten so geopfert wird, gewinnt die Masse an Beständigkeit. Sie ist vor äußeren Einwirkungen geschützt, die ihr feindlich und gefährlich werden könnten. Ganz besonders aber rechnet sie mit Wiederholung ... Das Gebäude wartet auf sie, um ihretwillen ist es da, und solang es da ist, werden sie sich auf dieselbe Weise zusammenfinden, der Raum gehört ihnen, auch wenn er Ebbe hat, und in seiner Leere gemahnt er an die Zeit der Flut.“[45] Unschwer lassen sich in diesen Ausführungen Charakteristika faschistischer Baukunst erkennen: die zwischen Einsperren und Bergen schwankende Vorliebe für in sich abgeschlossene Platzanlagen,

Höfe und Gebäudegruppen, die zwischen Überschau- und Kontrollierbarkeit schwebende Sucht nach peinlicher, auf einen Blick erkennbarer Ordnung. Grundzüge, die nicht nur Staatsbauen und Platzanlagen, sondern auch unscheinbare Siedlungsbauten oder Privathäuser der Jahre nach 1933 prägen. Dieser Architektur, die sich offenkundig gegen die als undurchschaubar erlebten Verhältnisse, gegen das bedrohliche Chaos des im Bild der flutenden Menge gebannten Massenzeitalters richtete, aber wurden spezifische Formen gegeben. Pfeiler, Säule, Kuppel usw. blieben nicht schlichte Bedeutungsträger von Ordnung und Würde, sie wurden zu steinernen Garanten eines angeblichen Zeitenstillstands, Metaphern einer zur Ewigkeit geronnenen, alle aktuellen Ängste gegenstandslos machenden Einheit von Gegenwart, Vergangenheit und Zukunft. An die Stelle des Ängste und Zweifel auslösenden Chaos der Republik trat, versinnbildlicht in den Bauten, die ge- und verordnete Zuversicht eines (angeblich) ewigen Dritten Reiches. Die Massenornamente wiederum, worin die beunruhigenden Menschenfluten der krisenerschütterten Republik bildhaft gebannt worden waren, wurden von denen der Architektur in Dauerzustände überführt. Diese blieben, auch wenn die öffentlichen Schauspiele beendet waren; sie hielten die Erinnerung an deren Stimmung wach und bestätigten sie.

Die zuvor bedeutendsten Lösungen von stimmungserzeugender, auf die kollektive Psyche zielender Baukunst hatten Theater und Lichtspielhäuser, hatten Kulissenbauten für Theater und Film geliefert. Durch ihre Schule gingen, so die These dieses Buches, die Gleiches bezweckenden Bauten im Dritten Reich. Auf der Formensprache dieser kurzfristig verzaubernden Architekturen basierend, gerieten die den Sehnsüchten und Ängsten der deutschen Gesellschaft und ihrer Scheinbefriedigung gewidmeten Architekturen zu Inszenierungen ohne Ende. Losgelöst vom ursprünglichen Zusammenhang wurden sie in ihrem neuen Bezugsfeld zu Illusionen aus Stein.

Wie über so unter der Erde

NS-ARCHITEKTUR ALS TODESGLANZ

„Der deutsche Faschismus war praktisch und mental ein Tötungsritual."[46] So kategorisch und treffend wie 1982 der Literaturhistoriker Karl Heinz Bohrer hat in den 26 Jahren seit der Erstveröffentlichung dieses Buchs niemand den Wesenskern der NS-Diktatur auf den Begriff gebracht. Dank seiner „Ästhetik des Schreckens"[47] war Bohrer auch einer der Ersten, die Verbindungen zogen zwischen der Politik, der Psyche und der Kunst des NS-Regimes, zwischen dessen bewussten Tötungsplänen und dessen unterbewusstem Todestrieb. Beides sprach wiederum der Kunst- und Architekturhistoriker Hubert Schrade, ein überzeugter Nationalsozialist, schon 1937 unumwunden aus: „Es offenbart einen Wesenszug des Nationalsozialismus, dass er, zur Macht gekommen, sofort daran ging, das Gedächtnis auch seiner Toten zur mahnend gestaltenden Wirklichkeit im Leben des Volkes zu machen."[48]

Abb. 16: Paul L. Troost, Ehrentempel der Gefallenen am Königlichen Platz in München, Foto 1937

Mit diesem Satz beginnt in seinem Prachtband „Die Bauten des Dritten Reiches" eine Lobeshymne auf die sogenannten „Ehrentempel der Gefallenen der Bewegung". Entworfen von Paul Ludwig Troost, Hitlers architektonischem Mentor und Leibarchitekten, waren sie 1934 auf dem Münchener Königsplatz errichtet worden: Ein Geviert schlanker, neoklassizistischer Vierkantpfeiler, das auf einem hochragenden Stufenpodest eine innere, weitflächige Eintiefung rahmte, in der Bronzesarkophage unter freiem Himmel standen. In ihnen lagen die Gebeine der sogenannten „Gefallenen der Bewegung", die als Teilnehmer des Münchener Putschversuchs 1923 beim „Marsch auf die Feldherrnhalle" ums Leben gekommen waren.

Diesen Fanatikern, die mit der pathetischen Benennung „Blutzeugen" und alljährlichen öffentlichen Totenkulten zu modernen Märtyrern verklärt wurden, hatte auch die erste Bauaktivität des Regimes überhaupt gegolten: Wenige Tage nach seinem Amtsantritt im Januar 1933 ließ Hitler unter den Bögen der Münchner Feldherrnhalle eine Gedenkplatte aus Granit aufrichten. Das martialische Gebilde war eher Architektur denn Epitaph: Von Troost und dem Bildhauer Kurt Schmid-Ehmen entworfen, bestand es aus vier pyramidenartig gestapelten Granitplatten, auf denen drei längsrechteckige Kuben den senkrecht aufgerichteten, ebenfalls als Platte geformten und beschrifteten Gedenkstein trugen. Ihn krönte ein weiterer Kubus, der seinerseits einen bronzenen Eichenlaubkranz trug, der ein Hakenkreuz umgab, über dem sich wiederum ein Bronzeadler mit halb geöffneten Schwingen im Laub festzukrallen schien (s. Seite 73).

Das im Vergleich zu den späteren architektonischen Megalomanien des NS-Regimes geradezu lächerlich kleine Gebilde ist dennoch der Prototyp des Bauens im „Dritten Reich". Denn in ihm sind dessen Grundmotive und -formen – steinerne, starr symmetrische und betont feierliche Rampen, Podeste, Freitreppen und Kuben – beispielhaft vorgebildet. Vor allem aber erweist sich das Mal mit seiner Bestimmung als Manifestation und Stätte eines Totenkults, der mitten im zentralen städtischen Leben installiert wurde, als Schlüsselwerk der unterschwelligen Todessucht des Regimes, die sich im Bauen des „Dritten Reichs" vergegenständlichte.

In diesem Sinne buchstäblich „Worte in Stein", signalisierten die NS-Repräsentationsbauten über ihre jeweilige individuelle Bestimmung hinaus Nekrophilie. In ihnen gewann suggestive Gestalt, was die Gedenktafel der Feldherrnhalle behauptete, auf der zu lesen stand, die Putschisten von 1923 seien „in treuem Glauben an die Wiederauferstehung ihres Volkes gefallen", und was Hitler von allen Deutschen forderte, wenn er erklärte, die „deutsche Jugend soll mir in den schwierigste Proben die Todesfurcht besiegen lernen. Das ist die Stufe der herrischen Jugend."[49]

Bauten als kategorischer Imperativ – von Kants Grabmal zur Bunkerarchitektur

So wie die Machthaber eine todesmutige, mit anderen Worten sterbefreudige Jugend forderten, umgaben sie die Unterdrückten mit ausdrucksstarken, sozusagen sterbefreudigen Architekturen, deren Stil sie als „Heldisches Bauen" charakterisierten, das seine Wurzeln im Bauen des antiken Griechenland der todesmutigen Marathon-Kämpfer habe und nun von gesinnungstreuen

Architekten der neuen Zeit angepasst werde. Tatsächlich erweisen sich zentrale Bauwerke des Regimes als perfekte Synthesen aus damals allgemein bekanten antiken und populären zeitgenössischen Architekturmotiven: Die Münchner „Ehrentempel" beispielsweise mischten Formen griechisch und römisch antiker Ehrenmale mit denen des (seinerseits neoantik grundierten) Kantgrabmals am Königsberger Dom, das der Architekt Friedrich Lahrs 1924, finanziert von dem Großindustriellen und „Inflationskönig" Hugo Stinnes, als halbiertes Pfeilerquadrat aus grauem Granit und rotem Porphyr geschaffen hatte. Dem gleichen Prinzip der Mischung historischer und aktueller Architekturmotive folgend, präsentierte Albert Speers „Deutscher Pavillon", der auf der Pariser Weltausstellung 1937 international faszinierte, die freischöpferische Adaption römisch-antiker Grabmäler und griff zugleich die Risalite und Türme anerkannter moderner Großbauten wie des Stuttgarter Hauptbahnhofs von Paul Bonatz oder des Tannenberg-Denkmals der Gebrüder Krüger auf. Speers Zeppelintribüne auf dem Nürnberger Reichsparteitagsgelände zitierte unverkennbar den Pergamon-Altar, eine antike kollektive Opferstätte, und evozierte zugleich die Erinnerung an Sergei Eisensteins gefeierten Revolutionsfilm „Panzerkreuzer Potemkin", der 1925 dem Publikum Treppenkaskaden als moderne Chiffre siegreicher Massenbewegungen und ihrer glorreichen Zukunft eingeprägt hatte.

So verklärten die beeindruckendsten Bauwerke des NS-Regimes Selbstaufgabe und Todesbereitschaft, verhießen kollektiven Ruhm und den Vorrang Deutschlands „über alles in der Welt", und ewige Ehren als Lohn für die Selbstpreisgabe des Einzelnen. Gestaltet als sowohl zeitlose wie zeitgemäße „Urbauten" von Selbstaufgabe, formten sie, wie Hubert Schrade es 1937 treffgenau formulierte, die Wahrnehmung und damit das Leben der Masse wie des Einzelnen.

Erfunden haben, wie die eben genannten Beispiele verdeutlichen, die Diktatoren und ihre willfährigen Architekten dieses „Heldische Bauen" nicht. Sie vereinten und vereindeutigten lediglich längst vorhandene Stiltendenzen, die, beginnend im Monumentalismus der Jahrhundertwende, sich ausbreitend während der zwanziger Jahre, auf antike Sakral- und Sepulkralarchitektur zurückgriffen: Was als Götterdämmerungsstimmung und Walhalla-Baukunst der Eliten in herrischen Großbauten wie der Petersburger Deutschen Botschaft von Peter Behrens oder dem Berliner Pergamonmuseum von Alfred Messel und Ludwig Hoffmann um 1907-09 begonnen und im steinernen Pathos der Ehrenfriedhöfe des Ersten Weltkriegs fortgesetzt worden war, kulminierte in den knapp fünfzehn Bestandsjahren der Weimarer Republik.

Trotz aller politischen und sozialen Fortschritte empfand das Gros der Deutschen seine neue Verfasstheit als eine von der Kriegsniederlage bedingte Demütigung und Strafe, gipfelnd in dem unerträglichen Gedanken, dass Millionen junger deutscher Männer umsonst gestorben sein sollten. So wuchs die Saat der vorangegangenen beiden Jahrzehnte zu einem Dickicht der Sehnsüchte, Traumata und Neurosen, das auch die Architektur einschloss: Der Streit, wie die Gedenkstätten für die Gefallenen des Ersten Weltkriegs gestaltet werden sollten, bewegte die Gemüter der Allgemeinheit heftiger als der zwischen Anhängern des Neuen und des traditionalistischen Bauens, des Flach- und des Steildachs, des Heimatschutzstils und des „International Style".

Abb. 17: Kant-Grabmal am Königsberger Dom, 1924

An der Frage, ob Stolz oder Trauer, Ehre oder Leid in den Mahnbauten für die Gefallenen dominieren sollten, zerbrachen private Freundschaften und politische Allianzen, wurden Stadtverwaltungen und Landesregierungen, Stiftungen und Bürgervereine vor Zerreißproben gestellt. Bis heute fehlt eine zusammenfassende Untersuchung und Deutung dieses Phänomens. Doch Beispiele wie die Debatten, Bilderstürme und Umwidmungen rings um die Gefallenenmale in Magdeburg und Hamburg lassen erkennen, welche immense Rolle der Tod und die ihn betreffende Architektur im Gefühlsleben der Weimarer Republik spielten und sie zur Inkubationszeit für die architektonischen Verführungskünste der braunen Diktatur machten.

Im Jahr 1929 wurde in einer Seitenkapelle des Magdeburger Doms eine hölzerne, annähernd lebensgroße Figurengruppe von Ernst Barlach aufgestellt. Sie gab sechs Menschen wieder, drei Soldaten in zerschlissenen Uniformen,

Abb. 18: Ernst Barlach, Gefallenenmal für Hamburg, 1931

die stehend ein Kreuz halten, sowie drei Personen, die als Thoraxbüsten das untere Drittel einnehmen. Sichtlich inspiriert von gotischen Darstellungen der Grablegung Christi, besteht die untere Gruppe aus einer verhüllten, ihre Hände ringenden Frau und einem barhäuptigen Mann, der in einer charakteristischen Trauergeste beidhändig seinen Kopf umfasst. Die in der christlichen Ikonographie dem toten Erlöser zukommende Mitte nimmt ein Soldat ein, dessen behelmter Kopf vornüber gesunken ist und dessen Hände nach dem Vorbild des vom Kreuz genommenen Christus leblos übereinander liegen – der „Unbekannte Soldat" als Nachfolger und Stellvertreter Jesu.

Auch Nichtchristen erkannten in diesem Werk sofort Trauer, Reue und Scham als Hauptaussage. Dass Barlach und seine Auftraggeber sie auf die gefallenen deutschen Soldaten, deren Hinterbliebene und das gesamte deutsche Volk übertrugen, stellte für die Mehrheit eine kaum erträgliche Provokation dar; unerachtet der Tatsache, dass das Kunstwerk offiziell als „Ehrenmal" bezeichnet wurde, hagelte es Kritik, ätzenden Spott und Forderungen nach Demontage. Dennoch erhielt Ernst Barlach bald darauf den Auftrag, ein Gefallenenmal für Hamburg zu schaffen. 1931 enthüllt, bestand es aus einer monumentalen Kalkstein-Stele, in die ein Flachrelief eingemeißelt war, das unter dem Titel „Trauernde Mutter mit Kind" eine stehende Frau in strenger Profilansicht wiedergab, deren Unterarme und Hände auf den Schultern eines halbwüchsigen Mädchens ruhen, das schutzsuchend ihre Taille umfängt; „40.000 Söhne der Stadt ließen ihr Leben für Euch" stand auf der Rückseite der Stele zu lesen.

Anders als die schmerzgebeugten Magdeburger Figuren ließ Barlachs hoch aufgerichtete Muttergestalt, ebenso wie der Text, eher an die grausige, während des Ersten Weltkriegs bei Todesanzeigen häufige Standardformel „In stolzer Trauer" denken, als an Klage. Zeigt sich darin schon eine unwissentliche Affinität zum Trotz, mit dem so viele Deutsche nach 1918 sich nicht mit der Niederlage und der Tatsache des sinnlosen millionenfachen Sterbens abfinden konnten, so erweist sich die Stelen-Großform dieses Denkmals geradezu als die architektonische Umkehrung von Trauer in Triumph – und damit als unwillentlicher Impulsgeber und Vorläufer der NS-Architektur: Weithin sichtbare, hartkantig und spröde gestaltete Stelen und Kuben avancierten während der zwanziger Jahre landesweit zur Grundausstattung von Gefallenenmalen, inspirierten zunehmend auch (wie 1929 beim Erweiterungsbau der Reichskanzlei von Eduard Jobst Siedler) die Baukunst, und wechselten nach dem Januar 1933 endgültig als stelenartige, steinverkleidete Türme und Risalitbauten in die Welt der Lebenden.

Trotz der vagen Wahlverwandschaft der Barlachschen Stele mit dem „Heldischen Bauen" wurde diese, ebenso wie die schon 1934 entfernte Magdeburger Gruppe, 1938 abgebaut. In Magdeburg war 1936 ein (heute verschwundenes) Ehrenmal vor dem Dom plaziert worden, das als überdimensionierter Steinsarkophag mit figürlicher Deckplatte gestaltet war. In Hamburg enthüllte man im selben Jahr Richard Kuöhls „Kriegerdenkmal" am Dammtordamm als besseren Ersatz für Barlachs Stele: Kuöhls zyklopischer Muschelkalkblock, im Sockelbereich verziert mit einem umlaufenden Hochrelief, das in Viererreihen marschierende Soldaten zeigt, ist deutlich erkennbar ein Zwittergebilde aus Architektur und Denkmal, changiert zwischen

Abb. 19: Richard Kuöhl, „Kriegerwürfel“ am Hamburger Dammtor, 1936

Ehrenhalle, Mausoleum und Katafalk. Seine direkten Nachfolger sollten die Bunker werden, die ab etwa 1938 überall in Deutschlands Städten aus dem Boden wuchsen; sein Vorläufer war 1931 in Kaiserslautern entstanden: Die Architekten Hans und Fritz Seeberger hatten gemeinsam mit dem Bildhauer Sepp Mages einen gewaltigen Rotsandsteinkubus geschaffen, auf dessen Oberseite jene Soldaten, die Kuöhl fünf Jahre später auf der Unterkante und damit Auge in Auge mit dem Betrachter paradieren ließ, als dreidimensionale Skulpturen marschierten. „Deutschland muss leben, und wenn wir sterben müssen“ lautete der Haupttext in Hamburg.

Der nackte Kriegswürfel – Ehrenmale als Grundstein „Heldischen Bauens“

„Der Krieg hat uns alle gleich gemacht, wie über so unter der Erde, und insofern ist er nicht nur menschlich bedeutend, sondern bringt auch uns Architekten Gewinn (…) Darum habe ich statt der gekrümmten gerade Linien gezogen, die so unerschütterlich sind wie die Reihen unserer Krieger (und) deren Gleichheit dem grauen Ehrenkleid unserer Braven entspricht (…) bis in das errichtete Denkmal mit den gleich langen Kanten hinein, dem das Kranzgesims fehlt, da die feinen Profile den Kriegswürfel schädigen, der nackt sein muss in Anbetracht seiner Bestimmung.“[50] So beschreibt in Siegfried Kracauers Romandebüt „Ginster“ (1928) ein Architekt, der während des Ersten Weltkriegs als Sonderbeauftragter die deutschen Truppen begleitet, wie er die „Heldenfriedhöfe“ für seine gefallenen Kameraden gestalte. Ausgerechnet der Verfasser des bis heute gültigen Standardwerks „Von Caligari zu Hitler“,[51] in dem die Film-Propaganda der braunen Diktatur entlarvt und der weltberühmte deutsche Film der Weimarer Republik als deren unwillentlicher Wegbereiter aufgedeckt wird, erweist sich, so scheint es durch diese Zeilen, als ein geistiger Ziehvater des nekrophilen Bauens der Nationalsozialisten.

Vieles spricht zunächst für diese Vermutung: Kracauer hatte zwischen 1903 und 1913 in Darmstadt, München und Berlin Architektur studiert und bewährte sich während der zwanziger Jahre nicht nur als glänzender Soziologe, Kultur- und Filmphilosoph, sondern auch als scharfsinniger, aber entschieden konservativer Architekturkritiker. Was ihn entlastet und zu einem Kronzeugen für die Zerrissenheit der stetig zwischen Verzweiflung und Zuversicht, Monarchismus, Liberalismus, Kommunismus und Faschismus schwankenden Deutschen jener Epoche macht, ist die Tatsache, dass er, so wie er Bewunderer der Ordnung war und dennoch im „Ornament der Masse“ den Vorschein der Diktatur erkannte, als praktizierender Architekt das Gegenteil von dem schuf, was er als Architekturtheoretiker kurzzeitig verherrlichte: Kracauer entwarf, so hat sich erst wenige Monate vor der Niederschrift dieser Ausführungen herausgestellt, ein Gefallenenmal, das alles andere ist als die „Kriegswürfel“ seines Ginster-Romans. Gewidmet den im Ersten Weltkrieg umgekommenen jüdischen Soldaten der Stadt Frankfurt am Main, befindet es sich auf dem dortigen unzerstörten Jüdischen Friedhof, wo es, lange Zeit vergessen, 2009 wiederentdeckt wurde.

Wie so viele Architekten seiner Zeit wählte auch Siegfried Kracauer ein antikes Vorbild. In seinem Fall ist es die Exedra, halbrunde steinerne Postamente, die in der Antike häufig zur Gestaltung von Ehrengräbern herangezogen wurden. Als halbrunde Ruhebänke, auf oder hinter deren Mitte Ehrensäulen und -stelen aufragten, standen sie bevorzugt vor belebten Stadttoren. Ihre berühmtesten Beispiele, die beiden Exedren-Grabmäler des Duumviren

Abb. 20: Ehrenmal für die jüdischen Gefallenen des Ersten Weltkriegs auf dem Jüdischen Friedhof in Frankfurt/Main

Aulus Veius und der Venuspriesterin Mamia vor dem sogenannten Herculaner Tor in Pompeji, die dem Antikenliebhaber Siegfried Kracauer bekannt gewesen sein müssen, finden sich in dem 1921 eingeweihten Frankfurter Ehrenmal wieder. Angefertigt teils aus Travertin, teils aus Travertin nachahmendem Steinguss, übernimmt es mit der Form auch die Botschaft der Vorläufer: Kracauers Gefallenenmal ist ein dezidiert ziviles, der trauernden Ruhe und Meditation gewidmetes Gebilde, eine Verbeugung vor den Toten und kein militärisch markiger Gruß an sie.

Es ist bewegend für mich, Siegfried Kracauer, ohne dessen Analysen meine „Illusionen in Stein" wohl nicht zustande gekommen wären, bei deren Zweitauflage auch als bauenden Gewährsmann meiner These vom todessüchtigen Grundzug der NS-Architektur benennen zu können, der, obwohl ein entschiedener Gegner des NS-Regimes, wie viele andere nicht frei war von den inneren Widersprüchen, die der Diktatur zur Macht verhalfen.

Dass Siegfried Kracauer die Nekrophilie, die er als Architekt überwunden hatte, einige Jahre später als fatalen, der NS-Ideologie den Boden bereitenden mentalen Grundzug der Deutschen erkannte, bezeugt seine Analyse des U-Bootfilms „Morgenrot", mit deren erweiterter Urfassung von 1933 er 1947

Abb. 21: Gustav August Munzer, Marine-Ehrenmal Laboe

seine „psychologische Geschichte des deutschen Films" abschloss: „Leben können wir Deutsche vielleicht schlecht, aber sterben können wir jedenfalls fabelhaft", zitiert er einen Kernsatz (gesprochen vom U-Boot-Kommandanten) des damals auch international erfolgreichen Films, der bei seiner Berliner Uraufführung am 2. Februar 1933 nicht nur den anwesenden Hitler, sondern das gesamte (damals noch keineswegs in toto vom „Führer" begeisterte) Publikum vor Ehrfurcht erschauern ließ.

Der Film, in dem zwei Marinesoldaten ihr Leben opfern, um das ihrer acht Kameraden zu retten, konnte auf perfekt eingestimmte Zuschauer rechnen. So kannte zum Beispiel fast jeder Deutsche die Inschrift des 1929 eingeweihten Ehrenmals der Marine in Laboe: „Für deutsche Seemannsehr. Für Deutschlands schwimmende Wehr. Für beider Wiederkehr." Ebenso populär wie dieser eherne Revanchismus war die Architektur des Ehrenmals: Ein 72 Meter hohes, triumphales Gebilde, das, halb Stele halb Turm, an der Landseite senkrecht und zur See hin in einer rasanten konkaven Krümmung aufsteigt, damit einem vorwärts stürmenden, von einem titanischen Mast gehaltenen Segel gleichend. Nach neuesten bautechnologischen Kenntnissen aus Stahlbeton geformt, erhielt der Bau Verblendungen aus Werkstein, an der Seeseite und dem Turmkopf besteht sie aus Ostsee-Granit, die übrigen Partien zeigen Bockhorner Klinker.

Der Architekt des Ehrenmals, Gustav August Munzer, wies die damaligen Vergleiche mit Segeln oder U-Boot-Türmen zurück und erklärte, er habe ein Zeichen schaffen wollen, das „mit der Erde und der See fest verwurzelt, und gen Himmel steigend wie eine Flamme" sei. Wie die Form der Architektur belegt auch der unterschwellig völkisch-schwärmerische Duktus seines Schöpfers Affinität zur Baukunst im „Dritten Reich". (Genauer gesagt: zu deren anfänglichen, ähnlich dem Bauen der italienischen Faschisten vielfach an der dynamischen Moderne eines Sant' Elia oder Erich Mendelsohn orientierter Stilphase, die ab etwa 1937 mehr und mehr dem neohistoristischen Schwelgen in antikisierenden und klassizistischen Motiven wich).

Es erstaunt deshalb nicht, dass schon im Juni 1933 in Laboe die 1929 aus Geldmangel eingestellten Bauarbeiten wiederaufgenommen wurden. Bis zum Mai 1936 entstanden ein mit Wesersandstein gepflasterter und umfriedeter Ehrenhof, eine monumentale düstere Ehrenhalle und eine zusätzliche unterirdische Gedenkstätte. Die zweite Einweihung des Ehrenmals fand in Anwesenheit Hitlers statt.

Zurück zu „Morgenrot": Wie den Münchner Gedenkstein an der Feldherrnhalle kann man auch den 1933 die Kinos füllenden U-Bootfilm als zunächst unerkannte Wendemarke deuten, an der die Nekrophilie von einer Tendenz des Bauens in Deutschland zu dessen Wesenskern wurde. Denn mehr noch als das reale Baugeschehen, und dies ist die Kernaussage dieses Buchs, hatten der Film und die Bühnen nebst der Trivialliteratur und der Unterhaltungsmusik in Deutschland seit etwa 1900 dazu beigetragen, dass bei der sogenannten „Machtübernahme" für die Architekten des Dritten Reichs ein üppiger Fundus an suggestiven „todessüchtigen" Groß- und Kleinformen bereitstand, aus dem sie wählen und binnen weniger Jahre eine scheinbar allumfassende Bauwelt schaffen konnten: „Worte in Stein", die jedermann verstand oder zumindest – und das war ihr größter Erfolg – erahnte.

Die zugunsten der Allgemeinverständlichkeit durchgeführte Reduzierung der antiken und zeitgenössischen Vorbilder auf Grobreize, wie sie Bühnenbildner, Filmarchitekten und gegen Ende der Weimarer Republik auch praktizierende Architekten kultiviert hatten, verdichtete sich zu einer Ikonographie des Vagen, die von 1933 an in ein Bauen mündete, das in variablen Anmutungen Massenstimmungen aufgriff, stimulierte und kanalisierte. Mit dieser Stimmungsarchitektur gelang es dem Regime zeitweise, die Majorität zu bannen und zu lenken.

Dass der Opfertod das Leitmotiv dieser Architektur werden würde, stellte die Filmarchitektur Deutschlands schon 1921 vor aller Augen. Es war alles andere als Zufall, das 1921 Fritz Langs „Der müde Tod" der größte Leinwanderfolg dieses von Krisen, Aufständen und politischen Morden gekennzeichneten Schicksalsjahrs der Weimarer Republik wurde. Die Schlagzeilen über die Ermordung des Reichsfinanzministers und von vielen als „Erfüllungspolitiker" gehassten Matthias Erzberger durch Rechtsradikale im Sinn, las das Filmpublikum bei Lang die in endlosen Schrifteinblendungen wiederholte Grundaussage des Films: „Wer sein Leben verliert, wird es gewinnen!" Ihr verliehen zyklopische Filmbauten Nachdruck, die neben den Darstellern die wichtigste Rolle im „Müden Tod" spielen.

Entworfen von Robert Herlth, Walter Röhrig und Hermann Warm, versetzen sie den Zuschauer in eine scheinbar grenzenlose, von Lichtern spärlich erhellte Gewölbehalle, führen ihn auf geheimnisvoll illuminierte, leinwandfüllende Treppen, vor axialsymmetrisch geordnete Rampen und Podeste – und immer wieder an eine 15 Meter hohe, überwältigende Quadermauer, die den „Amtssitz des Todes" umgibt und an der alles menschliche Wollen zerschellt.

Unschwer erkennt man in diesen Scheinbauten, ihren Lichteffekten und der Kunst, mit der die darin agierende Menschen mal zu individuellen isolierten Lichtgestalten, mal zu Massenornamenten stilisiert werden, die Bau- und Massenregie der Nationalsozialisten. Von beidem, dem stimmungsgeladenen „Kubismus" der Filmarchitektur und der charismatischen Stilisierung der Darsteller und Komparsenmassen, führt ein direkter Weg zu den berüchtigten Ehrenmalen des Wilhelm Kreis, die dieser für die besetzten Gebiete in Afrika und Frankreich, Russland und Polen entwarf, oder zum Luitpoldhain auf dem Nürnberger Reichsparteitagsgelände, wo das schon 1930 von dem Architekten Fritz Mayer errichtete Gefallenenmal, eine Bogenkonstruktion, die bis ins Detail der Monumentalkulisse von Max Reinhardts „Jedermann"-Inszenierung im Berliner Großen Schauspielhaus glich, zum pathetischen Gegenüber der altarartigen steinernen Rednerkanzel wurde, die Albert Speer dort für Hitler installierte.

So, wie 1937 der Architekt Eduard Krüger für die geplante neue Hochschulstadt in Berlin eine Aula entwarf, die sich genauer betrachtet als von Karl Friedrich Schinkels Entwurf für ein Mausoleum Friedrichs des Großen inspirierter Megasarkophag preisgibt, übertrugen schon ein Jahrzehnt zuvor Fritz Langs Filme die Totenarchitektur in die Welt der Lebenden: Die Wormser Burg seiner beiden Nibelungen-Filme (1924) und viele der zwischen Babylon und New York changierenden Hochhaustürme seiner Zukunftsvision „Metropolis" (1926) sind Abkömmlinge der Bauwerke, die die Atmosphäre des „müden Tods" bestimmen, Opfertod fordernd und verherrlichend.

Und aus seinem Schädel wachsen Blumen raus – die Worte aus Stein und der Schlager

Es hieße Holzhammer-Psychologie betreiben, wollte man sämtliche Bauwerke des „Dritten Reichs" als vorweggenommene Sterbeurkunden und steinerne Himmelfahrtskommandos charakterisieren. Ihr Botschaft war selbstverständlich sublimer: In der NS-Architektur verdichtete sich das kollektive Gefühl der Schicksalhaftigkeit, die zerrende Sehnsucht nach Stillstand einer von Chaos, Hektik und Unsicherheit regierten Zeit, der Drang nach Erlösung und Befriedung durch zeitlose Ruhe. Vordergründig suggerierte das „Bauen im Neuen Reich" vom heimatschützlerischen Siedlungsbau bis hin zum „heldisch" grundierten Neoklassizismus der Staatsbauten Schutz, Dauerhaftigkeit, Geborgenheit und Kontinuität, wie sie sich im gesamten kriegsversehrten Europa der zwanziger Jahre in neoklassizistischen und folkloristischen Architekturtendenzen niederschlugen.[52]

Gegen diese, im Verliererland Deutschland bis an die Grenze zur Neurose gesteigerten elementaren Bedürfnisse vermochte das Neue Bauen wenig. Blind für die seelische Not der Majorität, bauten die Architekten der deutschen Moderne Bauwerke, die nicht nur hoffnungslos konservative Kleinbürger, sondern auch viele Intellektuelle, allen voran Ernst Bloch und Werner Hegemann, ablehnten. Die spektakulären Villen und Trabantenstadtpläne Le Corbusiers, so schrieb Bloch, sähen immer „wie reisefertig" aus und dürften angesichts der unruhigen Zeiten bald von Bauwerken abgelöst werden, die „zur Festung, wo nicht zur Katakombe"[53] würden. Und Werner Hegemann kritisierte, unwillentlich die rassistischen Pamphlete der Nazis vorwegnehmend, die Bauten der seinerzeit umstrittenen Stuttgarter Weißenhofsiedlung als „Nomadenzelte aus Stahl und Beton."[54]

Als Gegenpart zu diesem „Nomadentum" signalisierten vereinzelt schon gegen Ende der Weimarer Republik die Gebäude des „versteinernden Funktionalismus", und nach 1933 nahezu alle Bauwerke des „Dritten Reichs" Standhalten und Unvergänglichkeit. Goethes „verweile doch, du bist so schön" könnte man ein Schlüsselwort dieses massenpsychologischen Phänomens nennen. Wie in Fausts Tragödie zehrt der Weg in dieses Verweilen die Beteiligten aus und bringt mit der Einlösung den Tod. Auf diese Weise spiegelt und befördert die NS-Architektur gleichermaßen Allmachtsphantasien und Lebensdurst, Eroberungs- und Todeslust, Selbstvergottung und Selbstaufgabe. Hitler selbst, der auf dem Höhepunkt seiner Macht mit der Bemerkung „Wir sind abhängig von den Bauten, in denen wir uns bewegen"[55] den Wirkmechanismus der NS-Architektur benannt hatte, zog, Schöpfer und Geschöpf dieses Wahns zugleich, in seinem Testament die letzte Konsequenz dieser Nekrophilie, der die Baukunst Ausdruck gegeben hatte: Die Deutschen, so diktierte er bekanntlich, seien es nicht wert weiterzuleben.

Diese wiederum waren längst aus der Hypnose erwacht, in die der braune Mob sie zeitweise versetzt hatte. Doch der Gedanke, dass der Tod die schreckliche, aber auch ehrende Endstufe des „Tausendjährigen Reiches" sei, die aller Welt klarmachen werde, dass die „Volksgemeinschaft" so wie jeder Einzelne Idealen nachgestrebt habe, überdauerte das Erwachen der letzten Kriegsjahre. Bestärkt hatten diese „Nibelungentreue" nicht etwa schwadronierende Durchhaltelieder, sondern von Todesahnungen durchzogene Balla-

BUCH HANDLUNG KREBS
HARMS-GUSS
LALE ANDERSEN

den, die unverhüllter als jede der nekrophilen NS-Architekturen den jederzeit möglichen Tod thematisierten. Eine dieser Balladen wurde zur inoffiziellen Untergangshymne schlechthin: Von 1941 bis 1945 hatten deutsche Soldaten an allen Fronten und selbst noch in aussichtsloser Stellung das bis heute legendäre Lied „Lili Marleen" gehört und mitgesungen.

Musterbeispiel der Ikonographie des Vagen auf literarischem Gebiet, erzählt Lili Marleen die zeitlose Geschichte von einem kasernierten Soldaten und einem jungen Mädchen – oder ist es eine Prostituierte? –, das allnächtlich vor dem Kasernentor unter einer Laterne auf ihn wartet. Erst werden Umarmungen beschworen, dann der Abschied, als es an die Front geht, das Hoffen auf ein Wiedersehen. Das Lied endet in der Andeutung des Soldatentods, verbunden mit der gespenstischen Ausdeutung jener Auferstehungen, von denen an zahllosen Kriegerdenkmäler des Ersten Weltkriegs (und in Fritz Langs „Müdem Tod") zu lesen war: „Aus dem stillen Raume, aus der Erde Grund, hebt mich wie im Traume dein verliebter Mund. Wenn sich die späten Nebel drehn, werd ich bei der Laterne stehn, wie einst Lili Marleen."

Was faszinierte Hunderttausende deutsche Landser daran, der Vorwegnahme ihres möglichen Tods und eines Schattendaseins zuzuhören? Möglich, dass dieses Lied nach Art der „paradoxen Intervention", wie sie in der Psychoanalyse angewendet wird, als vermummter Protest gegen die Forderungen nach Opferbereitschaft und Kadavergehorsam fungierte. Doch sicher ist, dass „Lili Marleen" das Paradigma einer zwischen Fatalismus und Realismus, Trotz und Furcht, Heldenkult und Desillusionismus schwankenden kollektiven Mentalität darstellt. Das bezeugt die Entstehungsgeschichte: Im April 1915, kurz vor seinem Abtransport an die russische Front, hatte der junge Dichter Hans Leip den Text während einer Nachtwache vor der Gardefüsilierkaserne in der Berliner Chausseestraße verfasst.

Leips kriegsbegeisterte Kameraden trugen, wenn man den zahllosen Berichten von Zeitzeugen glauben darf, das „Süß und ehrenvoll ist's, für das Vaterland zu sterben" des Horaz auf den Lippen und Wilhelm Hauffs „Morgenrot, Morgenrot, leuchtest mir zum frühen Tod" im Tornister. Statt dieser romantisch-wehmütigen Glorifizierungen schuf Leip mit der unheimlichen Laternen-Nebelatmosphäre und den Todesbildern seines Gedichts eine neue, an die naturalistischen und phantastischen Dramen Gerhard Hauptmanns erinnernde Variante des Themas Heldentod, in der sich der Realismus der Moderne und das Verklärungspathos des 19. Jahrhunderts durchdringen.

Nach dem Ende des Ersten Weltkriegs eroberte sich diese Art der Entzauberung blitzartig das Unterhaltungsmetier: 1919 verfasste Walter Mehring sein Gedicht „Berlin, dein Tänzer ist der Tod", in dessen Untergangsreigen Kriegskrüppel mittanzen. Friedrich Hollaender vertonte es als „Fox Macabre" für Trude Hesterbergs Kabarett „Wilde Bühne", den Fritz Lang als Begleitmusik seines todessüchtigen Stummfilms „Die Pest in Florenz" übernahm.

Im Jahr 1928 erschütterte die Chansonsängerin und Schauspielerin Rosa Valetti allabendlich das Berliner Publikum mit Kurt Tucholskys General Ludendorff gewidmeter „Roter Melodie": „Da fuhr man sie, wie's liebe Vieh, zur Front – in Omnibussen. (...) In dunkler Nacht, wenn keiner wacht, dann steigen aus dem Graben, der Füselier, der Musketier, die keine Ruhe haben (...) General, General, wag es nur nicht noch einmal!" Im selben Jahr spielte

Abb. 22: Denkmal für Lale Andersen auf Langeoog

sie die Mrs. Peachum in der Berliner Uraufführung von Brecht/Weills „Dreigroschenoper." Tumulte gab es, als der „Kanonensong" intoniert wurde, der Soldaten wechselnd als Schlächter und Schlachtvieh zeichnet.

Derart aggressiver Pazifismus ging nicht nur den Anhängern der NSDAP zu weit. Doch als 1927 der Tango „Schöner Gigolo, armer Gigolo" von Leonello Casucci und Julius Brammer, der vom Schicksal eines Leutnants handelt, den der verlorene Krieg zum Eintänzer gemacht hat, aus allen Radioapparaten tönte, war Deutschland begeistert; penetrante Sentimentalität machte die Desillusion für jeden annehmbar. Damit hatte das Bild vom armseligen Soldatenlos in der Populärkultur Fuß gefasst. Es überdauerte sogar die sogenannte „Machtergreifung": Ausgerechnet im Kriegsbeginnsjahr 1939 sang Hans Albers, der blonde deutsche Heldendarsteller schlechthin, im erfolgreichen Abenteuerfilm „Wasser für Canitoga" den Schlager „Goodbye Johnny", einen musikalischen Zwitter aus Brecht und Mehring, Marsch und Foxtrott: „Die Bombe machte Bumm. Da fiel mein Johnny um.", heißt es darin, endend mit der Klage „Bei Rockstown liegt er längst im Grabe, und aus seinem Schädel wachsen Blumen raus".

Goebbels ließ das bei aller Sentimentalität zu realistische Klagelied vom todestreuen Fähnrich verbieten. Doch das Publikum sang es weiter. Populärer wurde nur Zarah Leanders Durchhalteschlager, den ihr Michael Jary 1941 für das Luftwaffendrama „Die große Liebe" komponierte: „Geht's mal drüber und mal drunter, wenn uns der Schädel auch raucht: Davon geht die Welt nicht unter, sie wird ja noch gebraucht!" Es wurde gesendet, bis sich die NS-Architekturen unter dem Bomben der Alliierten in rauchende Schädelstätten verwandelten, die nun ihre wahre Bestimmung preisgaben und statt der Ikonographie des Vagen die nackte Wahrheit offenbarten.

Mit „Davon geht die Welt nicht unter" hatten der Texter Bruno Balz und der Komponist Michael Jary – ob bewusst oder zufällig sei dahingestellt – das musikalische Dementi von „Lili Marleen" geschaffen. Denn im selben Jahr trat Hans Leips Ballade ihren Siegeszug an. Zwar war schon 1937 der Text von Norbert Schultze mit einer gemäßigten Marschmusik, eingeleitet von einem verhalten traurigen Zapfenstreich, unterlegt, und, als das Ganze im selben Jahr erstmals in einem Tonstudio aufgenommen wurde, um die die zuvor ungedruckte Schlussstrophe ergänzt worden. Doch nicht diese schmissige Erstversion des Sängers Jan Behrens, untertitelt als „Lied eines jungen Wachsoldaten", wurde ein Erfolg, sondern die melancholische Fassung der Sängerin Lale Andersen. Im Sommer 1939 aufgezeichnet, 1940 zufällig wiederentdeckt, wurde sie ab dem 18. August 1941 allabendlich um 21.57 Uhr vom „Soldatensender Belgrad" ausgestrahlt und fesselte sofort nicht nur die deutsche Wehrmacht, sondern auch die Armeen der Alliierten. Sie überstand sogar das zeitweilige Verbot durch Goebbels im April 1942.

Für die des Deutschen unkundigen alliierten Soldaten dürfte der Reiz in der heimwehkranken Melodie und der tröstlich sanften Stimme der Sängerin gelegen haben. Für die deutschen Landser aber wuchs „Lili Marleen" sich zum Musik gewordenen, unbewussten Unterwerfungsritual aus. Seine makabere letzte Strophe fungierte als eine Art Abwehrzauber, mit dem sich Hunderttausende Soldaten an allen Fronten die Todesdrohung vom Leib hielten. So wie die Insassen von Todeszellen, von denen es heißt, sie rissen aus

Todesangst fortwährend Witze über Hinrichtungen, immunisierten sich die „Braven im grauen Ehrenkleid" Abend für Abend mit dem faszinierend besungenen Sterben im Lili-Marleen-Lied gegen das Grauen vor ihrem eigenen, jederzeit möglichen Tod, betäubten ihre Fluchtinstinkte und wurden damit zu jenem willenlosen Kanonenfutter, das die Führung wollte.

Ist damit der Einfluss der Populärkultur nicht maßlos überbewertet? Keineswegs. Wie fest sie in der mentalen Grundausstattung der Gesellschaft verwurzelt war und (zumindest vorläufig) blieb, bezeugt für die unmittelbare Nachkriegszeit ein Streit um die neue Nationalhymne der DDR im Jahr 1949: Zwischen Ende Oktober und Anfang November 1949 mit dem Ziel, alles „Zackige, Militärische in dieser bedeutungsvollen Melodie"[56] zu meiden, von Hanns Eisler komponiert, wurde „Auferstanden aus Ruinen" kurz nach der Erstaufführung von westdeutschen Zeitungen vorgeworfen, es sei ein Plagiat von Peter Kreuders „Goodbye Johnny".

Nie aber war die Verbindung von Erhabenem und Trivialem so eng wie zu Zeiten des Dritten Reichs: „Wanderer, kommst du nach Sparta, verkündige dorten, du habest uns hier liegen gesehen, wie das Gesetz es befahl!" Schillers Übersetzung der Gedenkworte zur antiken Schlacht bei den Thermophylen, die 1939 jeder deutsche Soldat kannte, hatte im „Lied eines jungen Wachsoldaten" einen modernen Begleiter gefunden, der den spartanischen Imperativ beklagte, ohne ihn außer Kraft zu setzen. Derselbe Dualismus prägt auch die „Worte aus Stein", die auf ihre Weise so raffiniert und populistisch, erhebend und trivial waren wie die Schlager dieser Zeit: Seien es die NS-Ordensburgen, deren rasant geschwungenen Wehrmauern und Bastionen mittelalterliche und moderne Militärarchitektur Opferbereitschaft und Heldentod verklärten, währen die Gemeinschaftsräume mit anheimelndem Heimatschutzstil Geborgenheit signalisierten, oder seien es die zwischen Antike und Moderne schillernden Tribünen und Hallen des Reichsparteitagsgeländes, denen isolierte, mit gehobenem „Gelsenkirchener Barock" möblierte Prominentenräume gegenüberstanden – das Regime inszenierte den Massen, aber auch sich selbst eine Welt, in der Erhebung und Unterhaltung ineinander übergingen; Heldentum und Heldentod mit Schonbezügen respektive der „Träne im Knopfloch".

In dem stillen Raume – Vom Stelen-Bataillon zum Stelen-Hain

Durch die sublime Mischung von Klassik und Populismus gelang es der Diktatur, sei es in der Musik, im Film oder der Architektur, selbst den elementarsten Reflex des Menschen, die Furcht vor dem Tod, zumindest zeitweise außer Kraft zu setzen. Ergriffen von Filmen und Schlagern, stimuliert von Lichtspektakeln und Stimmungsarchitektur, steigerte sich das Gros der Deutschen zwischen 1933 und 1943 immer wieder in Massenhysterien. Diese waren, ob Reichsparteitag oder Wunschkonzert, Kinobesuch oder Kameradschaftsabende, Ausnahmezustände, deren Affinität zur Religion Klaus Vondung beschrieben hat, so wie Klaus Theweleits Analyse sie als Folge mentaler Defekte darlegte und Thomas Manns „Doktor Faustus"-Roman sie als geschichtlich gewordene Besessenheit und zweite Natur der Deutschen beschreibt. Trotz alledem ist das Rätsel, weshalb eine zivilisierte Gesellschaft sich jahrelang in Bann schlagen, zu den abscheulichsten Verbrechen und

Abb. 23: Andreas Meck, Ehrenmal der Bundeswehr in Berlin, 2007-2009

millionenfach in den Tod treiben ließ, nicht gelöst. Das Paradoxon, dass die Bevölkerung in wahnwitziger „Nibelungentreue" selbst noch nach den Januartagen 1943 aushielt, als Göring und Hitler das Massensterben in Stalingrad mit dem Thermophylenspruch legitimierten, widersteht jedem Versuch endgültiger Deutung. Das todessüchtige Dritte Reich und alle seine Akteure bleiben ein drohendes Rätsel.

Umso mehr erschrickt man, wenn die Internet-Enzyklopädie Wikipedia zu „Lili Marleen" anmerkt, dass das Lied, ausgestrahlt vom Soldatensender Radio Andernach, allabendlich in Feldlager der Bundswehr und sogar deren „Camp Warehouse" in Afghanistan zu hören ist. Doch spricht vieles dafür, dass die jungen Bundeswehrsoldaten „Lili Marleen" schätzen, nicht obwohl sondern gerade weil darin die tödliche Gefahr des Soldtatseins ausgesprochen wird. Von dieser grundlegend anderen geistigen Haltung zeugt ein zeitgenössisches „Wort in Stein": Das am 8. September 2009 eingeweihte, zentrale Ehrenmal im Berliner Verteidigungsministerium.

Standort ist der mit dem Widerstand des 20. Juli 1944 verbundene Bendlerblock. An dessen Rand, auf der Grenze zwischen Öffentlichkeit und Behördensitz und nahe der „Gedenkstätte Deutscher Widerstand", hat der Architekt Andreas Meck eine längsrechteckigen Kubus errichtet, der die traditionellen Würdemotive der Gedenkstätten aufgreift und umdeutet. Gefertigt aus Beton, 41 Meter lang, acht Meter breit und zehn Meter hoch, trägt das Artefakt an seiner von schlanken Vierkantpfeilern gegliederten, offenen Längsseite durchbrochene Bronzehüllen, deren Struktur die Erkennungsmarken der Bundewehrsoldaten zitiert, die im Todesfall ihrer Träger halbiert werden. Das Innere des Kubus, „Cella" genannt, wird durch Öffnungen der Flachdecke beleuchtet. An den grau-weißen Wänden erscheinen für jeweils fünf Sekunden die Namen von mehr als 3.100 im Dienst gefallenen Soldaten. Mit dieser Projektion wie mit der Gesamtgestaltung wollen Bauherr und Architekt damit ausdrücklich den Heldenkult vermeiden, der sich an den in Stein gemeißelten und in Bronze gegossenen Namenslisten und Inschriften der traditionellen Kriegerdenkmäler oft entwickelt. Stattdessen soll „die Vergänglichkeit des Lebens und Individualität des Todes“ versinnbildlicht werden. Aus dieser Perspektive fällt denn auch ein anderes Licht auf die Schlussstrophe von „Lili Marleen“. Ihre „aus dem stillen Raume, aus der Erde Grund“ tönende Botschaft ist eine, die – eine soldatische Travestie des späteren „Jeder stirbt für sich allein“ Hans Falladas – von genau dieser Vergänglichkeit und Individualität spricht.

Aus demselben Grund hält das neue Ehrenmal auch Abstand zur appellativen öffentlichen Schaustellung, wie sie die Ehrenmale und Gedenkstätten der NS-Architektur praktizierten: Die Pfeilerstellungen des Bauwerks können mit Rollportalen verschlossen werden, um Angehörigen der Gefallenen privates Trauern zu ermöglichen. Nur zu offiziellen Anlässen ist das Ehrenmal allseitig einsehbar und der Öffentlichkeit zugänglich. Vor dem Stabsgebäude des Feldlagers Camp Warehouse in Kabul ist es ein grob behauener Felsblock mit einem weiß gerandeten schwarzen Ehrenkreuz der Bundeswehr, der, hinterfangen von einer schlichten Ziegelmauer mit metallenen Namenplaketten, an die Toten erinnert. Auf dem Flughafen von Kabul mahnt ein naturalistisch gemeißelter Berliner Bär aus bayerischem rötlichem Sandstein an die Gefallenen; seine eher betuliche Darstellung mag an Kitsch grenzen, aber auch sie hält Distanz zum Todespathos des Nationalsozialismus. Dazu dürfte auch die erregte öffentlich Debatte beigetragen haben, die aufbrandete, als im Mai 1994 bei ersten Wettbewerb für das Berliner Denkmal für die ermordeten Juden Europas der Entwurf einer zwanzigtausend Quadratmeter großen schiefen Betonebene mit den Namen der Opfer siegte. Ihm wurden zu Recht

Abb. 24: Andreas Meck, Ehrenmal der Bundeswehr in Berlin, Innenraum

Gigantomanie und die unfreiwillige Übernahme der Pathosformeln des NS-Regimes vorgeworfen. Im Reflex vielleicht darauf entwarf Peter Eisenman, der 1997 Sieger wurde, ein Denkmal, das mit 2711 Betonstelen verschiedenster Größe zwar ein architektonisches Hauptmotiv des „Bauens im Neuen Reich" zitiert, dieses aber radikal umdeutet: Aus den starren steinernen Kolonnen der dreißiger und vierziger Jahre ist ein geschmeidiges wogendes Gebilde geworden, in dem sich das Zeichen des Labyrinths als Chiffre der ausweglosen Lage der Ermordeten mit dem Hoffnungszeichen eines vom Wind bewegten Hains überkreuzt – vielleicht ist damit hinter dem Rücken aller Beteiligten jene trauernde Menschen- und Lebensliebe Gestalt geworden, die in … „Lili Marleen" mit Todespathos und Fatalismus ringt.

„Architektur warnt nicht mit lärmenden Prognosen, sondern durch den Stand der Dinge" heißt es bei dem polnischen Schriftsteller und Essayisten Kasimierz Brandys.[57] In Bezug auf die NS-Architektur und vor allem ihre Nekrophilie ist der derzeitige prognostische Stand beruhigend – der Unterschied zwischen der zivilen diskreten Trauer des Bundeswehr-Ehrenmals und den pathetischen auffordernden Totenkulten im „Dritten Reich" ist fundamental. Doch während der Niederschrift dieses Kapitels zerbrach die Ruhe, als im Jahr 2012 offenbar wurde, dass eine Zwickauer Neonazi-Zelle die Morde an türkischen und griechischen Kleinunternehmen verübte. Die Mörder und ihre Gesinnungsgenossen hatten sich, wie nun herauskam, schon längst im Internet mit Filmen ihrer Taten gerühmt. Zu diesen zählte ein Video, das einen Neonazi zeigt, der sich vor einer monumentalen steinernen Wand mit einem Hakenkreuzrelief brüstet. Sie war unverkennbar neu; wo sie steht, ist nicht herauszufinden. Vor dieser Kulisse verlas der junge Mann eine Art Katechismus seiner „Bewegung", der in zwölf Punkte unterteilt war. Der erste lautete „Glauben", der zweite „Gehorsam". Der letzte war ein Appellativ: „Sei unbarmherzig!"

Anmerkungen

1. siehe: Harald Kimpel (Hrsg.); Innere Sicherheit. Bunker-Ästhetk; Jonas Verlag, Marburg 2009 und und Inge Marßolek, Marc Buggeln (Hrsg.); Bunker. Kriegsort, Zuflucht, Erinnerungsraum; Campus Verlag, Marburg 2008
2. Nikolaus Pevsner; Europäische Architektur; München 1963; S. 384
3. Karl Reichle erklärte Freunden, er entwerfe „trostlosen Kasernenstil". zit. nach.: Berliner Zeitung vom 28.5.1997
4. zit. nach: Wikipedia, Artikel „Italienische Botschaft Berlin"
5. a.a.O
6. zit.nach: Wikipedia ,Artikel „Gauforum Weimar"
7. Leon Krier, Albert Speer. Bauten 1933-1945. Eine Architektur der Sehnsucht; Berlin 1985
8. exemplarisch: Franco Borsi; Die monumentale Ordnung. Architektur in Europa 1929-1939; Stuttgart 1987
9. Siegfried Kracauer; Von Caligari zu Hitler. Eine psychologische Geschichte des deutschen Films; Frankfurt am Main 1979; S. 352
10. vergl.: Wolfgang Schivelbusch; Vor dem Vorhang; Berlin 1995
11. Hitler zit. nach: Anna Teut; Architektur im Dritten Reich 1933-1945; Frankfurt/Wen 1967; S.187
12. Hubert Schrade; Bauten des Dritten Reiches; Leipzig 1937; S. 19

13 Sigmund Freud: Das Unbehagen in der Kultur, Wien 1931, S. 22

14 Klaus Theweleit: Männerphantasien. Bd. 1: Frauen, Fluten, Körper, Geschichte, Frankfurt am Main 1977, S. 552

15 S. Freud, a. a. 0., S. 33

16 Wilhelm Reich: Massenpsychologie des Faschismus, Köln/Berlin 1971 (erstmals 1933)

17 Siehe die Bibliographie in: Reinhard Kühnl (Hg.): Texte zur Faschismusdiskussion I, Reinbek bei Hamburg 1974, S. 265-270

18 Erich Fromm: Die Furcht vor der Freiheit, Zürich 1945, S. 204

19 S. Freud, a. a. 0., S. 128

20 E. Fromm, a. a. O., S. 108, S. 211

21 Vgl. Klaus Vondung: Magie und Manipulation. Ideologischer Kult und politische Religion des Nationalsozialismus, Göttingen 1971, George L. Mosse: Die Nationalisierung der Massen. Politische Symbolik und Massenbewegungen in Deutschland von den Napoleonischen Kriegen bis zum Dritten Reich, Frankfurt am Main, Berlin 1976, Klaus Schmeer: Regie des öffentlichen Lebens im Dritten Reich, München 1956

22 Adolf Hitler: Mein Kampf, München 1933 (erstmals 1925/1927), S. 535

23 Joseph Goebbels: Michael, München 1936, S. 21

24 Bruno E. Werner: Die Zwanziger Jahre – Von Morgens bis Mitternachts, München 1962, S. 22

25 Walter Benjamin: Das Kunstwerk im Zeitalter seiner technischen Reproduzierbarkeit, Frankfurt am Main 1973 (erstmals 1936), S. 48

26 Paul Zech: Deutschland, dein Tänzer ist der Tod. Ein Tatsachenroman (1933/37), Frankfurt am Main 1983, S. 504

27 Vgl. Reinhard Kühnl: Formen bürgerlicher Herrschaft, Liberalismus-Faschismus; Reinbek bei Hamburg 1971
ders.: Deutschland zwischen Demokratie und Faschismus, München 1971
ders.: Der deutsche Faschismus in Quellen und Dokumenten, Köln 1975

28 Wolfgang Pehnt: Die korrumpierbare Moderne, in: Frankfurter Allgemeine Zeitung, 16. 2. 1978; Zit. nach: ders.: Der Anfang der Bescheidenheit – Kritische Aufsätze zur Architektur des 20. Jahrhunderts, München 1983, S.129 H.
Vittorio Magnagno Lampugnani: Weder rein noch reaktionär – Die merkwürdigen Abenteuer der Architektur unter Hitler und Mussolini, in: Die Zeit, 5/1984, S. 9 ff.

29 Hannah Vogt: Schuld oder Verhängnis? Zwölf Fragen an Deutschlands jüngste Vergangenheit; Frankfurt am Main, Berlin, Bonn, München 1966, S. 100

30 Hermann Graml: Grundzüge nationalsozialistischer Außenpolitik, in: Martin Broszat, Horst Möller (Hg.): Das Dritte Reich – Herrschaftsstruktur und Geschichte, München 1983, S. 108 f.

31 Fritz Stern: Kulturpessimismus als politische Gefahr – Eine Analyse nationaler Ideologie in Deutschland, Bern, Stuttgart, Wien 1963, S. 7

32 Rundfunksprecher am 30. 1. 1933; zit. nach: H. Vogt, a. a. O., S. 101 f.

33 Eberhard Jäckel: Hitlers Weltanschauung. Entwurf eitler Herrschaft (Neuausgabe), Stuttgart 1981, zit. nach: Hellmuth Auerbauch: Führungspersonen und Weltanschauungen des Nationalsozialismus, in: M. Broszat, H. Möller, a. a. O., S. 150

34 J. P. Stern: Hitler. Der Führer und das Volk, München 1981, S. 207

35 Gustav Lampmann: Stuttgart 1927, Die Wohnung, in: Zentralblatt der Bauverwaltung, 43/1927, S. 549 ff.

36 In: Felix Schuster: Heimatschutz und neues Bauen, Esslingen 1928; zit. nach: Jürgen Joedicke, Christian Plath: Die Weißenhofsiedlung, Stuttgart 1977, S. 62

37 In: Felix Schuster, a. a. O., S. 63

38 In: Felix Schuster, a. a. O., S. 64

39 Werner Hegemann: Stuttgarter Schildbürgerstreiche und Berliner Bauausstellung 1930, in: Wasmuths Monatshefte für Baukunst, 12/1928, S. 8 ff.

40 W. Hegemann, a. a. O., S. 8

41 Bertold Hinz: Die Malerei im deutschen Faschismus – Kunst und Konterrevolution, Frankfurt am Main, Wien, Zürich 1976, S. 130 f.

42 Max Reinhardt im Berliner Lokalanzeiger, 10.5.1914; zit. nach Edda Fuhrich, Gisela Prosnitz: Katalog Max Reinhardt – ein Theater, das den Menschen wieder Freude gibt, Salzburg/Wien 1983, S. 72

43 Zit. nach: Hermann Glaser: Das Dritte Reich – Anspruch und Wirklichkeit, Freiburg in Br., Wien, Basel 1963, S. 72

44 Horst Becker: Was will Volkskunde? (1934); zit. nach: W. Emmerich: Zur Kritik der Volkstumsideologie, Frankfurt am Main 1971, S. 124

45 Elias Canetti: Masse und Macht, Bd. 1 Regensburg 1976 (erstmals 1960), S.12

46 Karl Heinz Bohrer; Schein und Schock. Zur esoterischen Ästhetik Walter Benjamins; in: Zeitgeist (Katalog); Berlin 1982, S. 25

47 K.Bohrer; Die Ästhetik des Schreckens. Die pessimistische Romantik und Ernst Jüngers Frühwerk; München 1978

48 Hubert Schrade; Bauten des Dritten Reiches; Leipzig 1937; S.11

49 zit.nach: Hermann Rauschning; Gespräche mit Hitler; Zürich/New York 1940, S. 237

50 Siegfried Kracauer; zit. nach: Hans Joachim Kunst; Architektur und Macht. Überlegungen zur NS-Architektur; in: ARCH+ 71, S. 61 ff.

51 S.Kracauer; Von Caligari zu Hitler. Eine psychologische Geschichte des deutschen Films; Frankfurt am Main 1979

52 vgl.: Kunst im 3. Reich. Dokumente der Unterwerfung (Katalog); Frankfurt am Main 1979

53 Ernst Bloch; Das Prinzip Hoffnung/Bd.2; Frankfurt am Main 1959; S. 858 ff.

54 Werner Hegemann; Die Stuttgarter Weissenhofsiedlung; in: Wasmuths Monatshefte für Baukunst und Städtebau 1928

55 zit. nach: Henry Picker; Hitlers Tischgespräche; Bonn 1951; S. 83

56 siehe: Heike Amos; Auferstanden aus Ruinen. Die Nationalhymne der DDR 1949 bis 1990; Berlin 1990

57 Kazimierz Brandys; Die Art zu leben; Frankfurt 1970; S. 123

STIMMUNGSARCHITEKTUR

Archetypus ohne Ende

GRUNDREGELN DER STIMMUNGSARCHITEKTUR

Mit ihren manipulativen Bauten griffen die NS-Ideologen und -Architekten intuitiv ein geradezu quälendes Bedürfnis der Allgemeinheit auf – den Drang nach entlastender Kontinuität und Sicherheit. Seine Anfänge weisen in die Zeit um 1900: „Heute … erscheint uns unser Geschick unentrinnbar, unvermeidlich. Statt Ruhe, Friede, Harmonie ein endloser Kampf, Zerstörung, Missklang … Diese (durch Kunst vermittelte; D. B.) Ahnung aber der Ordnung und Gesetzlichkeit über dem Chaos … nennen wir Stimmung … Es ist daher tief begründet, dass die Stimmung immer in solchen Zeiten zum obersten Kunstziel geworden ist, die zugleich durch eine tiefe religiöse Erregung gekennzeichnet sind.“[1] So schreibt um die Jahrhundertwende Alois Riegl, der Mentor damaliger Kunstkritik und Denkmalpflege, mit dem Blick auf die Kunst seiner Zeit. Lässt man die Eingrenzung der allgemeinen Erregung auf religiöse Phänomene einmal beiseite, benennt Riegl exakt die Kennzeichen, welche seither geradezu turnusmäßig die baukünstlerischen Bemühungen prägten. Obwohl auf die Werke der Malerei bezogen, enthüllen Riegls Beobachtungen einen Grundzug von Architekturen, die ihren Ursprung kollektiven Bewusstseinskrisen und Fluchtversuchen aus ihnen verdanken. Als Stimmungsarchitekturen verkörpern sie „Ordnung über dem Chaos“. Ihre Archetypik steht für angeblich Ewiggültiges ein und suggeriert beruhigende Kontinuität. Wenn auch Welten liegen zwischen dem Kulturpessimismus unserer Tage, den Erregungen der „nervösen“ Oberschicht um die Jahrhundertwende oder den Kollektivtraumen der autoritären deutschen Gesellschaft vor und nach der sogenannten Machtübernahme, die Architektur antwortet und antwortete auf Gegenwartsskepsis mit dem suggestiven Rückfall in die Vergangenheit, genauer: mit dem modifizierenden Rückgriff auf Archetypen. Die Perversion solcher Architekturgeschichte stellt die Baukunst im Dritten Reich vor.

Das eingangs genannte Gespür des Regimes für derlei Zusammenhänge belegt eine Passage der 1937 während des Nürnberger Reichsparteitags gehaltenen sogenannten Kulturrede Adolf Hitlers: „Aber die großen Kulturdokumente der Menschheit aus Granit und Marmor stehen ebenfalls seit Jahrtausenden. Und sie allein sind ein wahrhaft ruhender Pol in der Flucht all der anderen Erscheinungen. In ihnen hat die Menschheit sich in Zeiten des Verfalls stets von neuem die ewige Zauberkraft gesucht und auch immer wieder gefunden, um ihrer Wirrnis wieder Herr zu werden und aus dem Chaos eine Neuordnung zu gestalten … Und weil wir an die Ewigkeit dieses (des Dritten) Reiches … glauben, sollen auch diese Werke ewige sein, das heißt, sie sollen nicht nur in der Größe ihrer Konzeption, sondern auch der Klarheit ihrer Grundrisse, in der Harmonie ihrer Verhältnisse ewigen Anforderungen genügen."[2]

Ein Blick auf die während des Dritten Reichs gebauten Architekturen genügt, um deutlich zu machen, dass dies Streben nach Ewigkeit sich in Stimmungsarchitekturen niederschlug. Ihre Hauptmotive sind rasch aufgezählt: In der Großform dominieren Tempel, Turm, Burg, Krypta und Altar; in der Kleinform Pfeiler, Säule, Katafalk und Postament, Treppen, Hoheitszeichen, Standarten und Kandelaber. Die bevorzugten Materialien sind solche (siehe Hitlers Rede) mit dem Anstrich jahrtausendealter Dignität und Unvergänglichkeit: Marmor, Granit, Travertin, Kalkstein, poliert oder gequadert, als spiegelnde Flächen oder wuchtiges Bossenmauerwerk, gerastert oder zentriert.

Zurück zunächst noch einmal zur Jahrhundertwende. Regierungsbaumeister Friedrich Paulsen, im Januar 1933, wenige Tage vor der sogenannten Machtübernahme, aufgefordert, den Stand der aktuellen Baukultur zu charakterisieren, begann seine Ausführungen mit dem Blick auf die Tradition der modernen Architekturen. Das bild- beziehungsweise stimmungshafte Inszenieren von Bauwerken erscheint bei ihm als Grundzug der vom 20. Jahrhundert in die Gegenwart reichenden Gestaltungsgewohnheiten. Paulsen erklärt, dass gegen Ende des 19. Jahrhunderts „offenbar auch die Architektur als Bild betrachtet wurde … Man konstruierte Schaubilder von einem Hauptpunkt aus und änderte nach deren Ausfall den Entwurf. Ornament und Architekturformen verloren meist ihren ursprünglichen Sinn und dienten nur noch der malerischen Bewegtheit."[3] Im letzten Punkt irrt Paulsen. Ornamente und

Abb. 25: Joseph Maria Olbrich, Wiener Secessionsgebäude, 1898

Abb. 26: Peter Behrens, damalige Deutsche Botschaft in St. Petersburg, 1911-12

Architekturformen verloren zwar mit dem Ende des Historismus ihren Sinn, mit dem Auftreten aber der neuen archaisierenden Architekturen (in welchen Paulsen denn auch die Vorläufer der zeitgenössischen Bauten erkennt) erwarben die Bauten und ihre sparsam eingesetzten Dekorationen den ursprünglichsten aller Sinngehalte zurück, will sagen: sie evozierten Stimmungen, deren Inhalt dem rudimentären Charakter der Formen entsprach. An die Stelle des aufgeklärten Wiedererkennens trat das zwingende Ahnen. Konkret: „Man wollte ja zu einem Primitiven kommen"[4].

Martin Elsässer, der im Umkreis solcher Baukunst lernende spätere Virtuose Neuen Bauens, analysierte 1950 rückblickend seine und seiner Kollegen Arbeit. Über das Entwerfen schrieb er, die Form eines Gebäudes entstehe „teils aus dem zur Lösung gestellten Problem, teils aus dem unbewussten Schatz von Bildern, die der Mensch von der ersten Kindheit an aus seiner Umwelt empfängt"[5]. Die Leitbilder – so der zeitgenössische Terminus der Architektur-Diskussion –, welche diesem „unbewussten Schatz an Bildern" entsprangen, neigten zum größten Teil dem Reduzieren der Form auf Ursprüngliches, auf Archaisches zu. Einige damals vielbeachtete Beispiele mögen dies verdeutlichen.

Wenn auch Adolf Laos' Devise vom Ornament als Verbrechen (1908) noch allgemein empört bestritten wurde, viele Architekturen folgten bereits dieser Regel. So präsentierten beispielsweise Joseph Maria Olbrichs Wiener Secessionsbau von 1897/98 ebenso wie die Ausstellungsgebäude der Darmstädter Mathildenhöhe unter der Maske des Jugendstils archaische Reduktionsformen. Die Front des Wiener Baues (wenn auch nicht dem Kargheitsideal Loos' entsprechend) überführt die phantastische Üppigkeit babylonisch-assyrischer Tempel und Paläste aus Moreaus Bildern auf ein nüchtern-eindrucksvolles Grundgerüst aus Kuben, Pfeilern und Flächen; der Darmstädter Ausstellungspalast kombiniert die feierlich-schlanken Pfeilerreihen und Terrassenfolgen der (gerade ausgegrabenen) altkretischen Paläste mit frühchristlich strengen Ädikulen u. ä. Peter Behrens' vielgerühmte Petersburger Deutsche Botschaft (1911/12) bezieht die respektheischende Wucht ihrer Fassade aus einer Mischung dorisch-straffer Tempelvisionen und dem Pathos des sogenannten Totentempels der Hatschepsut in Ägypten. Die Fassade der 1910 errichteten Hochspannungsfabrik der AEG in Berlin wird beherrscht von einem Zwillingspaar antikisch-archaisierender Portici. Über mehreren Stockwerken wuchtend, verleiht es der Baugruppe den Eindruck einer kolossalen Tempel-Festung. Flankiert wird das Tempel-Doppel von turmartig aufragenden Seitenbauten, in denen sich Reminiszenzen staufischer Wehrtürme mit denen der Propyläen oder des legendären siebentorigen Theben verbinden. Wilhelm Kreis schließlich baut 1916 das Prähistorische Museum in Halle, kurzerhand den spätantiken „Primitivismus" der Trierer Porta Nigra von der Mosel an die Saale transferierend.

Was im realen Bauen der Zeit häufig unter den tonangebenden Stilbezeichnungen wie Jugendstil, Neoklassizismus oder Sachlichkeit verschwimmt (und bis heute meist unbeachtet blieb), erhellen schlagartig die Entwurfszeichnungen der Epoche. In ihnen konstituiert sich, ungehemmt vom Sachzwang des Baualltags, die Ikonographie des Vagen. Als ginge es darum, Wagners ‚*Götterdämmerung*' oder dem ‚*Ring der Nibelungen*' den beeindruckendsten Rahmen zu schaffen, wetteifern Architekten bei Vorschlägen beispielsweise für das Völkerschlachtdenkmal, für Theater oder Bismarck-Monumente in Orgien archetypischer Kubentürmerei. Umflutet von dramatischen Lichteffekten, plaziert inmitten heroischer Landschaften, entfalten diese Bau-Gemälde den Fundus urtümlich-wuchtender Grundformen. So entpuppt sich hier beispielsweise Ludwig Mies van der Rohe nicht nur als Vorreiter der Moderne, sondern auch als routiniert inszenierender Regisseur von „Bildern aus dem Unbewussten". Sein Entwurf für ein Bismarck-Denkmal (1910), eine Paraphrase der Ramenitischen Säulenwälder in Luxor, übertrifft die Vorbilder noch an einschüchternder Gewalt. Wilhelm Kreis' um 1900 entworfener Bismarck-Turm reckt über dem Gräbersockel einer mastabaähnlichen Konstruk-

Abb. 27: Wilhelm Kreis, Landesmuseum für Vorgeschichte in Halle (Saale), 1911-13

Abb. 28: Mies van der Rohe, Entwurf Bismarckdenkmal auf der Elisenhöhe bei Bingerbrück, 1910

Abb. 29: Wilhelm Kreis, Entwurf für einen Bismarck-Turm, Motto: „Götterdämmerung", 1898

tion einen von vier Dreiviertelsäulen umstellten Schaft in den Himmel – eine megalomane Replik der klobigen römisch-germanischen Grabmonumente. Worin die Faszinationskraft solcher dramatisierten Rückgriffe bestand, erhellt eine Äußerung des Architekturtheoretikers Joseph Frank. In seiner Untersuchung „Architektur als Symbol" vergleicht er das Neue Bauen mit dem der Jahrhundertwende und stellt weitgehende Übereinstimmungen fest: „Nach all den vielfältigsten Versuchen herrscht heute wieder der Drang, Ewigkeitswerte zu schaffen ... Wir wissen, daß unsere moderne Baukunst mit einer Nachahmung der ägyptischen begann ... Man wollte ja zu einem Primitiven kommen und knüpfte an Ägypten an.[6]

Die Architektur der zwanziger Jahre wird heute zumeist als radikaler Bruch mit überkommenen Bauformen, als eruptiver Siegeszug des Neuen Bauens interpretiert. Die Symbole des Technischen Zeitalters als noch immer infiziert von der Vorliebe für Uraltes darstellen zu wollen, erscheint demnach geradezu absurd. Dies vor allem, seit Neues Bauen nicht mehr allein als Durchbruch seither gültiger Bauformen hochgeschätzt wird, sondern neuerdings im Zug der postmodernen Rückbesinnung auf historisches Formengut in den Ruch gerät, Erzfeind aller baulichen Retrospektiven und damit Stammvater der Betonmonotonie unserer Stadtwüsten zu sein. Im einen wie im anderen Fall scheinen bauliche Rückgriffe und Neues Bauen einander auszuschließen. Und doch, sieht man genau hin, so finden sich inmitten der architektonischen Chiffren für Dynamik, Technik und Aufbruch auch Relikte der archetypisierenden Zeichen. Es sind nicht nur die allseits bekannten Vertreter der traditionsverhafteten Richtungen Neuen Bauens wie Theodor Fischer oder Heinrich Tessenow, die weiterhin Hilfe im historischen Formenapparat suchen. In der expressionistischen Richtung Neuen Bauens liegen die Rückgriffe gewissermaßen dicht unter der modernen Oberfläche. Die Grundmotive Poelzigs, Mendelsohns oder der Gebrüder Taut zu Beginn der zwanziger Jahre präsentieren sich als Phänomenologie ewiggültiger Grundformen. Turm, Höhle, Tempel, Kristall oder Pflanze, so lauten die Leitbilder expressionistischen Bauens, denen die Stadtkronen, Festspielhäuser und Kirchen ebenso faszinierend entwachsen wie Observatorien, Krankenhäuser oder Fabrik- und Verwaltungsgebäude. Wenn auch das archaische Pathos, welches Volkshallen den Rekonstruktionen des Salomonischen Tempels gleichen lässt und umgekehrt, verschwindet, sobald die Brüder Taut beispielsweise vom ungebundenen Entwerfen in die Rationalisierungszwänge der republikanischen Bauwirtschaft überwechseln, wenn auch die futuristische Bewegtheit früher Bauten Erich Mendelsohns, welche noch dem heutigen Betrachter den Atem raubt, sich auflöst, nachdem er zum Gestalter von Lichtspielhäusern und Verwaltungsbauten wird: Eingelagert in die technizistische Kühle der neu entstehenden Bauten finden sich Spuren der stimmungshaften Einwürfe. So verbirgt sich in Mendelsohns Einstein-Turm (Potsdam 1917/21) unter den dynamisch-geschwungenen Formen eine breitgelagerte ägyptische Sphinx; die Keilformation seines Mosse-Haus-Umbaus (1921/23) in Berlin appliziert nicht nur

Abb. 30: Erich Mendelsohn, Einsteinturm in Potsdam, 1920-21, Foto 2006

Abb. 31: Erich Mendelsohn, Umbau des Verlagshauses Mosse in Berlin, 1921-23, Foto vor 1929

die Fortschrittseuphorie des Dampfer-Symbols auf eine Gründerzeitfassade, sie wuchtet auch über dem Gebäude wie der dreieckig behauene Monolith des Löwentors von Mykene. Mies van der Rohes Entwurf für ein Bürohaus (1922), damals und heute ein Inbegriff funktionalistischen Bauens, präsentiert einen Eingang, dessen gedrungene Pfeiler so wenig von der Wucht einer ägyptischen Tempelvorhalle oder dem Zugang einer Krypta verloren haben wie Poelzigs IG-Farben-Palast in Frankfurt am Main (1928/31), der sichtlich eine – wenn auch bravourös modern-funktionalistische – Replik des Castel del

Abb. 32: Ludwig Mies van der Rohe, Entwurf für ein Bürohaus, 1922

Monte darstellt. Beinahe so offenkundig rückwärtsgewandt wie Adolf Loos' Säule, die der Architekt als sarkastische Warnung vor historisierendem Neuen Bauen zum Wettbewerb um den Chicago Tribune-Tower einsandte, beinahe so offenkundig der Vergangenheit verpflichtet ist ein Bau wie Wilhelm Kreis' 1928/30 in Dresden gebautes Hygiene-Museum. Es vollzieht ebenso gekonnt die Gratwanderung zwischen Archetypik und Moderne wie Rudolf Schwarz' 1928 für einen Aachener Kirchen-Wettbewerb entworfene Vierwandkirche: In Dresden entstand eine schlichte Ausgabe der Kreis'schen Tempelvisionen; die Aachener Skizze zehrt von der Aura der Tempelbauten auf der Nilinsel Efdu.

Abb. 33: Wilhelm Kreis, Deutsches Hygiene-Museum in Dresden, 1928-30

Bauen mit Geschichte

VERGANGENHEIT, GEGENWART UND EWIGKEIT IN DER NS-ARCHITEKTUR

„... die Lage ist heute so, daß wir Bauten, die in erster Linie, wie die Kirchen des Mittelalters oder die Schlösser im 18. Jahrhundert, der künstlerischen Kristallisation dienten, nicht zu errichten haben, es sei denn, bis zu einem gewissen Grad wenigstens, der Völkerbundpalast in Genf"[7]. Mit diesen Worten kennzeichnete 1931 Hans Poelzig in einer Rede vor dem Bundestag des BDA das öffentliche Baugeschehen der Republik. Er wies damit auf ein entscheidendes Manko des Weimarer Staats hin: Einer an bramarbasierende bauliche Repräsentanz des Staats gewohnten Gesellschaft, dies zeigt der Erfolg von Staatsbaukunst nach 1933, bot der heute Respekt abnötigende demokratische Eifer, mit Massenwohnungsbau möglichst vielen menschenwürdiges Leben zu ermöglichen, keinen Ersatz für die erhebenden Botschaften nationaler baulicher Symbole.[8] Obwohl am Ausgang der zwanziger Jahre Moderne und Tradition der Aussöhnung nahe schienen, der Formenschatz beider bereit lag, in den Dienst demokratischer Selbstdarstellung zu treten, kam der letzte Versuch zu spät: 1928 vollzog Reichspräsident Hindenburg die Grundsteinlegung zum Erweiterungsbau der Reichskanzlei in der Berliner Wilhelmstraße. „Dieses neue Haus muss der Würde der Reichsregierung, der Reichshauptstadt und unserer Ministerstraße ... gerecht werden ... So möge dieses Gebäude ein Symbol sein für den Wiederaufstieg unseres Reiches und Volkes"[9], verkündete Reichskanzler Marx in der Festrede. Gebaut wurde nach einem Entwurf des Architekten Eduard Jobst Siedler und seines Assistenten Robert Kisch. Das 1930 vollendete Gebäude wies entscheidende Abweichungen von den preisgekrönten Bauplänen auf: Die Zeichnungen zeigen einen Gebäudekomplex, dessen Fassade weitgehend bestimmt ist vom gerade entwickelten funktionalistischen Rastersystem. 1930 ist daraus eine nobel-schlichte Schaufront geworden. Ein doppelbahniges, schweres und weit vorragendes Dach-Gesims ist an die Stelle einer schlichten Abschlussleiste getreten, wuchtige steinerne Gewände rahmen die Fenster, deren unterschiedliche Größe und Dekoration nun zwischen einem piano nobile im ersten Geschoß und den darüber liegenden Amtsräumen unterscheidet. Dem dahinter angeordneten aufragenden Bauteil fehlen das dynamisierende gläserne Treppenhausband samt den schwungvoll die Ecke umklammernden Leisten der Fahnenmasthalterung und dem das oberste Geschoß auflösenden Fensterband. Die stattdessen symmetrisch eingetieften, regelmäßigen Abstand haltenden Fenster, das nun steinern ummantelte, schachtartig vorragende Treppenhaus und die als vor die Wand tretende Eckbosse gestaltete Fahnenmasthalterung wandeln den Bauteil vom zurückhaltenden Dampfermo-

Abb. 34: Eduard Jobst Siedler und Robert Kisch, Erweiterungsbau der Reichskanzlei, 1928-30

tiv zum wuchtig-steinernen Pylon. Gemeinsam mit der umgestalteten Fassade bietet der Erweiterungsbau nach 1930 den Anblick eines modernen Gebäudes, dem die Nobilität klassischen Bauens (einer Behrens'schen Botschaft zum Beispiel) zurückgegeben ist. Bauten wie die Siedlers mag der Regierungsbaumeister Friedrich Heiss vor Augen gehabt haben, als er in der *Deutschen Bauzeitung* in den ersten Januartagen des Jahres 1933 auf die Frage „Entwickelt sich ein baulicher Ausdruck unserer Gegenwart?" antwortete: „Spricht nicht vieles dafür, daß wir in der Gestaltung irgendwie an der Schwelle einer neuen, herben, strengen Klassik sind, zu der sich das traditionsgebundene Bauen abklärt und in die das Neue Bauen einmündet?"[10]

Abb. 35: Hitler auf dem 1935 am Erweiterungsbau angebrachten Balkon im März 1938

Dem uninformierten Betrachter dürfte es schwerfallen, angesichts einer Aufnahme der Reichskanzlei aus dem Jahre 1935 zwischen dem Spätwerk Neuen Bauens und Zutaten der „Kunst im Dritten Reich" zu unterscheiden. Nahtlos fügt sich der von Albert Speer Siedlers Bau angefügte Erscheinungsbalkon dem Gesamteindruck ein. Daß Hitler später den Erweiterungsbau als Kistenarchitektur eines Seifenkonzerns verhöhnte, dürfte eher der Entstehungszeit des Gebäudes denn seiner Gestalt zuzuschreiben sein. Die Baukunst des Dritten Reiches (zumindest was ihre erste Phase angeht) brauchte, wie wohl deutlich geworden ist, lediglich die moderne Spreu vom archetypischen Weizen zu sondern, um sich als Vollender der neuen Baukunst ebensogut ins Licht zu setzen wie als Erbe der jahrtausendealten Baukultur. „Man weiß", heißt es beispielsweise im *Völkischen Beobachter* über Hitlers Arbeitszimmer in der Neuen Reichskanzlei, „wenn man in diesem Raum steht, daß er neu geschaffen wurde; aber es ist das Wunderbare, daß man diesen Raum bereits als historische Stätte empfindet, als den Ort, zu dem sich künftighin die Gedanken und die Liebe aller Deutschen hinwenden werden."[11]

Das Versäumnis der Republik erkennend und für seine Zwecke nutzend, konzentrierte das NS-System seine Baupolitik auf das zügige Umgestalten öffentlicher Plätze und die Neuschaffung von Staatsarchitekturen. Ihre Erscheinung löste ein, was Moeller van den Bruck in seinem noch Ende der zwanziger Jahre vielgelesenen Buch *‚Der preußische Stil'* (1916) als Sprecher der Enttäuschten eingeklagt hatte. Vom Formenrepertoire der Klassizisten Gilly und Schinkel fasziniert wie später die faschistischen Bauherren und ihre Architekten, verfasste v. d. Bruck ein Credo klassischen Bauens, das an den angeblichen Vorbildern so hartnäckig vorbeisah und auf die eigenen Bedürfnisse starrte, wie wenige Jahre danach die angeblich auf Schinkels und anderer Klassizisten zurückgreifenden Bauherren und Kopisten. Von Gillys Entwurf für ein Denkmal Friedrichs des Großen heißt es im „Preußischen Stil", es sei ein Bauwerk, „das, wenn es ausgeführt worden wäre, Berlin und Preußen und heute Deutschland den großen architektonischen Mittelpunkt gegeben hätte, der in Hauptstädten von Großstaaten zu verkünden pflegt, daß hier Weltgeschichte hindurchgeschritten ist und *Wille zur Ewigkeit als Wille in Stein* (Hervorhebungen von mir; D. B.) sich niedergelassen hat."[12] Dem Alltagsgrau der Republik und dem erschreckenden Dynamismus des mit ihr identifizierten Neuen Bauens setzte das NS-System öffentliche Großbauten entgegen. Ihre mit Signalen der Moderne diskret untermischte archetypisierende Wucht verunstaltete die angeblichen Vorbilder nun tatsächlich zu überwältigenden Verkörperungen des „Willens zur Ewigkeit", zu „Willen in Stein".

Abb. 36: Fritz Schupp und Martin Kremmer, Schachtanlage in Essen-Katernberg 1930, ehemaliges Kesselhaus, heute Design-Zentrum NRW

Es ist inzwischen ausführlich dokumentiert, daß der angebliche Volksstaat im öffentlichen Wohnungsbau nicht annähernd die Bauziffern erreichte, die zu Zeiten der Weimarer Republik Norm waren. Das Kennzeichnende des Vorgangs aber liegt nicht nur darin, daß im Zeichen der angeblich hergestellten „Volksgemeinschaft" dem Großteil der „Volksgenossen" mit sämtlichen Rechten auch das Recht auf menschenwürdiges Wohnen entzogen wurde. Das Wechselspiel von Unterdrückung und Selbstaufgabe führte auf baulichem Gebiet zur Paradoxie einer Diktatur, die, gerade indem sie den Zwangsstaat glorifizierende Bauten errichtete, sich zum Vollzugsorgan kollektiver Bedürfnisse machte. Im Zugriff auf den öffentlichen Raum aber lag auch die Verpflichtung auf eine allgemeinverständliche Architektursprache. Die gleichsam als wechselseitige Vexierspiegel von Neu und Uralt errichteten Tempel und Paläste des Münchener Königsplatzes, der Neuen Reichskanzlei, die gebauten und geplanten Volkshallen und Gemeinschaftshäuser, die Altar- und Katafalkformen, aus denen das Berliner Olympiagelände sich ebenso zusammensetzt wie das Reichsparteitagsgelände in Nürnberg oder die Messehallen und Verwaltungsbauten rund um Reichskanzler- und Fehrbelliner Platz in Berlin, erfüllten dergestalt ihren Zweck. Als neu-alte Monumente an signifikanten Punkten der jeweiligen Stadtlandschaften plaziert, wurden sie zu unübersehbaren Wegmarken auf dem Marsch in die neue Ordnung, oder wie es im Bildband der *‚Neuen Deutschen Baukunst'* heißt: „Zum erstenmal (entstehen) wieder Gemeinschaftsbauten, die völlig von jeder Zweckbestimmung des Alltags losgelöst sind ... Stein gewordene Verkörperungen eines Glaubens ... In einer solchen (vom „Chaos" des 19. Jahrhunderts und der „Systemzeit" verunstalteten; D. B.) Umwelt werden die Bauten des neuen Reiches zu Fanalen. Als ordnendes Prinzip setzen sie sich durch, machen das Unheil ihrer Umgebung schmerzhaft fühlbar und werden in immer stärkerem Maß deren Umgestaltung nach sich ziehen."[13]

In dem eben zitierten Band präsentiert Gerdy Troost, die Witwe des im doppelten Wortsinn ersten Architekten der Baukunst im Dritten Reich, Paul Troost, ein Resümee des fünfjährigen Versuchs, Deutschland den steinernen Stempel des Dritten Reiches aufzuprägen. Vom Staatsbau bis zum Wohnhaus, von der Fabrik bis zum Bauernhof werden Beispiele vorgeführt, denen tatsächlich, bei allen Verschiedenheiten, der Eindruck eines einheitlichen Stils anhaftet. Das Gestaltungsgesetz, welchem sich alle Bauten unterworfen zeigen, besteht im Präsentieren von Grundformen. Mögen zum Beispiel auch auf den ersten Blick Welten liegen zwischen der Holz gewordenen Blut- und Boden-Ideologie des Modells für eine BDM-Reichsführerinnen-Schule und den Stein gewordenen Losungen eines klassisch-preußischen, großstädtisch geprägten Reiches in den Fassaden der Neuen Reichskanzlei: Beide präsentieren nicht irgendein Beispiel des jeweiligen architektonischen Vorbilds, sondern deren auf immer Gültiges reduzierten Idealtypus. Die Schule besteht als streng symmetrische Formation gleichsam aus der Urform eines Braunschweiger Fachwerkhauses, welche ebenso restlos von sämtlichen Zufällen zeitgebundener Details bereinigt scheint wie Speers klassische Fassaden an der Berliner Wilhelmstraße, wo selbst das unscheinbarste Detail den Hinweis auf eine bestimmte Epoche des Klassizismus abgestoßen hat. Vor solchem puritanischen Eifer werden sogar die sichtbaren Unterschiede bedeutungslos, die offiziell Industrie- und Staatsbau voneinander trennen. Als Verkörperungen ewiger Gesetze der Baukunst erscheinen eine in Westfalen errichtete Fabrikhalle, das Kameradschaftshaus einer Weberei in Finsterwalde ebenso wie das Bayreuther Haus der deutschen Erziehung oder die Hochschule für Leibesübungen in Berlin. Umstrahlt vom Glanz archaischer Tempel, suggerieren diese Bauten, daß landauf, landab die Würde des Dritten Reiches angebrochen sei, in dessen (baulichem) Bannkreis Arbeit und Sport, Erziehen und Verwalten in den Rang kultischer Handlungen erhoben scheinen und zur heiligen Pflicht werden.[14] Vor allem aber verleiht diese steinerne Umwelt dem grundlegenden Widersinn der faschistischen Ideologie von der vollzogenen konservativen Revolution Glaubwürdigkeit. Als Architekturen, die in ihrem

Abb. 37: Werner u. Walter March, Hochschule für Leibesübungen Berlin (Haus des Deutschen Sports), 1927-1936

Abb. 38: Weltausstellung Paris 1937, links der sowjetische, rechts der deutsche Pavillon

archetypischen Purismus so modern anmuten wie ihre unmittelbaren Vorläufer aus den letzten Jahren der Weimarer Republik, im Rückgriff zugleich als Wiederkehr uralter Traditionen vor Augen stehen, besiegeln sie die absurde Behauptung vom Dritten Reich als gleichzeitig restaurativem und radikal erneuerndem Staat.

Am Beispiel eines Bauwerks, das auch heute noch als Inbegriff der Baukunst im Dritten Reich angesehen wird, lässt sich das Gemeinte verdeutlichen: Eine ihrer Nagelproben bestand die neue Baukunst anlässlich der Pariser Weltausstellung im Jahre 1937. Hier galt es, sowohl nach innen als auch nach außen Gültiges zu präsentieren. Die deutsche Gesellschaft musste sich in dem wiedererkennen können, was als Ausweis ihrer angeblichen Wiedergeburt ins Ausland geschickt wurde; den Betrachtern jenseits der Grenzen musste unmißverständlich klargemacht werden, daß das Dritte Reich nicht nur eine traumatisch bedingte Episode der deutschen Geschichte darstellen würde, sondern einen unangreifbaren Dauerzustand.[15] Ob Ironie des Zufalls oder Kalkül, der deutsche Pavillon und der der Sowjetunion standen sich gegenüber. Beider Konfrontation erhellt blitzartig das Spezifikum des deutschen Baues. Dem fortschrittseuphorischen Bewegungsdrang des sowjetischen Pavillons, welcher seine Bauteile zum keilförmigen Bug eines geradezu in die Zukunft stürmenden (Staats-)Schiffes schichtet, setzt Speers Architektur die blockhaft in sich ruhende Starre eines Vierkants entgegen. Unschwer erkennt man in dem turmartigen Gebilde die zu denkmalhafter Omnipotenz gesteigerten Pfeiler des Münchener Königsplatzes oder der Reichskanzlei, die hier zusammengepresst sind zu einer Art von Urbild des Pfeilers beziehungsweise Pylonen, welcher in den Augen der Zeitgenossen dem ewigen Gesetz ruhend-geballter Kraft neuen Ausdruck schafft. So erscheint der Pavillon als benutzbares Denkmal der laut faschistischer Ideologie aus germanischer Urzeit sich ableitenden Kraft und Standhaftigkeit der Nation, als Ort, durch den

Weltgeschichte hindurchgegangen ist. Zugleich aber gibt das Bauwerk die Wahlverwandtschaft zum Siedlerschen Erweiterungsbau der Reichskanzlei zu erkennen. Hier wie da dominiert ein wuchtig aufragender Bauteil einen langgestreckten Gebäudekomplex, hier wie da herrscht die schlichte Würde des späten Neuen Bauens. Der deutsche Pavillon erweist sich damit als Paradestück der Bau-Welt im Dritten Reich. Er bindet die baulichen Chiffren des Ewiggleichen wie die der Moderne, verleiht dem Redeschwall der Ideologie monumentale Nachdrücklichkeit. Dergestalt ging in Erfüllung, was Paul Bonatz, der auch zu Zeiten des NS-Regimes angesehene Architekt, im November 1933 von der neuen deutschen Baukunst vorausgesagt hatte: das Bauen „wird allerdings straffer im Ausdruck werden, knapper in den Mitteln, man wird da und dort die Arbeit der Maschine spüren … Das heutige Feldgeschrei: Tradition oder Moderne wird gegenstandslos werden, es wird ein Besseres daraus erwachsen: Selbstverständlichkeit.“[16]

Bild und Bau

NS-BAUTEN ALS SCHAUBILDER

Die Neubauten des „Dritten Reichs“ sollten bereits zum Zeitpunkt ihrer Entstehung als eindrucksvolle Abbilder des neuen Staates gesehen und erkannt werden. So heißt es zum Beispiel 1935, das Bauen der „neuen Zeit“ zeige eine „Formensprache ... die durch den Charakter von Zucht und Regel, normativer Gebundenheit ... und objektiver Klarheit bestimmt wird“[17].

Der Pflicht, Eindruck zu machen, jedermann von der Großartigkeit des faschistischen Staats überzeugen zu müssen, verdanken die Entwürfe und Modelle Herkunft und Gestalt. Ein Blick auf Kreis' Museumsentwürfe für die geplante Erweiterung der Berliner Museumsinsel zum Beispiel machte klar, dass hier das berühmte Ischtar-Tor Babylons zu neuem Leben erwacht und in seiner Wirkung um ein Vielfaches übertroffen war; glosende Opferschalen, heroische Wolkenformationen und glühende Lichtreflexe verdeutlichten auf den Entwurfszeichnungen für Gauforen oder Ehrenmale, dass hier nicht nur Steine getürmt wurden, die den sagenhaften Turmbau zu Babel oder das Errichten von Pyramiden übertreffen würden, sondern auch, welch großartig-überwältigende Stimmung sich um die megalomanen Bauwerke ausbreiten sollte, dass Glanz und Gloria des Dritten Reiches mit ihnen verbunden sein würden. Was also auf dem Zeichenbrett entstand, waren Kunstwerke zwischen den Ideal-Ansichten der deutschen Romantik und den Zeichenkompositionen der frühen zwanziger Jahre. Ein wichtiges Hilfsmittel, Baukunst zu inszenieren, bildete dabei der Film.

Zu Recht stellt der Kunsthistoriker Bertold Hinz fest, dass die Indienstnahme der Medien samt ihrer Möglichkeiten „nicht nur die volle und eigentliche Rezeption der Inszenierung aus Stein und Mensch, sondern nun ihre nun erst wahrhaft massenhafte Verwirklichung“[18] ermöglichte. Das Wahrnehmen der Inszenierung aber blieb weder auf die Teilnehmer an Massenveranstaltungen oder die Betrachter von Filmen und Fotografien beschränkt, noch erreichte die Architektur nur im Festgewand der Feiern ihre eigentlich suggestive Wirkung. Baukunst im Dritten Reich, das machen die in den letzten Jahren der Diktatur entworfenen megalomanen Endzeitprodukte lediglich überdeutlich, bestand seit ihren Anfängen zum Gutteil im Präsentieren sorgfältig komponierter Schaubilder, in Bild-Architektur: Hierin gründet die Vorliebe für unbebaute Flächen als Ausgangspunkt künftiger Neubebauung, der Rigorismus der Abrissaktionen, mit welchen riesige Freiflächen für Neues geschaffen wurden, sowie das bei Umgestaltungen häufige Bevorzugen der sich gegen ihre Umgebung abgrenzenden klassizistischen Platzanlagen. Die

Konsequenz dieser Sucht nach Eigenräumen reicht bis zu Bauten, die in bereits bestehende Gebäudegruppen eingefügt wurden. So distanziert sich zum Beispiel der Erweiterungsbau des Reichspropagandaministeriums mit Hilfe einer adlergekrönter Schauwände von den angrenzenden Altbauten, wurden in Bayreuth bei der Neugestaltung der Ludwig-Siebert-Halle alle die neue Komposition störenden An- und Nebenbauten beseitigt.

Der Gewinn solcher Aktionen war ein dreifacher: In allen Fällen bot sich die Möglichkeit, eine vollkommen eigenen Gesetzen unterworfene Szenerie zu entfalten. Auf solchen von der Aussenwelt abgeschirmten Schauplätzen war freie Hand gegeben, Bauten und Beiwerk zu Kunstwerken zu gestalten, deren Erscheinung im Endeffekt Idealveduten des Reiches glich. Wie Maler auf der für alles dienenden Leinwand, so konnten Architekten in den Freiräumen unterscheiden zwischen Vorder- und Hintergrund, zwischen Haupt- und Nebenmotiv, Zentrum und Nebenschauplatz. Darüber hinaus war damit wie auf Bildern oder Idealveduten ein in sich geschlossener Mikrokosmos geschaffen, welcher, Abbild und Realität zugleich, der künftigen Bau-Welt des gesamten Dritten Reiches seh- und erlebbare Universalität verlieh. Zum dritten waren mittels solcher Architekturbilder räumliche Symbole des Dritten Reiches und seiner Ordnung geschaffen. Die Bauten und Plätze, herausgehoben aus der Alltäglichkeit des ringsum Gebauten, symmetrisch-streng geordnet und in Bedeutungsebenen unterteilt, fungierten als Symbole der hierarchischen Struktur des NS-Systems. Sie waren Bau und Bild zugleich.

Abb. 39: Karl Reichle, Erweiterungsbau des Ministeriums für Volksaufklärung und Propaganda, 1936-40

„Das Dritte Reich brachte eine Menge an Bühnen für die Vielfalt der politischen Spektakel hervor“[19], erklärte vor einiger Zeit der amerikanische Architekturkritiker Benjamin Warner. Über die allgemein bekannte und akzeptierte Erkenntnis hinaus, dass der Großteil des nach 1933 Gebauten im Dienst politischer Schaustellung stand, verweist Warners Formulierung auf die Herkunft der Bild-Architekturen. Sie waren, laut Warner, mit „bühnendramatischen Spezialeffekten“[20] ausgestattet. Somit gerieten sie, getreulich die geschilderten Hilfsmittel von Zeichnung, Modell und Film in die Realität übertragend, zu täuschend echten Bühnenbildern.

„... der beständige Teil der Anlagen“ heisst es in einem neueren Aufsatz über Großbauten Albert Speers, „(bedarf) immer jenes Zusätzlichen an Füllung durch Menschenmassen, an Belebung durch ... Fahnendekor, an Irrationalisierung durch Lichteffekte ... Dieses aus der Ausstellungsarchitektur entlehnte und weiterentwickelte Prinzip der ephemeren Vollendung relativiert den Charakter der strengen Monumentalität.“[21] So scharfsinnig hierin die Kennzeichen der Baukunst samt ihrer Abhängigkeit von effektsteigernden Dekorationen geschildert werden, so irrig ist die Schlussfolgerung, hierdurch würde das strenge Pathos der Bauten abgemildert. Das Gegenteil scheint mir der Fall: die nicht nur Ausstellungsarchitekturen, sondern auch Bühne und Film abgeschauten Gestaltungsmittel vollendeten – in den Zeichnungen und Modellen wie am fertigen Bau – erst die Ausstrahlung der architektonischen Bilder. Baukunst im Dritten Reich etablierte eine Dauerverbindung zwischen Bild und Bau, zwischen Ausstellen, Inszenieren und Da-Sein.

Aus Fahnen werden Pfeiler

NS-BAUTEN ALS DAUERKUNDGEBUNG

Dass die Architektur im deutschen Faschismus in erster Linie als Stimmungsarchitektur gebaut wurde, bezeugen die zahllosen zeitgenössischen Erläuterungen, in denen sich die Aussagen über den normativen Charakter, die zwingende Würde, zeitlose Gestalt usw. mit atmosphärischen Kennzeichnungen mischen. Gerdy Troosts bereits mehrfach erwähnter Bildband erweist sich auch in dieser Hinsicht als präzise erläuternder Ratgeber: „Die machtvolle Sprache des Steins wird zu den großen Feierstunden der Nation durch Fahnen und Lichtwirkungen noch eindringlicher. Wenn zwischen den Säulen und von den Mauern der Emporen die Fahnen des Dritten Reiches wehen und sich die Lichtbündel der rings um den Aufmarschplatz aufgestellten Scheinwerfer in unendlicher Höhe zu einem Lichtdom schließen, dann vollendet sich erst das Gesamtbild des Zeppelinfeldes."[22] Wie das Reichsparteitagsgelände selbst, so sind auch die dort zelebrierten kultischen Massenveranstaltungen samt Standarten, Flaggen, der umgebenden Architektur und dem sogenannten Lichtdom zum Inbegriff faschistischer Selbstdarstellung geworden. Dass der Zusammenklang von schmückendem Beiwerk und Architektur nicht als sich wechselseitig ergänzendes Nebeneinander zu sehen ist, sondern als Synthese aus Dekor und Bau Grundlage aller Baukunst geworden war, bezeugt das Vorwort eines von Albert Speer herausgegebenen Konvoluts über die neue Baukunst. Hierin heißt es: „Gestalt und Ausdruck dieser Bauten und Feierräume sind ohne Vorgang in unserer Geschichte. Denn der einmalige Inhalt bestimmt die Gesamtform. Sie ist entwickelt aus der Gestaltung der ersten Kundgebungen der Partei unter freiem Himmel! Fahnentücher, Masten, Tribünen, Lichtkegel der Scheinwerfer waren die ersten baulichen Mittel … Aus ihnen erwächst die Neugestaltung der deutschen Städte."[23]

Die erhebende Wirkung von Fahnen, Standarten oder Scheinwerferkegeln ist auch heutzutage jedem einigermaßen aufgeschlossenen Beobachter von sportlichen Veranstaltungen, Umzügen oder dergleichen vertraut. Welch immense Bedeutung sie im Ritual der faschistischen Selbstdarstellungs- und Überwältigungstaktiken gewonnen hatten, hat Karlheinz Schmeer eingehend untersucht. Er gibt ein eindringliches Bild der aufreizenden Schaustellungen: „Schon Stunden vor dem Eintreffen des Redners, das oft bewusst hinausgezögert wurde, stellte Goebbels die Anwesenden unter die gemeinschaftsbildenden Einflüsse von Musik und Lied. In dem Brodem der eingepferchten Menschenmenge, unter dem grellen Licht der Scheinwerfer flossen das schreiende Rot der Fahnen auf den Tribünen und an den Wänden … flossen die einzelnen Sinneseindrücke zu einem einzigen heißen Strom zusammen, dessen Welle jedes vernünftige Denken hinwegschwemmen mußte."[24] Ergänzt man die Schilderung des besessenen Taumels noch durch die nächtlichen Fahnenweihen, Appelle und Feierstunden, die sich der sakralen Aura von Lichtdomen, schwelender Kandelaber und illuminierter Symbole bedienten, so wird deutlich, dass dieser Fundus an Gestaltungsformen geradezu zwingend auch zur Grundlage der Baukunst werden musste, die als steinernes Abbild des Dritten Reiches gesehen und verstanden werden wollte. Als allen Provisorien der Parteiveranstaltungen überlegener Beweis vom Anbruch des Tausendjährigen Reiches durfte ein „gebauter Nationalsozialismus"[25] um keinen Deut hinter der Überzeugungskraft jener Ausdrucksformen zurückstehen, die während der „Kampfzeit" den durchschlagenden Erfolg hatten sichern helfen. Was sich als faszinierende Stimmungsmache bewährt hatte, musste als Stimmungsarchitektur in Dauerzustände überführt werden.

Albert Speer hat in seinen Erinnerungen anschaulich beschrieben, mit welch fieberhafter Eile man nach dem Januar 1933 daranging, auf den ersten Massenveranstaltungen der siegreichen Partei den vorläufigen Mangel an repräsentativen Bauten durch riesige Dekorationen zu ersetzen.[26] Die bombastischen adlergekrönten Tribünen, die hakenkreuzgekrönten Pylonen und Kandelaber der Feier zum 1. Mai oder des „Parteitags des Sieges" im September 1933, die Kulisse der Spektakel um die „Gefallenen der Bewegung" bildeten die Vorhut der geplanten Umgestaltungen, welche die deutschen Städte mit „zum sichtbaren Zeichen gewordenen Ordnungswillen"[27] überziehen sollten. Die umgestaltende Okkupation historischer Platzanlagen und Monumente war deren erster Schritt, sie sicherte an traditionell bedeutungsgeladenen Schauplätzen Massen-Choreographie und dekorativem Rahmen höchste Aufmerksamkeit. Trotz des bei Speer betonten Zwanges zur Improvisation konnte insgesamt das Regime auf jahrelang erprobte Instrumente zurückgreifen.

Als Initiationsritus faschistischer Repräsentationskunst fungierte der erste NSDAP-Parteitag auf dem Marsfeld in München im Januar 1923.[28] Nachdem Hitler ebenso aufmerksam das erfolgreiche öffentliche Agieren der Linken studiert hatte wie die nüchtern-tristen Veranstaltungen der Republik, präsentierten die Nazis in München ein perfekt strukturiertes Massenspiel. Vor rund 6.000 Zuschauern marschierte eine einheitlich uniformierte Hundertschaft der SA auf. Die am 16. August 1922 zum erstenmal öffentlich präsentierte Hakenkreuzfahne mit ihrem der Linken abgesehenen Signal-Rot rahmte die sorgsam inszenierte Verleihung von vier Standarten an die Kampftruppen Hitlers. Schon bei dieser Premiere kristallisierten sich die beiden Grundprinzipien öffentlicher Schaustellung heraus, welche fortan Handeln und Bauen der Diktatur prägten. Die Bedeutung von Formen, die bei fortschrittlichen Organisationen beziehungsweise Bauten kopiert wurden, wurde durch spezifische Dekoration historisiert. Somit gelang es dem System, sich in seinen Manifestationen als zugleich Neuem aufgeschlossen und Traditionen verpflichtet darzustellen. Mit dem Hakenkreuz wurde zum Beispiel der revolutionär-zukunftsorientierten Bedeutung der roten Fahne als Zeichen einer Massenbewegung die beruhigende Wirkung einer auf Urkräfte hinweisenden Rune hinzugefügt, so dass der Elan eines Zukunftssymbols mit dem Behar-

Abb. 40: Hitler und Reichspräsident von Hindenburg in Potsdam, 21. März 1933

rungsvermögen einer Altertumschiffre verschmolzen wurde. Gleicherweise wurde dem Aufbruchspathos des marschierenden Neulings SA mit Hilfe der Standarten, die ebenso an römisch-antike Feldzeichen erinnerten wie an die Schmuckstücke der kaiserlichen Armee, der sanktionierende Nimbus (militärischer) Tradition übereignet.

1928 nutzten die Nazis den zweiten Wahlgang der Reichspräsidentenwahl zur Generalprobe ihrer kultischen Werbeaktionen. Bereits das Motto der Kampagne zielte auf die sensuelle Empfängnisbereitschaft der verstörten Gesellschaft, verband wiederum die Anspielungen auf Aktualität und Ewigkeit. „Hitler über Deutschland", dieser Satz paraphrasiert zum einen die allgemein vertrauten Kurzformeln für sogenannte Schicksalsstunden der Nation wie „Die Hunnen über Deutschland", womit die Aktionen der Nazis in die Sphäre historisch bedeutsamer, unausweichlicher Notwendigkeiten gerückt schienen. Zum anderen war hiermit die einprägsame Formel gefunden für die Tatsache, dass Hitler seine Wahlkampfreisen in einem eigens gecharterten Flugzeug absolvierte, die Partei sich somit auf dem höchsten technischen Stand des Industriezeitalters souverän zu behaupten wusste. (Die Sprache der Gegenstände verdeutlichte wenige Jahre später Leni Riefenstahl in ihrem Reichsparteitagsfilm. Sie zeigte Hitler in seinem Flugzeug als technizistische Variante des aus den Wolken zu seinen harrenden Anhängern herniedersteigenden Messias.) Während der Reichspräsidentenwahl wie bei den anschließend auf gleiche Art absolvierten Landtagswahlkämpfen in Preußen, Bayern, Württemberg, Anhalt und Hamburg blieben die angeflogenen Ziele in ihrer Ausstaffierung sich gleich. Endlose Wände aus Fahnen verwandelten die Versammlungshallen in eine Art heiliger Zelte; endlose Standartenreihen verliehen den aufmarschierten Formationen ihr quasi-architektonisches Pendant; Scheinwerferstrahlen sorgten für einen Vorgeschmack der kristallinen Kompositionen Speers. Wie Karlheinz Schmeer in seiner Untersuchung über die Regie des öffentlichen Lebens im Dritten Reich schreibt, bildeten diese Szenarien die unabdingbaren Bestandteile eines hier erzeugten „Emotionskollektivs“[29].

Abb. 41: Paul L. Troost und Kurt Schmidt-Ehmen, Mahnmal an der Feldherrnhalle, München, 1934

Abb. 42: Königlicher Platz (Königsplatz) in München nach der Umgestaltung, Foto vor 1938

Der 21. März 1933 geriet als „Tag von Potsdam" zur Uraufführung der von nun an baulich und habituell als Heilsgeschichte inszenierten Öffentlichkeitsarbeit des Dritten Reiches. Den Anlass gab die Eröffnung des ersten Reichstags nach dem Wahlsieg der NSDAP. Bereits das Datum – am 21. März 1871 war der erste Reichstag des zweiten Kaiserreichs zusammengetreten – diente dem nun schon bewährten sinnbildlichen Anschluss des Systems an die Tradition vorgeblich großartiger Perioden der deutschen Geschichte. Die allen Daten und Worten an Suggestivkraft überlegenen bildlichen Symbole lieferte das sorgsam vorgeplante Agieren der Beteiligten und die Dekoration des Schauplatzes. Neben den notwendigerweise anwesenden Politikern waren Hohenzollernprinzen zum Besuch der Veranstaltung animiert worden.

Reichspräsident von Hindenburg, die Symbolfigur des von vielen noch immer schmerzlich vermissten Kaiserreichs, war der unwissende Hauptdarsteller in diesem Schauspiel der angeblich wiedererweckten glorreichen Vergangenheit. Im Händedruck – die Fotografie füllte am nächsten Tag alle großen Zeitungen – zwischen dem würdevollen Vertreter kaiserlicher Tradition und dem Messias des neuen Reiches kulminierte der Illusionismus der Potsdamer Rituale. Als überzeugender Rahmen musste die sorgsam dekorierte Garnisonskirche herhalten. War damit bereits die dem Ort eigene Tradition der künftigen des Dritten Reiches einverleibt, so bekräftigte beim gemeinsamen Gang beider Protagonisten zur Gruft Friedrichs des Großen deren symbolgeladene Architektur erneut und unübertrefflich den Coup faschistischer Selbstdarstellung. Erst mit dieser Kulisse wurde im buchstäblichen Sinn die Behauptung einsichtig, „dass eine völlig neue Zeit angebrochen" sei, „die ihre Wurzeln im Geiste Friedrichs des Großen"[30] habe.

Aus dem Totenkult der Diktatur bezieht ein Gutteil der nach 1933 errichteten Bauten charakteristische Formen. Ihm verdankt bereits eine der ersten baulichen Maßnahmen nach 1933 Herkunft und Gestalt. Paul Ludwig Troost und Kurt Schmid-Ehmen entwarfen ein Mahnmal, das am 9. November 1933 zum Mittelpunkt pathetisch-düsterer Feiern für die sogenannten Gefallenen der Bewegung wurde. Auf dem zweiten Parteitag der NSDAP 1926 in Weimar war bereits die angeblich mit dem Blut der Toten des Münchener Putschversuchs vom November 1923 getränkte Fahne zur Reliquie – der „Blutfahne" – erhoben worden. Durch die obligate Berührung mit dem kostbaren Tuch wurde jede neue Fahne zur geheiligten Neuausgabe der Reliquie.

Im November 1933 nun enthüllte Hitler unter dem Seitenbogen der Feldherrnhalle, dem damaligen Marschziel des mißglückten Umsturzversuchs ein Mahnmal, dem gleiche auratische Kraft zuwachsen sollte wie der „Blutfahne". Seine Formen zeigen bereits Grundmotive, welche in den folgenden Jahren insbesondere den Staatsbauten ihre Würde usw. gaben. So antizipiert der kantige, vierfach rückgestufte Sockel des Mahnmals die Sockel, Freitreppen und Tribünen der Volkshallen, Aufmarschplätze und Thingspielstätten, der Führerpaläste und Kriegsdenkmäler. So dräuen drei quergestellte, die Inschrifttafel des Mals tragende Blöcke auf diesem Postament wie grobförmige

Abb. 43: Paul L. Troost, Ehrentempel der Gefallenen am Königlichen Platz in München, Foto vor 1938

Abb. 44: Marsch durch die dekorierte Münchener Innenstadt, 9. November 1938

Modelle der Bauten, welche als archetypisierende Kuben der neuen Reichsbank ebenso niederdrückende Wucht verliehen wie den geplanten oder gebauten Ministerien, den Museen oder Weihehallen.

Ein eichenlaubgerahmtes steinernes Hakenkreuz samt Reichsadler artikulierte zudem den Besitzanspruch des Systems an dem historischen Bau. Die Feldherrnhalle als klassisch-klassizistische Architektur wurde dadurch zur würdevollen Rahmenarchitektur der steinernen Symbole des neuen Reiches, Geschichte zum Würdeausweis des Neuen gewandelt.

Aus dieser Perspektive enthüllen sich die Feiern des 9. November 1935 als Schlussetappe einer Entwicklung, in deren Verlauf die Dekorationskünste der Nazis zu dauerhaften Formen gefunden hatten. In diesem Jahr nämlich wurde der neugestaltete Königsplatz mit der Einweihung der sogenannten Ehrentempel zur Nutzung freigegeben. Hierbei fielen endgültig alle Grenzen zwischen neuer und historischer Architektur, zwischen Dekoration und Bau. Nach Entwürfen Troosts war der zuvor mit Grünanlagen bedeckte weitläufige Platz zum riesigen, mit Steinplatten belegten, regelmäßig gerasterten Aufmarschgelände geworden. Klenzes Propyläen (1846-60) samt Glyptothek (1816-31) und Zieblands Kunstausstellungsgebäude (1838-48), die klassizistischen Altbauten des Platzes, waren von nun an zu Bestandteilen eines Alt und Neu verschmelzenden Ganzen herabgewürdigt. Zwei spiegelbildlich einander zugeordnete offene Pfeilerhallen auf hohen, dreifach zurückspringenden Sockeln – die Ehrentempel – schlossen auf der den Propyläen gegenüberliegenden Schmalseite des Platzes die Anlage zusammen. Die dahinter sich zu beiden Seiten erhebenden Führer- und Parteibauten komplettierten die Anlage zur ersten vollkommenen Staatsarchitektur des Dritten Reiches.

Bereits am 8. November begannen die kultischen Zeremonien. Die Straßen der Münchener Innenstadt waren verdunkelt worden, Fackeln sorgten für die angestrebte okkulte Atmosphäre. Dunkelrot verkleidete Pylonen, worauf in goldenen Buchstaben die Namen der „Gefallenen der Bewegung" angebracht waren, säumten den Weg vom Bürgerbräukeller zur Feldherrnhalle, wo die Sarkophage der Toten öffentlich zur Schau gestellt wurden. Vor den Katafalkbauten, welche unter den Bögen der Feldherrnhalle errichtet worden waren, loderten Flammen von 16 Pylonen. Fahnen- und Standartenspaliere ergänzten die Szenerie. Am 9. November wurden die Sarkophage in einer düsterfeierlichen Prozession zum sogenannten letzten Appell auf den Königsplatz überführt. Die lückenlose Folge der Pylonen und Standarten, welche dabei abgeschritten wurde, fungierte als ebenbürtiges Bindeglied zwischen dem historischen Monument und den neuen Denkmälern des Dritten Reiches. Hiermit wurde offenkundig, dass Dekoration, historische und neue Baukunst Teile einer untrennbar gewordenen Trias bildeten: die provisorischen Zeichen am Wegrand wie die Pfeiler der Feldherrnhalle oder die der Ehrentempel waren der sichtbare Ausdruck einer Welt, in der Einst und Jetzt, (Partei-)Feier und Alltag zur Ewigkeit des Dritten Reiches verschmolzen schienen. Beim jährlich wiederkehrenden Fest des Totenkults erneuerte sich regelmäßig diese Allianz. Den dabei entzündeten disziplinierten Ekstasen aber sicherten die steinernen Dekorationen Bestand, wenn die Fackeln erloschen, die Pylonen in den Fundus zurückgeräumt und die Fahnen in ihre Heiligtümer gebracht waren. An ihrer Stelle ragten die Pfeiler und Säulen der Neubauten wie die der in Dienst genommenen historischen Architektur: „Niemand wird sich dem Eindruck eines überwältigenden Erlebnisses entziehen können, wenn er auf dem königlichen Platz oder vor dem Haus der Deutschen Kunst in München steht"[31], lautet die zeitgenössische Sehanweisung.

Baukunst und Denkmal

DAS EWIGKEITSPATHOS VON NS-BAUTEN

Unter großer Anteilnahme der Bevölkerung wurde 1983 in München eine erosionsgefährdete klassizistische Siegesgöttin (1896-99) durchgreifend restauriert und, neu vergoldet, wieder in der ihr angestammten luftigen Höhe der Friedenssäule postiert. In Frankfurt am Main versorgt ein Gutenberg-Denkmal seit dem Frühjahr 1984 einen trostlosen innerstädtischen Platz mit ein wenig gründerzeitlichem Flair. 1854-58 errichtet, war die 1954 nach Kriegsbeschädigungen notdürftig geflickte Skulpturengruppe an eine unauffällige, den Verkehr nicht beeinträchtigende Platzseite verbannt. Die Zeiten haben sich geändert, inzwischen behauptet das Gutenberg-Denkmal, teilrekonstruiert und funkelnd, (erneut) die Mitte des Platzes.

Daseinsberechtigung beziehen solche Denkmäler aus ihrem Alter und ihrem dekorativ-dienenden Charakter. Geschichte veranschaulichend und selbst schon Geschichte geworden, gehören sie als Straßen- und Platzschmuck zu den Fixpunkten jeweiliger Städtebilder, die beiläufig wahrgenommen, aber ungern vermisst werden. Nachfolge hat ihnen neuerdings die Dekorationswut der Gestalter von Fußgängerzonen geschenkt; allerorten blüht das Gewerbe der Freiraumdekorateure.

Anders steht dies bei Denkmälern, deren Bedeutung über bloße Platzgestaltung hinausreicht. Seit den Zeiten der Weimarer Republik tat man sich schwer mit Monumenten. Eine „Kultstätte nationaler Gefühle"[32], wie ein Artikel der *Frankfurter Rundschau* im Juli 1984 anlässlich seines einhundertjährigen Jubiläums den Obelisken in Washington nennt, brachten weder die Weimarer noch bis zur Wiedervereinigung die Bundesrepublik hervor.

Massenhafte Verbreitung, einheitliche Regeln und Dominanz im Stadtbild erhielt die Formensprache der Nationaldenkmäler zu Zeiten des deutschen Faschismus. Doch der Reihe nach: 1832 wurde auf dem berühmten Hambacher Fest in einer leidenschaftlichen Rede neben den vorenthaltenen Freiheiten auch das Recht auf ein Nationaldenkmal eingeklagt: „Dem Stolz errichten wir Prunkschlösser, der Eitelkeit Museen und Kunstgalerien, den Völkerschlächtern Säulen des Ruhms: aber für irgendein Nationaldenkmal, das die Majestät des deutschen Volkes widerstrahlte, hat die weite deutsche Erde keinen Raum, haben ihre vierunddreißig souveränen Fürsten keinen Sinn."[33] Die Antwort kam gleichsam postwendend. 1841 weihte man die von Ludwig I. als Denkmal der deutschen Einheit in Auftrag gegebene Walhalla ein. Mit ihr wurden Grundprinzipien einer Baukunst inthronisiert, die knapp ein Jahrhundert später als Baukunst im Dritten Reich ihre pervertierte Vollendung

Abb. 45: Leo v. Klenze, Walhalla bei Regensburg, Stich um 1841

erfahren sollte. Trotz seiner Formensprache wurde der antikisierende Bau als architektonisches Urbild des Deutschtums ausgewiesen. Nach der Totenhalle des germanischen Gottes Wotan benannt, in welcher gefallenen Recken ewige Ehre zuteil wurde, fungierte der Regensburger Tempel als Weihebau deutscher Größe. Damit war nicht nur die Verbindung zwischen klassischen Formen und nationaler Würde geschaffen, die im sogenannten klassischen beziehungsweise heldischen Stil der Staatsbauten nach 1933 kulminierte. Vor allem war in der Kombination von Heroen- oder Totenkult mit weihevoller Klassik der Weg bereitet für eine Architektur, welche über die Stationen der nachfolgenden Denkmäler in den nekrophilen Anklängen der NS-Bauten ihr Ziel erreichte. Die klassischen Bauformen der Walhalla, obwohl weit entfernt von der kargen Kubenkunst im Dritten Reich, zeigen bereits spezifische Züge einer Architektur, die im Laufe der folgenden Jahrzehnte für Weihebauten und Nationaldenkmäler verbindlich wurde. Zum Leidwesen des Architekten Leo von Klenze bestand der bayerische König zugunsten eines überwältigenden Gesamteindrucks auf einer Verbindung der als eher anmutig verstandenen griechischen Formen mit der Wucht römisch-antiker Kolossalbauten. Sie bestimmt vor allem die gedrungenen Substruktionen und Aufgänge zum eigentlichen Kernbau der Anlage, die an den Gruft-Unterbau auf dem Entwurf von Friedrich Gilly für ein Grabdenkmal Friedrichs des Großen erinnern.

Von Klenzes noch zögerndem Monumentalismus bis hin zum letzten deutschen Nationaldenkmal, dem Tannenberg-Denkmal der Gebrüder Krüger (1926), verläuft eine Entwicklung, die gekennzeichnet ist vom stetigen Drang nach archetypisierenden Kolossalformen. In ihrem Gefolge werden Säulen zu mächtigen Rundpfeilern, Mauerbegrenzungen zu Böschungen und Kuppeln zu monolithartigen Hauben. Leitmotive werden die Kuppel des sogenannten Theoderich-Grabmals in Ravenna, romanischen Domen nachempfundene

Abb. 46: Grabmal des Theoderich in Ravenna, um 520 n. Chr.

gedrungene Bögen und das Buckelquaderwerk staufischer Burganlagen. Die beiden populärsten Nationaldenkmäler dieser Epoche veranschaulichen den Höhepunkt solcher Baukunst: Im Kyffhäuser- wie im Völkerschlachtsdenkmal, beide von Bruno Schmitz 1896 beziehungsweise 1884 entworfen, erscheint das Nationaldenkmal endgültig emanzipiert von den Vorbildern Akropolis und Pantheon. Während zum Beispiel in der Walhalla noch eindeutig zwischen den fortifikatorisch-mausoleenhaften Elementen des Unterbaus und dem lichten Tempel unterschieden werden kann, haben sich nun die massigen Kuben der Substruktion die gesamten Anlagen erobert. Von den ersten Abschnitten

Abb. 47: Bruno Schmitz, Völkerschlachtdenkmal Leipzig, 1913

Abb. 48 (re.): Bruno Schmitz, Kyffhäuser-Denkmal, 1896

der Sockelkonstruktionen bis zu den Gesimsen der obersten Deckplatten herrschen wuchtig-kantige Quader, niedrige Bögen, Trommelpfeiler und Turmkonstruktionen, die aus zu Grobformen rudimentierten Obelisken zusammengefügt scheinen. Das Nationaldenkmal als Ausdruck der „Majestät des deutschen Volkes" hat in diesen Beispielen endgültig zu einer Formensprache gefunden, in welcher einzig der aus vagen archaisierenden Zitaten komponierte überwältigende Gesamteindruck, die Stimmung, zählt.

„Warum immer das Größte? Ich tue es, um dem einzelnen Deutschen wieder das Selbstbewusstsein zurückzugeben. Um ... zu sagen: Wir sind ja gar nicht unterlegen ... wir sind jedem anderen Volk absolut ebenbürtig."[34]

Adolf Hitler, der oberste Bauherr im Dritten Reich, bezieht sich nicht etwa, wie zu vermuten wäre, auf die bereits vorhandenen oder geplante Nationaldenkmäler, sondern meint die Summe des nach 1933 Gebauten und Geplanten. Fasst man die Formensprache der Staatsbaukunst ins Auge, so erweist sich Hitlers Charakteristik als zutreffend. Vor der Folie der Nationaldenkmäler entpuppt sich zum Beispiel Albert Speers vielgerühmte Tribüne auf dem Nürnberger Zeppelinfeld, gemischt aus Adaptionen des Pergamon-

Abb. 49: Albert Speer, Haupttribüne auf dem Zeppelinfeld, Reichsparteitagsgelände Nürnberg

Altars und dem komprimierten Untergeschoß der Walhalla, ebenso als „Nationaldenkmal" wie der Ehrenhof der Neuen Reichskanzlei, in welchem sich die Atmosphäre der griechischen Tempel von Paestum und die Ehrenhallen der Jahrhundertwende-Denkmäler durchdringen. Riesenbauten im Sinn von Nationaldenkmälern sind die Türme auf dem Reichsparteitagsgelände und dem Olympia-Feld, auf den sogenannten Ordensburgen und Parteiforen. Obwohl häufig je nach Anlass die als klassisch, germanisch oder frühmittelalterlich angesehenen Formen gegenüber den zuvor üblichen Mischformen überwiegen, dominiert im Gesamteindruck das Nationaldenkmal des späten 19. Jahrhunderts.

Nicht nur im Äußeren zehrten Bauten im Dritten Reich vom Erscheinungsbild der Nationaldenkmäler; auch die Innengestaltung folgte häufig deren Grundmuster. Zwei Hauptmotive hatten sich im Lauf des 19. Jahrhunderts herausgebildet: die Ehrenhalle und die Krypta. In der Walhalla noch eindeu-

tig zweckgebunden als Ausstellungsraum für die Porträt-Büsten berühmter Deutscher, wurde die Ehrenhalle in den nachfolgenden Bauten mehr und mehr zu einem Raum, dessen wahre Bestimmung, über den jeweiligen Anlass hinaus, im Erzeugen weihvoller Stimmung bestand; Meditationsräume, geweiht der Größe und Bedeutung der Nation. So präsentieren Kyffhäuser- und Völkerschlachtsdenkmal düster-pathetische Hallen, in denen das Gedenken an Herrschergestalten beziehungsweise an die Gefallenen der Befreiungskriege zurücktritt hinter einer Stimmungskunst, in welcher die eingangs zitierte Sehnsucht nach Selbstdarstellung der Gesellschaft zur Form opernhaft inszenierter Schwärmerei und Selbstaufgabe gefunden hat. Die unmittelbar auf Gefühle abzielenden Effekte einer solchen Baukunst hatte 1909 Fritz Schuhmacher in seinen ‚Streifzügen eines Architekten' beschrieben: „Keine andere künstlerische Sprache vermag den Ausdruck zu übertönen, der in trotzig gefügten Massen liegt. Die tiefsten Empfindungen der Menschheit … sie lassen sich nur ausdrücken in einer abstrakten Sprache."[35]

Abb. 50: Paul L. Troost, Ehrenhalle im Haus der Deutschen Kunst, München 1933/34

„Die tiefsten Empfindungen der Menschheit", das waren im Fall der Nationaldenkmäler die Schauder vor der hier so eindrucksvoll inszenierten Größe von Nation und Geschichte; die abstrakte Sprache meinte zyklopische Formen, in denen Größe zur Anschauung gebracht werden sollte.

Folgerichtig adaptierten die gleichen Zwecken verpflichteten Bauten im Dritten Reich solche Räume. So zeigt Troosts Münchener Haus der Deutschen Kunst eine weite, von allem „störenden Beiwerk" freigehaltene Ehrenhalle. Das Gebäude der Olympischen Kunstausstellung (H. Tessenow), dessen ursprünglicher Entwurf einen Bau vorsah, worin die eigentlichen Ausstellungsräume zu Anhängseln einer riesigen Ehrenhalle geworden sind, huldigt solchem Eindruckmachen ebenso wie die Riesenhallen und Säle, Galerien und Flure der Reichskanzlei oder anderer Ministerien, deren Zweck letztlich sich im Erzeugen überwältigender Atmosphäre, im Ausstellen nationaler Größe erschöpft. Komplette Adaptionen des Raumprogramms von Nationaldenkmälern finden sich in den geplanten Ehrenmalen an Kriegsschauplätzen sowie in Wilhelm Kreis' Berliner Soldatenhalle oder Troosts Gestaltung des Münchener Königsplatzes. Die letztgenannten Beispiele verdeutlichen einen weiteren entscheidenden Aspekt der faschistischen Vorliebe für Formen der Nationaldenkmäler. Hier wie da nämlich wird die Gruft zum öffentlichen Raum. Was in Berlin hätte entstehen sollen, wurde in München praktiziert: glorifizierendes, mahnend-anspornendes Zurschaustellen angeblich selbstvergessenen Todesmuts, das zu gleichem Verhalten aufforderte.

Während Kreis' Soldatenhalle ebenso wie die geplanten Ehrenmale Projekte blieben, forcierten zahlreiche neuerrichtete Ehrenmale für die zu Helden umbenannten Opfer des Ersten Weltkriegs den Totenkult der Diktatur. In Aachen findet sich ein besonders eindrückliches Beispiel. Hier wurde 1935 das Halbrund eines Turms der mittelalterlichen Stadtbefestigung zum Gefallenen-Ehrenmal umgestaltet. Die Kargheit gotischer Wehrarchitektur, die angestrengte Urtümlichkeit der Nationaldenkmäler des 19. Jahrhunderts und der Werksteinkult der neuen Baukunst wirken, einander steigernd, zusammen. Im nahtlosen Verschmelzen historischer und aktueller Bauweisen, von Wehr- und Memoiren-Architektur präsentiert sich hier der Idealtypus eines Bauwerks des Dritten Reiches.

Abb. 51: Max Ernst Schneiders, Gefallenen-Ehrenmal in Aachen im Marienturm, 1933

Das Aachener Gefallenenmal liefert auch ein sprechendes Beispiel für einen anderen, den Nationaldenkmälern entlehnten Grundzug der nach 1933 favorisierten Gestaltungsweisen. Gleichrangig neben den düster-kubischen Formen der Fassade, neben Ehrenhalle und Krypta erscheinen die Terrassen und Freitreppen, womit der Außenraum in weihevolle Atmosphäre des Ehrenmals einbezogen ist. Dieses Verschmelzen von Innen und Außen war beim Bau von Nationaldenkmälern perfektioniert worden: „Öffentliche Bauten müssen Ehrfurcht einflößen und den Menschen aus dem Ablauf des Alltags herausheben … Bei diesen Betrachtungen spielen Wörter wie heilig und geweiht eine große Rolle … Innerhalb des geistigen Bereichs blieb dieser heilige Raum jedoch auf das Gemüt beschränkt und wurde noch nicht auf einen konkreten Weiheplatz übergeführt, der, für sich abgetrennt, zur Selbstdarstellung der Nation dienen sollte. In den Entwürfen von Architekten wie Gilly fand dieser magische Raum äußeren Ausdruck in der Schaffung einer unmittelbaren Umgebung für das nationale Denkmal."[36] Mit diesen Worten referiert der Historiker George L. Mosse in seiner Untersuchung über die Nationalisierung der Massen den geistigen Hintergrund und die Gestaltungsweise von Nationaldenkmälern beziehungsweise die Versuche, das die Denkmäler umgebende Gelände zu magischen Räumen umzugestalten. Als Platz für kultische Zeremonien (die Mosse ausführlich erläutert) eroberten sich diese sorgfältig komponierten Umräume einen erheblichen Anteil an der Gesamterscheinung und -wirkung der Nationaldenkmäler. ‚Auch hierfür bieten Völkerschlacht- und Kyffhäuser-Denkmal eindrückliche Beispiele: Vor dem Kernbau des Kyffhäuser-Denkmals ist ein weitläufiger Platz planiert. In seiner Mitte erhebt sich eine langgezogene, niedrige Freitreppe, die auf einen weiteren – etwas kleineren – Vorplatz überleitet.

Links und rechts dreier riesiger, gedrungener Bögen, die dramatisierend den Blick freigeben auf einen dahinterliegenden Ehrenhof samt einer mächtigen Barbarossa-Figur, steigen steile Treppen zu einem die Ehrenhöfe rahmenden, mit einer Brüstung gesicherten Umgang auf. Von hier wiederum führen Treppen auf die nächsthöher gelegene Ebene, auf welcher schließlich die gestaucht-massiven Eingangsbögen des eigentlichen Zentrums der Anlage, eines massigen Turms, zu erreichen sind. Das Ganze, wäre nicht der aufragende Turm, könnte problemlos Geltung als dröhnend-übersteigerte, mit Vor- und Hauptbühne versehene Scena archaisch-antiker Schauspiele beanspruchen. Gleiches gilt für das Völkerschlacht-Denkmal. Hier werden die dramatischen Effekte der Freitreppen und altarähnlich-blockhaften Treppenwangen noch durch eine endlose Allee gesteigert, die flankiert wird von tempelähnlichen Kleinarchitekturen, deren monolithische Pfeiler und Deckplatten im Eindruck zwischen steinzeitlichen Heiligtümern und Bunkerbauten schwanken. Wie erwähnt, bestand der unmittelbare Zweck dieser magisch-theatralischen Umräume darin, Schauplätze für öffentliche Zeremonien zu schaffen, in denen, von Staatsfeiern bis zu pompösen Sängerfesten, vaterländischen Zusammenkünften usw. Massenschauspiele durch die Ausstrahlung der Denkmale selbst sowie insbesondere durch die rahmenden Anbauten zu feierlichen Inszenierungen nationaler Würde wurden.

Das Tannenberg-Denkmal geriet zum Umschlagpunkt dieser die Stimmungsarchitektur auf ihrem Zenit zeigenden Baugewohnheiten. In ihm kehrte sich erstmals das Verhältnis zwischen Kernbau und gestaltetem Umraum in sein Gegenteil. Die Architekten entwarfen für das Monument ein riesiges, turmgekröntes Maueroktogon. Dem Sieg deutscher, von Hindenburg geführter Truppen über russische Einheiten während des Ersten Weltkriegs geweiht, sahen die Pläne selbstverständlich Ehrenhallen und Gruftanlagen vor. An Stelle eines diese Räume beherbergenden Zentralbaus aber empfing den Besucher der Anlage im Inneren ein offener Platz, ein Versammlungsraum unter freiem Himmel. Während in den Türmen die obligaten Ehrenräume untergebracht waren, diente die riesige Freifläche für Veranstaltungen, an denen rund 100.000 Menschen teilnehmen konnten. Die Aufgabe, durch faszinierende Architekturen solchen Feiern die notwendige Weihe zu verleihen, wurde nun allein von den rahmenden Bauten übernommen. Die kompakte Masse von acht Türmen samt der sie zusammenschließenden Wallmauern, eine Mischung aus Stonehenge und Castel del Monte, erfüllte das Geforderte vorzüglich. Das Tannenberg-Denkmal war nicht nur einer der wenigen zeitgenössischen Großbauten, mit denen sich während der Weimarer Republik weite Teile der deutschen Gesellschaft zu identifizieren vermochten. Sein Turmrund wurde auch im Dritten Reich geschätzt. Zwar fand seine Gestalt keine unmittelbaren Nachfolger, doch das hier vorgestellte Prinzip aber, Platzanlagen vermittels eindrucksvoller Rahmenarchitekturen zu magischen Räumen zu gestalten, wie es im Tannenberg-Denkmal so vorbildlich gelöst war, wurde zu einer Grundregel der nachfolgenden Baukunst. Ihr verpflichtet zeigen sich zum Beispiel die Eingrenzungsbauten des Reichsparteitagsgeländes, welche das riesige Areal zu einer weihevollen Szenerie zusammen-

Abb. 52: Walter u. Johannes Krüger, Innenhof des Tannenberg-Denkmals nach der Umgestaltung von 1934

schließen, ebenso wie die aus Terrassen, heiligen Wegen, Böschungsmauern und Balustraden, aus Tribünen Freitreppen gefügten Rahmenarchitekturen des Olympiageländes, der sogenannten Thingstätten und anderer öffentlicher Feierstätten.

Eine modifizierte Wiederkehr der älteren Nationaldenkmäler und ihrer Integrationsbauten ergab sich in den Projekten für Gau- beziehungsweise Parteiforen, mit welchen sämtliche deutschen Städte versehen werden sollten. Kaum ein Bauwerk, dem nicht proszenienartige Vorplätze und Terrassen beigefügt wurden oder werden sollten, kaum eine Platzanlage, der nicht pathetisierende Podeste, Eingrenzungen und Pylone zugedacht waren. So umgreifen auf Wilhelm Kreis' Entwurf für eine „Gauhalle Sachsen" in Dresden überdachte Kolonnaden einen endlosen, gepflasterten Aufmarschplatz. Sie fügen damit nach dem Muster von Völkerschlacht- und Kyffhäuser-Denkmal dem Kernbau einen ausgedehnten Weihebezirk hinzu. Auch in dieser Beziehung zeichnet der 1935 fertiggestellte Königsplatz in München die Entwicklung vor: Seine axiale Ausrichtung degradiert die klassizistischen Museumsbauten an den Seiten zu Bestandteilen der Rahmenarchitektur, die in den Podesten und Pfeilerreihen der Ehrentempel ihren Höhepunkt findet. Zwischen diesen wird der Blick weitergeleitet zu den anschließenden Parteibauten, welche wiederum auf brüstungsbewehrten Terrassen stehen. Erst nachdem diese über breite Freitreppen erstiegen sind, erreicht der Besucher, nicht ohne noch einmal Eingangstreppen zu überwinden, die Portale, welche sich in ehrenhallenhaft gestaltete Vorräume öffnen.

Die Übernahme der an Nationaldenkmälern vorgeübten Gestaltungsweisen zahlte sich für die Baukunst im Dritten Reich in mehrfacher Weise aus. Mit den adaptierten Formen wurde auch deren im allgemeinen Bewusstsein fest verankerte Botschaft von Weihe und Würde, von Bedeutung und Größe der Nation und ihrer Helden übernommen. Die Wiedergeburt solcher bedeutungsgeladener Formen gab dem Versprechen des Systems, Deutschland seinen ihm gebührenden Rang unter den Nationen wiederzugeben, ebensolch bildhaften Ausdruck wie den Phrasen von der epochalen Einmaligkeit des Dritten Reiches. Einem endlos wiederholten Schlagwort der Propaganda sinnfälligen Ausdruck verleihend, gebärdeten sich die Bauten mit Hilfe der ausgeborgten Formen, als sei von jeher in ihnen Weltgeschichte gemacht worden.

„Als Bauten von Ewigkeitswert bedürfen sie keiner Erklärung."[37] so lautete kurz und bündig eine auf sie bezogene Sehanweisung aus dem Jahr 1938. Dass die neue Baukunst solchen Wert besitze, mit ihr auch Würde und Wert des einzelnen wie der Nation wiederhergestellt seien, dafür bürgte unter anderem das suggestive Ewigkeitspathos der Nationaldenkmäler und ihrer Weiheräume, von deren Nimbus die neuen Bauten zehrten. Während jedoch bei den überkommenen Monumenten, insbesondere seit dem Trauma der Niederlage 1918, das architektonisch evozierte Erlebnis eigener Größe nur mittels des Rückzugs in vergangene Zeiten ermöglicht wurde, bot sich nun in Gestalt der Neubauten die in Urzeiten entschwundene Majestät als handgreifliche, erlebbare Gegenwart.

Abb. 53: Willy Meller, Adlerrelief am Festsaal der ehemaligen Reichsschulungsburg Erwitte, Foto 2012

Schein und Sein

DAS MASSENTHEATER DER BAUKUNST IM DRITTEN REICH

Mitte der 80er Jahre wurde in Frankfurt am Main der erste Bauabschnitt einer Neubebauung des ehemaligen historischen Zentrums vollendet. Ein Hauptstück dabei ist ein langgezogener Baublock, welcher gleich einem Riegel die rekonstruierte Häuserzeile des alten Marktplatzes von den angrenzenden Neubaugebieten abtrennt. Unmittelbar vor dem breit sich öffnenden Ausgang einer U-Bahn-Station gelegen, hat dieses Bauwerk eine wichtige Aufgabe zu erfüllen. Es ist für jeden, der das neu-alte Zentrum an dieser Stelle erreicht, das erste wahrnehmbare Gebäude; Auftakt und Visitenkarte des Dom-Römer-Bereichs. Die Architekten erwiesen sich als einfühlsame Interpreten der Situation, sie gestalteten die Erdgeschoßzone des Baublocks als eine Art offener Empfangshalle. Vor den Blicken der von einer Rolltreppe langsam nach oben Getragenen wächst eine über zwei Geschosse reichende Pfeilerreihe aus dem Boden, hinter der sich, begrenzt von Läden, eine hohe, längsrechteckige Wandelhalle erstreckt. Erst darüber entfalten sich unscheinbare Wohnhausfassaden. Während der Bauarbeiten nun war ein aufschlussreicher Vorgang zu beobachten. Nachdem lange Zeit die Rohbauten als klobig-kantige Fremdkörper wirkten, wandelten sie sich binnen einiger Tage zu perfekten, den Genius loci neubelebenden Architekturen, entsprang den Beton-Ziegel-Skeletten ein Stück postmodernes Alt-Frankfurt. Das Gelenkstück des Zauberakts bildete die Gestaltung der erwähnten Pfeilerreihe. Sorgfältig wurden die Schäfte nämlich mit Platten aus Rotsandstein, dem traditionellen Baumaterial der ehemaligen Altstadt, verkleidet. Nun, da das Ganze vollendet ist, stehen die Träger der Halle wie traditionsreiche Stützen, neuzeitliche Geschwister der Strebepfeiler und Fialen des gegenüberliegenden Domturms, taufrische Varianten der dunkelroten Quader, aus denen das Rund der benachbarten Paulskirche seine imponierende Wirkung bezieht. Der mittlerweile anstößige Beton ist unsichtbar, dem Bau hiermit – und durch Steilgiebel samt Sprossenfenstern – der Eindruck lokaler Tradition gesichert.

In einer Rede während der Eröffnungswoche des Deutschen Architekturmuseums fand Heinrich Klotz mit den Worten, Architektur müsse wieder den Aufgaben von „Funktion und Fiktion“[38] gleichermaßen gerecht werden, eine eingängige Formel für die Rechte und Pflichten zeitgenössischen Bauens. Mit ihr wird der eben beschriebene Frankfurter Pfeiler als Funktionselement ebenso sanktioniert wie die fiktive Rückkehr der Altstadt in ihm. Das postmoderne Alt-Frankfurt erfüllt danach so gut wie jede qualitätvolle Postmoderne seine Aufgabe, zugleich zweckdienliche und darstellende Architektur zu sein.

In diesem und unzähligen vergleichbaren Vorgängen gegenwärtigen Bauens bildet sich ein grundlegendes Problem der Baukunst aufmerksamkeitserregender als gewöhnlich ab. Den skizzierten Kreislauf von Zustimmung und Ablehnung erneuernd, wird die neue Blüte der Allianz von Nutz-und Kunstbau zunehmend mit dem Vorwurf der Verlogenheit konfrontiert. Oswald Mathias Ungers, allgemein als einer der Väter der Postmoderne angesehen, entpuppte sich später als entschiedener Gegner der neuen Pracht. „In diesem Haus", so Ungers zum damals neuen Architektur-Museum, „werden keine Scheinkulissen ausgestellt, sondern konsequente und räumliche Verhältnisse, die wirklich das sind, was sie auch darstellen, und die nicht irgend etwas vortäuschen." Die grundlegende Tendenz postmodernen Bauens, so erklärt Ungers einige Sätze zuvor, sei die Beschäftigung mit „dem Schein der Dinge"[39]. Während die Ausführungen Ungers' noch eher als Streit um Dogmen des Funktionalismus beziehungsweise der Postmoderne gelesen werden können, legte vor kurzem das Fachorgan der deutschen Architekten, die *Bauwelt*, einen Artikel vor, der deutlich macht, dass es um mehr geht. Im bislang wohl schärfsten, aber auch treffsichersten Angriff auf das gegenwärtige Baugeschehen fragt der Architekturkritiker Ulrich Conrads nach Ursprüngen und Konsequenzen des weitverbreiteten Interesses an Architekturen des Scheins. Ausgehend vom derzeitigen Kulturpessimismus kommt er zu dem Ergebnis, dass im Traditionen beschwörenden Bauen unserer Tage der paranoide Versuch kenntlich wird, die allgemeine Unsicherheit im buchstäblichen Sinn zuzubauen: „Dieser Bruch muss augenblicks mit einer festen formalen Vorstellung übertüncht werden, weil Wirklichkeit, ist sie gebaut, als wirklichere Wirklichkeit erscheint; man glaubt, an ihr mehr Halt zu haben als an den geistigen Kräften eines Orts und einer Zeit."[40] Dass die jeder Bautätigkeit oder Architektur innenwohnende Eigenschaft, Wirklichkeit wirklicher erscheinen zu lassen, zur Zeit häufig dazu dient, die Brüche und Katastrophen der Industriegesellschaft zu kaschieren, ist offenkundig. Die Architektur im deutschen Faschismus steigerte die jederzeit bestehenden „wirklicher als wirklichen" Merkmale des Bauens zu einer Baukunst, die im Zwang permanenten Theaterspielens kulminierte. Oder, nach einer glücklichen, auf den deutschen Film nach 1933 gemünzten Formulierung Siegfried Kracauers: „... die Realität wurde eingespannt, sich selbst vorzutäuschen."[41] Baukunst im deutschen Faschismus, das war ein wichtiger Bestandteil jenes pervertierten Versuchs eines Gesamtkunstwerkes, als welches neuere Forschungen das Dritte Reich charakterisiert haben.

„Der Mythos von Pygmalion ist zum Gleichnis unserer Zeit geworden"[42], so heißt es 1942 in einem Aufsatz, der den Rassenwahn des Faschismus feiert. Über den unmittelbaren Zweck hinaus, dem faschistischen Ideal eines klassischen, ästhetischen Normen genügenden Körpers das Leitbild zu liefern, kleidet dieses Gleichnis ein Lebenselexier des Faschismus, die Gleichsetzung von Kunst und Leben, in Worte. Wie perfekt dies Ineins von Wirklichkeit und Fiktion funktionierte, wie nahtlos Schein und Sein sich zum Deckmantel der barbarischen Realität der Diktatur verbunden hatten, verdeutlichen zwei öffentliche Äußerungen aus den Zeiten des Aufstiegs wie des Endes der faschistischen Ära: Von den sorgfältig inszenierten, Arbeiter und Gewerkschaften entmündigenden Kundgebungen, mit denen das eben ausgerufene Dritte

Reich am 1. Mai 1933 eines der schlagkräftigsten Selbstdarstellungsmittel der Masse aus den Händen der Linken in die der Diktatoren übertrug, heißt es am 10. Mai: „Max Reinhardt kann seinen Vorhang zum letzten Male fallen lassen, das größte nur denkbare Schauspiel gab das deutsche Volk."[43] Das Schauspiel, ein Blick auf den Alltag im Dritten Reich belegt dies, riss von nun an nicht ab. Während – im buchstäblichen Sinn hinter den Kulissen – brutale Gewalt, Ausbeutung, Terror, Folter und Vernichtung herrschten, wurde der Großteil der Bevölkerung von einer Dauerinszenierung in Atem gehalten. Zu ihr gehörten nicht nur die imposanten Massenspektakel, sondern auch und vor allem die alltäglichen Rituale. Die HJ- und BDM-Veranstaltungen, die allwöchentlichen Appelle in Fabriken, Betrieben, Schulen und Universitäten usw. – allesamt in Uniform-Kostümen, dekoriert mit Fahnen und Hoheitszeichen, und, wo immer das Baugeschehen in Gang kam, umgeben von suggestiven Kulissen. Anders aber als in Sigmund Freuds humanistischer Deutung der „Kunst, die in seiner Untersuchung über „Das Unbehagen in der Kultur" als „milde Narkose" bezeichnet wird, „nicht mehr als eine flüchtige Entrückung aus den Nöten des Lebens ... und ... nicht stark genug, um reales Elend vergessen zu machen"[44], wuchs dem „Gesamtkunstwerk Drittes Reich" die Kraft einer das Leben lenkenden Macht zu. Nicht nur der offene Zwang, sondern auch die milde Überredung standen wirksam im Dienst eines Systems, in dessen „dumpfem Klima ... Überredung und Drohung Tür an Tür wohn(t)en"[45]. Von diesen Gegebenheiten zeugt noch eine der letzten Reden Goebbels'. Die Premiere des Durchhaltefilms „Kolberg" (dessen erschütternd echtes Spiel der Schauspieler, wiederum die Grenzen zwischen Kunst und Leben sprengend, sich zum Gutteil aus den realen Ängsten der Beteiligten ergab) nutzte der Minister zu einem seiner letzten demagogischen Appelle. Seine Worte beschwören noch im April 1945 die Austauschbarkeit von Kunst und Leben: „Meine Herren, in hundert Jahren wird man einen schönen Farbfilm über die schrecklichen Tage zeigen, die wir durchleben. Möchten Sie nicht in diesem Film eine Rolle spielen? Halten Sie jetzt durch, damit die Zuschauer in hundert Jahren nicht johlen und pfeifen, wenn Sie auf der Leinwand erscheinen."[46]

Die zwischen unfreiwilliger Komik und bestürzender, zynisch-blinder Besessenheit schwankende Fixierung auf Phänomene der darstellenden Kunst erschöpfte sich nicht in verbalen Gleichsetzungen oder dem bekannt perfekten propagandistischen Missbrauch von Theater und Film. So wie das öffentliche Auftreten der Machthaber, die Massenspektakel der Parteitage und Staatsfeiern ihre Abläufe und Ausstattung von Film, Revue und Theater übernommen (und maßlos übertrieben) hatten, so zeigen sich auch die Architekturen – Kulissen dieser Dauerinszenierung – durchdrungen von den Gestaltungsweisen, die Personen auf Bühne und Leinwand zu eindrücklichen Wirkungen verhalfen. Baukunst im Dritten Reich, das soll in den folgenden Kapiteln dargelegt werden, vollzog sich in erster Linie als Erstellen hochdramatischer Stimmungsarchitektur, als Übertritt einer dem Sondergebiet des Schauspiels vorbehaltenen Architektur in das Bauschaffen eines Illusion und Wirklichkeit verschmelzenden Staates.

Anmerkungen

1 Alois Riegl: Die Stimmung als Inhalt der modernen Kunst (erstmals 1899), in: Gesammelte Aufsätze, Augsburg/Wien 1929, S. 38 f

2 Kulturrede Adolf Hitlers auf dem Reichsparteitag, Nürnberg 1937, zit. nach: Deutsche Bauzeitung, 38/1937, S. B825

3 Friedrich Paulsen: Grundlagen der Baugestaltung unserer Zeit, in: Deutsche Bauzeitung, 1/1933, S. 22

4 Josef Frank: Architektur als Symbol-Elemente Neuen Deutschen Bauens, Wien 1981 (erstmals 1931), S. 36

5 Martin Elsässer: Einführung in das architektonische Entwerfen, zit. nach: N. Weickenmeier: Zum Entwerfen, in: Der Architekt 6/1984, S. 275

6 J. Frank, a. a. 0., S. 36

7 Hans Poelzig: Der Architekt. Vortrag auf dem 28. Bundestag des BDA am 4.6.1931; zit. nach: Bernhard Gaber: Die Entwicklung des Berufsstandes der freischaffenden Architekten, dargestellt an der Geschichte des Bundes Deutscher Architekten BDA, Essen 1966, S. 229 f

8 Vgl. George L. Mosse: Die Nationalisierung der Massen, Berlin 1976

9 Zit. nach: Angela Schönberger: Die Neue Reichskanzlei von Albert Speer – Zum Zusammenhang von nationalsozialistischer Ideologie und Architektur, Berlin 1981, S. 19

10 Friedrich Heiss: Entwickelt sich ein baulicher Ausdruck unserer Gegenwart? in: Deutsche Bauzeitung, 1/1933, S. 13

11 Völkischer Beobachter am 13. 1. 1939, zit. nach: A. Schönberger, a. a. 0., S. 172

12 Arthur Moeller van den Bruck: Der preussische Stil, Breslau 1931 (erstmals 1916), S. 136

13 Gerdy Troost: Das Bauen im Neuen Reich, Bayreuth 1938, S. 10/52

14 Womit nicht grundsätzlich die vom NS-System selbst propagierte Anwendung fortschrittlichster Bautechnologien und -gestaltung bei Industrieanlagen bestritten werden soll. Dennoch: auch diese Architekturen waren nicht frei von Zügen der Staatsbaukunst.

15 So erläutert zum Beispiel Werner Rittich in seinem Band zur neuen Baukunst Speers Pavillon: „Dieser Bau sollte ... schon in seiner Gestalt Künder gegenwärtigen deutschen Lebensgefühls und Kulturwillens sein. Man verzichtete auf (ein) ... provisorisches Gebäude ... und ... (den) internationalen Stil ..." Werner Rittich: Architektur und Bauplastik der Gegenwart, Berlin 1938, S. 42 f

16 Paul Bonatz: Welchen Weg geht die deutsche Baukunst?, in: Deutsche Bauzeitung, 11/1933, S. B162/B163

17 Georg Weise: Nordisch; in: Zeitschrift für Deutschkunde 1935, zit. nach: Joseph Wulf: Die bildenden Künste im Dritten Reich, Frankfurt am Main/Berlin/Wien 1981 (erstmals 1966), S. 261

18 Bertold Hinz: Die Malerei im deutschen Faschismus, Frankfurt am Main, Wien, Zürich 1976, S. 132

19 Benjamin Warner: Berlin – The nordic homeland and the corruption of urban spectacle; in: Architectural Design Nr.53/11-12 1983, S. 74 (Übersetzung im laufenden Text von mir; D. B.)

20 B. Warner, a. a. 0., S. 74

21 G. F. Koch: Speer, Schinkel und der preußische Stil, in: Albert Speer: Architektur-Arbeiten 1933–1942, Frankfurt am Main/Berlin/Wien 1978, S. 141

22 G. Troost, a. a. 0., S. 27

23 Rudolf Wolters: Neue Deutsche Baukunst. Hg. von A. Speer, Berlin 1940, S. 11

24 Karlheinz Schmeer: Die Regie des öffentlichen Lebens im Dritten Reich, München 1956, S. 20

25 Vgl. Rolf Badenhausen: Betrachtungen zum Bauwillen des Dritten Reiches, in: Zeitschrift für Deutschkunde, 1937, S. 222 ff

26 Albert Speer: Erinnerungen, Frankfurt am Main, Berlin, Wien 1969, insbesondere S. 40 ff

27 Hitler 1940, im Gespräch; zit. nach: Albert Speer: Technik und Macht, hg. von Adelbert Reif, Frankfurt am Main, Berlin, Wien 1981, S. 29

28 Hierzu wie überhaupt zur Chronologie der Massenveranstaltungen vorzüglich K. Schmeer. (Er versieht seine ausgezeichneten Analysen immer wieder mit – den zur Entstehungszeit der Untersuchung obligaten – Seitenhieben auf die UdSSR und gibt sich damit als Gefolgsmann einseitiger Totalitarismustheorien zu erkennen.)

29 K. Schmeer, a. a. 0., S. 27

30 K. Schmeer, a. a. 0., S. 50 (Zitat ohne Angabe der Herkunft)

31 G. Troost, a. a. 0., S. 15

32 Frankfurter Rundschau, 12.7.1984

33 Zit. nach: G.L. Mosse, a. a. O., S.67 f , Rede von Philipp J. Siebenpfeiffer am 27.5.1935

34 Rede Hitlers vor Bauarbeitern der Neuen Reichskanzlei; zit. nach: A. Speer: Erinnerungen, a. a. 0., S. 82

35 Fritz Schuhmacher: Streifzüge eines Architekten, Jena 1907, S. 110

36 G. L. Mosse, a. a. 0., S. 65 f

37 G. Troost, a. a. 0., S. 20

38 Vgl.: H. Klotz: Die Revision der Moderne, in: Die Revision der Moderne – Postmoderne Architektur 1960-1980, (Katalog) München 1984, S. 10

39 Interview mit O. M. Ungers. Rainer Höynck: Das ist nicht mein Problem, in: Bauwelt, 26/1984, S. 1104

40 Ulrich Conrads: Paranoia, in: Bauwelt, 14/1984, S. 609

41 Siegfried Kracauer: Von Caligari zu Hitler – Eine psychologische Geschichte des deutschen Films (1947), Frankfurt am Main 1979, S. 352

42 H. Bodenstedt: Pygmalion – Ein Gleichnis von H. Bodenstedt zit. nach: Bertold Hinz: Bild und Lichtbild im Medienverbund, in: Hinz/Mittig/Schäche/Schönberger: Die Dekoration der Gewalt – Kunst und Medien im Faschismus, Gießen 1979, S. 147

43 NZ am 10. 5. 1933 (Kommentar zur l. Mai-Feier); zit. nach: K Schmeer, a. a. 0., S. 157

44 Sigmund Freud: Das Unbehagen in der Kultur, Wien 1931, S. 32

45 K. Schmeer, a. a. O., S. 10

46 Joseph Goebbels, zit. nach K. Schmeer, a. a. 0., S. 168

THEATERBAUTEN

Über allem

THEATER

„Der Zweck der Schaubühne ist, eine überschwängliche Spannung zu erregen und wieder zu entladen. Wenn wir so überschwänglich erregt sind, dass uns innerhalb der einengenden Konvention keine Möglichkeit mehr ist, diesen Überschwang voll auszuleben, so müssen wir uns über diese Konvention, über die Wirklichkeit hinauf erheben …" (Georg Fuchs, 1904)

Theater scheint in der Baulandschaft des Dritten Reiches und in dessen ehrgeizigen Bauprogrammen auf den ersten Blick von geringer Bedeutung. Lediglich zwei großzügige Neubauten entstanden – Dessau und Saarbrücken. Die mehr als bescheidenen Kammerspiele in Freiburg i. Br. wurden kaum beachtet. Daneben gab es noch den Plan für ein gigantisches neues Opernhaus in München und halbherzige Entwürfe für Theater in Dortmund und Zittau. Verblüffend wenig angesichts eines auf renommeeträchtige Großbauten erpichten Baueifers; verblüffender noch, wenn man an den auf Kulissen angewiesenen theatralischen Charakter des Regimes denkt. Die Sucht nach dem „Gesamtkunstwerk Drittes Reich", so scheint es, übersah ihren Ursprungsort, die Theaterbauten. Das Bild ändert sich, sobald man die 1933 vorhandenen Theater betrachtet. In ihnen setzte bald nach dem Januar 1933 fieberhafte Aktivität ein. So wurde keine Gelegenheit versäumt, die überkommenen Herrscherlogen neu für Hitler zu nutzen und in Theatern, wo keine vorhanden waren, Führerlogen nebst intim-herrschaftlichen Empfangssalons einzurichten. Allein in Berlin wurden während der ersten Jahre der Diktatur fünf Theaterbauten durchgreifend umgestaltet, hinzu kamen Umbauten in Breslau, Köln, Leipzig, Hannover, in Bayreuth und Augsburg. Kaum ein deutsches Theater also ohne die architektonische Beschlagnahmung durch das NS-System und dessen Baukunst.

Die Kroll-Oper als Ersatz für den ausgebrannten Reichstag schließlich wird zum Paradigma: So sporadisch – selbstverständlich im diktatorischen Regime – der Bau nur genutzt wurde, die Scheinveranstaltungen politischer Meinungsbildung ausgerechnet in einem Bühnenbau bilden den Präzedenzfall einer Bau- und Nutzungspraxis, der In-Szene-Setzen oberstes Gebot war.

Folgerichtig präsentierten denn auch die erwähnten Gebäude den obligaten archaischen Klassizismus des Staatsstils. Wie alle anderen Bauten auch, erschienen die Theater im Gewand eines feierlich-gravitätischen, vage historisierenden Formenapparats, der jede Architektur zur bedeutsamen Kulisse wandelte. Einen Ursprung hatte diese dem „Gesamtkunstwerk Drittes Reich" Gestalt gebende Baukunst im Theaterbau des ausgehenden 19. und frühen 20. Jahrhunderts. Die eingangs zitierte Schaubühne „überschwänglicher Spannung", als Theatermodell entwickelt und erprobt, wurde allgemeinverbindlich.

Die spezifische Form der Staatsarchitekturen nach 1933 sowie Theatervorgänger ist nicht denkbar ohne den Traum von einer erneuerten Gesellschaft. Gilly, Schinkel und später Semper hatten frühe Anhaltspunkte geliefert[1], denen Richard Wagners Idealvorstellungen eines Individuum und Gesellschaft neu formenden Gesamtkunstwerks ersten Ausdruck gaben. Um 1900, als die sozialen, ökonomischen und politischen Probleme, häufig zusammengefaßt unter dem Begriff der „Massengesellschaft", einem Höhepunkt zustrebten, erhielt die Utopie einer sich im Gesamtkunstwerk, in der Schaubühne, im ‚Massentheater erlösenden Gesellschaft neuen Auftrieb: „Wohl kein besseres Mittel gibt es, die Massen zu disziplinieren, als die Schaubühne. Denn hier herrscht nicht nur Ordnung, sondern geradezu Unterordnung unter die Macht, die von den Vorgängen auf der Bühne ausstrahlt"[2] erläuterte 1911 eine Sondernummer der *Bauwelt*.

Ungeachtet der unterschiedlichen Standpunkte, die von Bestrebungen, die Masse zu emanzipieren, bis hin zum Glauben reichten, diese Massentheater entmündigen zu können[3], ungeachtet auch der abhängenden weltanschaulich aufgeladenen Konfrontation von höfischem Rang-, Logen- und angeblich demokratischem amphitheatralischem Theaterbau[4], ungeachtet also aller Auseinandersetzungen über die Einzelformen der Schaubühne kristallisierte sich in allen neu entstehenden Theaterbauten die Vorliebe für archaische Würdeformen und feierlich-schlichtes Pathos heraus. Sie prägte beispielsweise die heute meist nur noch als Musterbeispiel bautechnischen Fortschritts gefeierten Festhallen in München, Breslau oder Frankfurt am Main, schäumte über in den orientalisch-völkischen Zwitterwesen der Fidus'schen Entwürfe für Weihehallen, bestimmte Georg Fuchs' Münchener und Peter Behrens'

Abb. 54: Friedrich Gilly, Handskizze für ein Berliner Schauspielhaus, um 1798

Darmstädter Träume von großartigen, Massenspielen geweihten Festhäusern und fand Eingang selbst in traditionsgebundene Versuche wie den Wettbewerb um ein neues Berliner Opernhaus. „Wir gehen einer – unserer Kultur entgegen ... Die Harmonie der ganzen Kunst ist das schöne Sinnbild eines starken Volkes ... wir (wollen) nun ein Haus errichten ... zur Feier unserer Kultur ... Und nun entrolle sich das Spiel des Lebens: Wir selber spielen es, das schöne Schauspiel ...“[5] So beschrieb Peter Behrens, unfreiwillig Losungen und Techniken der faschistischen Massenspektakel vorwegnehmend, die Zukunft des Theaters.

Als „Verlust der Mitte“ kennzeichnete Anfang der fünfziger Jahre in seiner berühmten Untersuchung der Kunsthistoriker Hans Sedlmayr das im 19. Jahrhundert entstehende Vakuum an baulichen, für die gesamte Gesellschaft akzeptablen Sinnbildern. Weder die als Schöpfungsakt nationaler Einheit veranstaltete Fertigstellung des Kölner Doms noch der schwunghaft betriebene Bau von Nationaldenkmälern oder die gegen Ende des 19. Jahrhunderts zu verzweifelten Anstrengungen geratenden Bauinitiativen des Kaiserhauses und staatlicher Institutionen vermochten diesem Mangel abzuhelfen. Der neue Berliner Dom wurde ebenso belächelt wie die Kaiser-Wilhelm-Gedächtnis-Kirche; das Reichstagsgebäude lehnten selbst staatstreue Untertanen als zu bombastisch ab. Die Bauvisionen von Festspielhäusern und Massentheatern sprangen in die Bresche. Jedoch, so wie die Visionen friedlich-feierlicher Reform der Gesellschaft Thesen, so blieben die Bauträume von gigantischen Fest- und Schauspielhäusern Entwurfs-Papier. Das wenige aber, was entstand, bot mit seinem überschwänglichen Pathos und den eingängigen Würdeformen Anhaltspunkte für die Baukunst im Dritten Reich, welcher es bekanntlich kurzfristig gelang, das Vakuum an sinnstiftenden Bauten mit ihren Architekturen zu füllen. Aus der Reihe von Theaterbauten der Jahrhundertwende ragt Heinrich Tessenows 1911 für die Künstlerkolonie Hellerau bei Dresden errichtetes Festspielhaus heraus. Das Gebäude, eine, wie der Architekturtheoretiker Karl Scheffler formulierte, „Mischung aus idealem Landsitz ...

Abb. 55: Heinrich Tessenow, Festspielhaus Hellerau, 1910-11

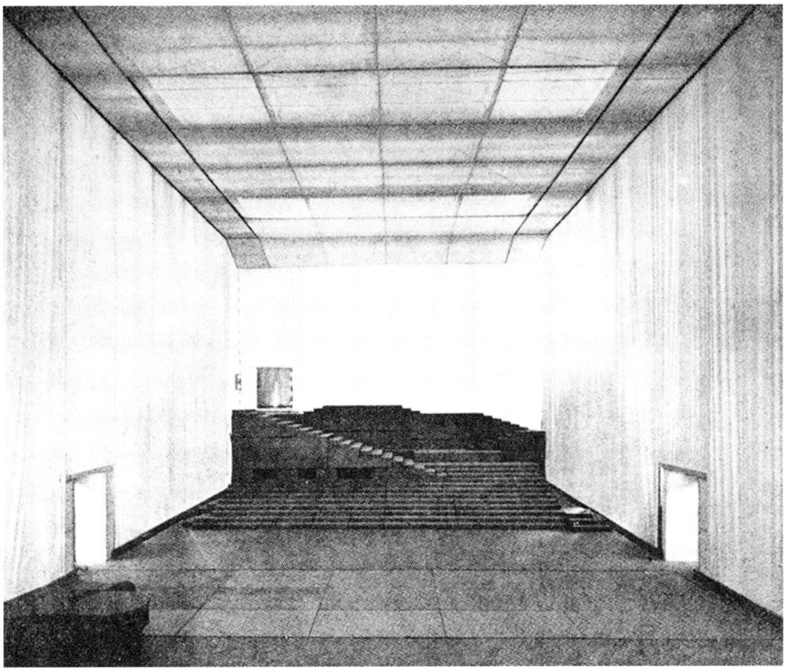

Abb. 56: Heinrich Tessenow, Festsaal in Hellerau, Innenraum, 1910/11

feierlichem Festspielbezirk und weltlichem Klosterhof"[6], entpuppt sich schon bei flüchtigem Betrachten als Inspirationsquelle ersten Ranges für im Dritten Reich allgemeinverbindliche Gestaltungsweisen. Die Gesamtgestalt, ein archaisch grundierter Tempelbau, abmildernd überkleidet mit biedermeierlich-klassischen Motiven, ist dem zeitgenössischen, als seriös anerkannten Neoklassizismus verpflichtet. In ihrer betont zurückhaltenden Schlichtheit weist sie zugleich auf neu-sachliche Architekturen der zwanziger Jahre voraus. Das auf demonstrative Weise feierlich-schlichte Bauwerk basierte auf einigen wenigen Versatzstücken architektonischer Würdeformeln; Uraltes und Neuestes, Anheimelndes und Respektgebietendes verbanden sich.

Die in den Staatsarchitekturen des Dritten Reiches epidemisches Ausmaß erreichenden Treppen, Podeste und Pfeiler bilden in Hellerau den gestalterischen Fundus. So die zweifach gestufte Freitreppe des Haupteingangs samt den auf einer riesigen Treppe aufgebauten Sitzreihen im Festsaal, welche an antike Feierstätten erinnerten und zugleich unerhört sachlich-modern wirkten. Ihnen entsprach ein altarähnlich aus Podesten und Treppen komponierter Aufbau, der frei im Raum stehend als Bühne diente und die gewohnte Trennung zwischen Schauspielpodest und Zuschauerraum aufhob.

Der sakralisierten Kargheit im Inneren korrespondierte die Fassade. Ein dekorloser, steiler Pfeilerportikus, bekrönt von einem ungeschmückten Dreiecksgiebel gab dem Haus den Nimbus einer zugleich uralten und modernen Kultstätte. Tessenow hatte hiermit nichtsahnend ein Grundmotiv der Baukunst im Dritten Reich geliefert. Duplikate der Hellerauer Fassade schmückten im Dritten Reich – von Volkshallen bis zu Autobahnraststätten – die völkischen Varianten der Staatsarchitekturen.

Abb. 57: Hans Reissinger, Haus der Deutschen Erziehung, Bayreuth, 1937

Für die Allgemeinheit blieb das Hellerauer Festspielhaus infolge seiner abgeschiedenen Lage bedeutungslos. Entscheidend für den Durchbruch der Reformkunst war die Eroberung der massenwirksamen öffentlichen Räume. Sie gelang vor allem in den Großstädten. Hier entstanden nach der Jahrhundertwende zahlreiche neue Theater- und Festspielhäuser.

Mit Max Littmann und Oskar Kaufmann, den beiden bedeutendsten Theaterarchitekten dieser Epoche, sind auch zwei für die Bauten im Dritten Reich maßgebliche Gestaltungstendenzen verbunden: Oskar Kaufmann brillierte mit dem Auf- und Nebeneinanderschichten kubisch-karger Baumassen, die auf das Pathos altägyptischer Tempel zurückgriffen; Max Littmann kultivierte einen auf Grundformen reduzierten Neo-Klassizismus, dessen Formenstrenge das Vorbild der antiken griechischen Tempel dem zeitgenössischen unterordnete. Beider bedeutendste, jeweils auf ihre Art Formprinzipien der Baukunst im Dritten Reich vorformulierende Bauten sind die Berliner Freie Volksbühne (1914) und die Gebäude der Stuttgarter Königlichen Hoftheater (1912).

Der Volksbühne von Oskar Kaufmann wurde bei der Eröffnung vorgeworfen, sie schleppe die Rangordnung und damit feudalistische, dem Volks- beziehungsweise Massentheater unangemessene hierarchisierende Tendenzen weiter. Gleichwohl führte der Architekt mit der Innenausstattung vor, wie unter Verzicht auf opulenten Zierat allein durch kostbare Materialien, ausgewogene Proportionen und ausgeklügelte Beleuchtung auch schlichte Räume feierlich Staat machen konnten. In seiner „intimen und doch zugleich festlichen Wirkung"[7] erwies sich das Innere der Volksbühne, die geglückte Verbindung von Sachlichkeitspathos und höfischen Reminiszenzen, als nicht nur auf der Höhe seiner Zeit stehend. Im Rückblick entpuppt sich, in paradoxer Umkehrung seiner ursprünglichen Bestimmung, das Volkstheater als vorweggenommenes Staatstheater. Bei der Erneuerung des Zuschauerraums konnte sich Paul Baumgarten, der im Dritten Reich favorisierte Umgestalter von Theatern, in der Volksbühne auf einige wenige Eingriffe beschränken. Der Einbau einer Führerloge und einige Meter üppig drapierten Stoffs, womit zwei weitere Ehrenlogen ausgeschieden wurden, genügten, um die Balance zwischen Volks- und Hoftheater zugunsten des dem Regime genehmen aristokratischen Anstrichs umkippen zu lassen.

Darüber hinaus war mit der Innenausstattung der Volksbühne frühzeitig erprobt, wie sich vordergründige Bescheidenheit mit repräsentativen Aufgaben vereinen ließ. Die ins Marktschreierische abgewandelte Gediegenheit, womit sich die Staatsarchitekturen, von den Amtsräumen der Parteigrößen bis hin zu den Sälen der Reichskanzlei, spreizten, zeigt, dass die Innendekorateure im Dritten Reich auf ihre Weise Profit aus dem zurückhaltenden Glanz der Kaufmannschen Inneneinrichtungen geschlagen hatten.

Spektakulär wirkte der Außenbau der Volksbühne. Ohnehin zur Massenwirksamkeit geeigneter als der trotz Volksbühnenbewegung nur einem Bruchteil der Bevölkerung offenstehenden Innenraum, genoss die Volksbühne gegenüber den meist in bestehende Ensembles integrierten Berliner Theatern den Vorteil, als freistehendes Gebäude die Aufmerksamkeit aller auf sich ziehen zu können. Sie bildete zudem noch den axialen Blickpunkt und Abschluss einer neuangelegten Straße. Mitten in der engbebauten Innenstadt, als seien die Vorrechte von Behörden und Kaiserhaus gegenstandslos geworden, präsentierten sich Formen, die bisher allenfalls in Gestalt von sogenannter Ingenieurbaukunst, als Bahnhöfe, Fabrikgebäude oder Lagerhallen, die Zensur der Architekturkritik unbeschadet durchlaufen hatten.

Demonstrative Würde bezog die Fassade aus der Kolossalordnung von fünf wuchtig aufragenden Dreiviertelsäulen. Gemeinsam mit den dazwischen angeordneten gedrungenen Eingangsportalen und den darüberliegenden, kantig-klobig gerahmten überlangen Fensterbahnen weckt die Front, bei aller Vereinfachung, unwillkürlich Erinnerungen an die wenig früher entstandene

Abb. 58: Oskar Kaufmann, Volksbühne am Rosa-Luxemburg-Platz in Berlin von 1914

Petersburger Deutsche Botschaft von Behrens. Dem Behrens'schen Bau gegenüber erscheint jedoch die Volksbühne um genau den Grad einer – Theaterbauten erlaubten – Dramatisierung verschoben, der es gestattet, aus dem penetranten „Staatskonservatismus" akademisch-trockener Monumentalität massenwirksamen Effekt zu schlagen. Dick aufgetragen – um einen Moment im Theater-Jargon zu bleiben – sind die geschwungene Freitreppe, die überdeutlich sichtbaren, mächtigen Quader der Wandbekleidung und die lastenden, weit vorkragenden Stürze der Portale samt den sie bekrönenden von Konsolen getragenen Plastiken. Gesteigert wird der düster-feierliche Eindruck durch die den Eingangstrakt flankierenden Fassadenabschnitte. Hier herrscht die nackte Wand. Längs-rechteckig eingetiefte Felder verbreiten die zeitlos-respektheischende Aura einer Pharaonenresidenz. Vor ihnen – Vorwegnahmen der im buchstäblichen Sinn „Kunst *am* Bau" des Dritten Reiches – ist je eine wuchtig typisierte Liegefigur auf breiten, dekorlosen Sockeln aufgestellt. Einzig das zwischen Barock und Jugendstil schwankende Mansarddach bewahrt diese Fassade vor dem endgültigen Abgleiten in das abweisende Pathos eines archaischen Mausoleums.

Die Schmalseiten des Gebäudes unterstützen den Eindruck der Schaufront. Langgezogene, dunkel verglaste Rechteckfenster ersetzen die Wandfelder; die darunter gelegenen Portale, niedriger noch als die Haupteingänge, wirken, die Feierlichkeit unterstreichend, als seien sie förmlich in meterdicke Festungsmauern eingestemmt. Die anschließenden Seitenzugänge, über Treppenpodeste erreichbar und wie glatte Würfel vor den eigentlichen Bau gestellt, setzen die ostentative Kargheits-Dramatik fort. Vollendet wird das Stimmungsbild des Gebäudes durch ein weithin sichtbar ragendes Bühnenhaus, welches als eine Art zweiten zyklopischen Tempels die Dachaufbauten der Volksbühne beherrscht. Die laut Fassadeninschrift dem Volk zugedachte (Bau-)Kunst arbeitete unwillentlich den die Unterdrückung des Volks architektonisch verbrämenden Gestaltern der „Worte aus Stein" in die Hände: Die schematisierten Kuben der Staatsarchitekturen trieben Oskar Kaufmanns behutsamen Umgang mit archaischen Tempelformen zum Exzess.

Abb. 59: Einfassungsmauer um den Grabbezirk des Königs Djoser, Sakkara (Ägypten), 2650 v. Chr.

Abb. 60: Max Littmann, Staatstheater Stuttgart, Kleines Haus, erbaut 1912

Während Oskar Kaufmann in Bremerhaven, Dortmund und Berlin beim Bau von Stadttheatern vorzeichnete, auf welch faszinierende Weise der Despotismus altorientalischer Kuben zu dramatisch-schlichter Würde für neuzeitliche Großbauten nutzbar zu machen war, lieferte Max Littmann im Lauf seiner Tätigkeit zunehmend Beispiele zeitlos-moderner Klassik. Was Wunder, dass in einem Nachruf 1942 er und seine Formen kurzerhand zu Wegbereitern der herrschenden Baukunst deklariert wurden. Littmann habe, so schrieb der Architekt Hellmut Hentrich in der *Kunst im Deutschen Reich*, Bauwerke hinterlassen, die „von modischen Einflüssen stets glücklich verschont ... (in) der Klarheit der architektonischen Erscheinung ... heute noch für die Entwicklung bestimmter Bauaufgaben maßgebende Grundlage"[9] seien. (Dass Littmann beim Bau des Münchener Prinzregententheaters [1901] nicht nur die auch im Dritten Reich geschätzte amphitheatralische Gestaltung des Zuschauerraums vorbildlich gelöst, sondern mit Jugendstilelementen an der Fassade durchaus großes Talent für Modisches bewiesen hatte, wurde übergangen.)

Lob ernteten die dem aktuellen Baustil gleichenden Bauten wie der spröde-neoklassizistische Wiederaufbau des Weimarer Nationaltheaters (1907), die Entwürfe für ein Berliner Opernhaus, das (1936/37 von Paul Baumgarten endgültig zum Staatsbau stilbereinigte) Schillertheater (1907) und vor allem die letzten von einem Souverän in Auftrag gegebenen Theater des wilhelminischen Deutschland: die Staats- (früher Königlichen-Hof-)Theater in Stutt-

Abb. 61: Max Littmann, Staatstheater Stuttgart, Großes Haus, 1912

gart. Ihre Fassaden wirkten offenkundig stimulierend auf den Nachahmungstrieb der Architekten im Dritten Reich: Die Staatstheater bestanden aus zwei Baugruppen, dem Großen und dem Kleinen Haus. Nichtachtend der für heutige Betrachter offenkundigen Entlehnungen antiker Motive schätzte die zeitgenössische Kritik die Bauten als modern-zeitlose Kulturstätten. Das *Zentralblatt der Bauverwaltung* schrieb: „Der Gesamteindruck der ganzen Bauanlage muss als ein überaus günstiger und vornehmer bezeichnet werden … In breiten, ruhigen Mauerflächen bauen sich die Theater zu schlichter Größe auf … Sich gleichsam über den rasch wechselnden Geschmack der Zeit stellend, gab er (Littmann) seinen Hoftheatern eine Gestalt, die in ihrer vornehmen Ruhe und Schlichtheit die Bürgschaft in sich trägt, auch von späteren Geschlechtern als schön befunden zu werden. In würdiger Weise entsprechen die angewandten edlen und strengen Architekturformen der Bedeutung der Häuser als ‚Königliche Hoftheater' und bringen den hohen Ernst derselben als eine Kunst-und Kulturstätte ersten Ranges trefflich zum Ausdruck."[10]

Als triumphaler Glanzpunkt des mächtigen Bauensembles trumpfte das Große Haus mit Formen auf, deren buchstäblich kolossale Wirkung, trotz stilisierter und zurückhaltender Einzelpartien, an den Überschwang spätantikrömischer Bauten wie in Baalbek erinnert. Ein Fanal der überwältigenden Baumassen setzte das Halbrund der Eingangsfront. Gewaltige Doppelsäulen über einer rundum laufenden hohen Freitreppe, steile, wuchtig gerahmte Portale und eine überdimensionierte Attika umgaben das Große Haus mit der zugleich niederdrückenden und faszinierenden, pompösen Feierlichkeit beispielsweise des antiken Theatrum Marcellum in Rom. Dahinter wuchtete der mächtige Kubus des Zuschauerraums samt allen Bühnenbauten. Ein überwältigender Bühnen-Palast das Ganze; Mischung aus spät-antiker Kaiserresidenz, prunkvollen Thermen und Theater. Das Große Haus samt seinen Vorbildern feierte nicht nur in Woldemar Brinkmanns preisgekröntem

Entwurf für ein Münchener Opernhaus Wiederauferstehung. Betrachtet man die Großform der von Ludwig Ruf entworfenen Nürnberger Kongresshalle, so sind die Übereinstimmungen verblüffend. Ins Gigantisch-Plumpe getrieben, erscheint Littmanns Halbrund samt dem dahinter aufragenden Riesen-Block in die theatralische Szenerie des Reichsparteitagsgeländes versetzt; Staatstheater auch hier, nur dass an Stelle der professionellen Stuttgarter Aufführungen in Nürnberg die (nicht weniger professionellen) politischen Inszenierungen hätten ablaufen sollen.

Dem Prunk des Großen Hauses gegenüber trat das Kleine Haus in den Hintergrund. Ein Säulenportikus, gerahmt von über Eck gestellten Pilastern, stellte den klassizistischen Fassadenschmuck, während ringsum lediglich Wandvorlagen die Baublöcke gliederten. Als Kompromissarchitektur zwischen griechischem Tempel und bewusst anspruchslosem Zweckbau, war das Kleine Haus mit dem „Einheitsraumcharakter"[11] seines Inneren ein den aktuellen Forderungen angemessenes Theater. Dem Dritten Reich blieb es vorbehalten, die gequaderten, fensterlosen und ausschließlich von undekorierten Pilastern gegliederten Wandflächen zum Bedeutungsträger seiner Ideologie zu deklassieren; Gestaltungsweisen wie die des Stuttgarter Hauses als neudeutsche Klassik auszurufen. Vor diesem Hintergrund entpuppt sich Littmanns Bau als Bindeglied zwischen beispielsweise Klenzes Museen am Münchener Königsplatz und der Reduktionsklassik der Parteibauten, Soldatenhallen usw.

Die infolge leerer Staatskassen und der Kino-Konkurrenz bedrohlich werdende Lage des deutschen Theaters verhinderte nach dem Ersten Weltkrieg aufwendige Neubauten. Eine Ausnahme bildete das Neustrelitzer Stadttheater, wo Max Littmann 1927 ein letztes Mal klassizistischen Theaterbau

Abb. 62: Walter Gropius, Stadttheater Jena, 1922, Foto 1923

praktizierte. Die kantige, beinahe plumpe Gesamtgestalt des Neustrelitzer Baues allerdings wirkt nun wie ein das spätere Baugeschehen vorwegnehmender Affront gegen die Moderne.

Dass das Neue Bauen wiederum, auch und gerade auf dem Gebiet des Theaterbaus, fernab der propagierten Funktionalität Gebäude zu inszenieren verstand, bewies Walter Gropius. Gemeinsam mit dem Architekten Adolf Meyer baute er 1921 in Jena eine Vergnügungshalle zum Theater um. Wie die meisten der Architekturen des Neuen Bauens erscheint auch das Gebäude in Jena auf den ersten Blick als voraussetzungslos neu; ein unnachgiebiger Vertreter der Sachlichkeit. Innen und außen dominierten dekorlose, glatte Würfel- und Rechteckformen. Sorgfältig ausgewogene Proportionen schienen endgültig den Bauschmuck-Jahrmarkt von Gründerzeittheatern und das vage Historisieren der Jahrhundertwende abgelöst zu haben.

Dennoch, wie etwa das kurz darauf entstandene Dresdner Hygiene-Museum oder Poelzigs IG-Farben-Bau, evoziert auch die Jenaer auftrumpfende Moderne Erinnerungen an festliche Archetypen.[12] Die Fassade des Theaters bedient sich der von altägyptischen Tempeln her bekannten pylonenartigen Seitentrakte; eine über zwei flache Stufen erreichbare Terrasse und der breitgelagerte, in den kubisch vortretenden Mittelbau eingeschnittene Eingang erneuern, zu spartanischer Einfachheit abgeklärt, die düstere Kubistik der mächtigen Volksbühnen-Front. Der so zwischen Sachlichkeit und Sakralität oszillierende Gesamteindruck setzte fort, was der Theaterarchitekt Karl Moritz 1906 Reformtheatern seiner Zeit vorgeworfen hatte. Moritz beanstandete, dass in zahlreichen Theaterentwürfen „dem Architekten auch die vorhellenischen, ägyptischen und assyrischen Bauformen wertvolle Anregungen“ gegeben hätten, weil ihre „primitiv(e) und naiv(e“)[13] Ausdrucksweise dem Drang nach Schlichtheit entgegenkäme. Die Gefahr solcher von Moritz als „Geistreicheleien“[14] verurteilten Adaptionen sah er darin, dass mit ihnen ein unter der Maske des vordergründig Neuen verborgener Neohistorismus entstehen könne. Die Zukunft gab ihm recht. Betrachtet man die Entwicklungsreihe der nach 1900 entstandenen Theater aus Moritz' Blickwinkel, so wird deutlich, dass bis hin zu Gropius' Bau Archaik, Ägypten und Assyrien – einmal mehr, einmal weniger deutlich – tonangebend blieben. Selbst in der von Pfeifer/Großmann 1926 gemeinsam mit Emil Fahrenkamp gestalteten Mühlheimer Stadthalle bediente sich die pragmatisch-multifunktionale Nutzung als Theater, Konzerthalle und Kino dieser Formen. Penible Symmetrie in Grundriss und Aufbau verband sich auch hier mit bewährtem, pathetisch-sachlichem Tempelstil. Im Inneren, konzipiert von Fahrenkamp, dem Architekten des bis heute als Muster Neuen Bauens geschätzten Shell-Hochhauses in Berlin, wechselten die dynamisierenden Kurven modernen Bauens mit der Schwere scharfkantiger Pfeiler und Kuben. Partien wie die Kassenhalle, der Vorraum und Wandelgänge mit Kandelabern, Wandschalen und niedrig-breiten Pfeilern zeigen die Baukunst monumentalisierender Feierlichkeit auf höchstem Niveau.

Nach 1933 wurden die geschilderten Tendenzen allgemeinverbindlich. So wurde zwar, als man altgediente Theater renovierte, die von Gropius oder Fahrenkamp eingeführten, unbequem deutlichen Hinweise auf die Moderne durch nun wieder deutlichere Rückgriffe auf Klassisches korrigiert. Der Boden

Abb. 63: Emil Fahrenkamp, Stadttheater Mülheim, Aufgang, 1923-1925

der geschaffenen Tatsachen aber brauchte nicht mehr verlassen zu werden. Im Gegenteil, für die sich als konservativ und revolutionär zugleich verkaufende Bewegung hatten Kaufmanns, Tessenows, selbst Gropius' und Fahrenkamps Theater ein ansehnliches Reservoir an architektonischen Grundformen geschaffen, mit welchen sich faszinierend darstellen ließ, dass Alt und Neu, Tradition und Moderne einander nicht ausschließen mussten.

Die höfisch gebundene Sicht der Faschisten wandelte Theater wieder zum konventionellen Bau. Freiburg i. Br. (1936/37) präsentierte puren Historismus, Saarbrücken (1936/38) eine trostlos kahle Replik der Semper-Oper in Dresden. Einzig Dessau (Friedrich Lipp/Werry Roth, 1937/38) zeigte sich dem offiziellen Standard der übrigen Architektur gewachsen: Die Fassade, über eine barock-geschwungene Auffahrt erreichbar, wuchtet mit einem breiten Pfeilerportikus über einer hohen, effektvoll in zwei Abschnitte unterteilten

Abb. 64: Friedrich Lipp und Werry Roth, Landestheater Dessau, Foto um 1938

Freitreppe. Weit vorspringende, kantige Treppenwangen und würfelförmige, mächtige Sockel für die riesigen Fahnenmasten beiderseits der Auffahrt verbreiten mit ihrer altarähnlichen Ausstrahlung die Atmosphäre antiken Kults. Gemeinsam mit dem vom Pergamon-Altar abhängigen Bühnenhaus, der Tempelvorhalle des Vestibüls und dem plattenverkleideten Vorplatz bildet sich die Szenerie eines (Staats-) Theaters vor dem Theater.

Das in den Kugellampen der Eingangsfront enthaltene Versprechen von Burgtheaterstimmung lösten im Inneren wahre Orgien an biedermeierlich reduziertem Kristall und Plüsch, an Leuchtern und Lüstern ein – diszipliniertes Hoftheater, durch die Brille eines staunend Schlösser besichtigenden Kleinbürgers gesehen, dessen Träume von eigener Macht und Würde hier wie überall die Baukunst im Dritten Reich scheinbefriedigt.

Egon Eiermann, der als Vertreter Neuen Bauens sich ohne Aussicht auf Erfolg am Wettbewerb um das Dessauer Theater beteiligt hatte, fand im Mai 1935 Mut zu offener Kritik. Sein vernichtendes Urteil zählte exakt die Grundeigenschaften faschistischer Baukunst – Historisieren, Theatralik und Schematismus – auf und stieß mit dem Hinweis auf deren Zwangscharakter ins Zentrum der baulichen Ordnungswut: „Pseudo-Barock und Pseudo-Renaissance, Gründerzeit, höfische und Biedermeier-Weltanschauung müssen herhalten, um einer neuen Zeit neuen Ausdruck zu geben. Falsche Monumentalität feiert Feste … Das ist prämiert worden: Wie mit Fangarmen umschlossen, wird ein (gegenüberliegender) Schulbau gezwungen, eine theatralische Rolle zu spielen … keine Bäume … Dafür aber einen stein- und staubbedeckten Platz.“[15]

Die Steigerung des theatralischen Effekts, der rigorose Zugriff auf die Umgebung, das verstärkte Historisieren und der unter all dem Aufwand verborgene Ordnungszwang, die Eigenschaften, welche Egon Eiermanns Analyse faschistischer Theaterbaukunst bloßgelegt hatten, waren längst zu Wesensmerkmalen aller Baukunst geworden. Während die nach 1933 gebauten Theater eher biedere, auf die Hoftheater schielende Ausgaben von Stimmungsarchitektur boten, zeigte sich die übrige Architektur geradezu besessen vom Theaterbau der Jahrhundertwende: „Die ... Kunst wird Festkunst werden! ... Sie muss jedem ... zugänglich werden, dadurch, dass sie Tempel-Kunst wird. In Tempeln, Museen, Festspielhäusern, überhaupt an Fest- und Weihestätten müssen ihre Kräfte wieder zu organischen Gesamtkunstwerken zusammenwirken."[16] Diese Forderungen Fidus' aus dem Jahr 1897, deren pathologischem Überschwang Theaterneubauten weniger himmelstürmende Realisationen hatten folgen lassen, fand ihre späte Erfüllung in den mit theatralischem Raffinement ausgestatteten Bauten der NS-Diktatur. Im Sog des von Architekturen allem Bauen auferlegten Inszenierungsdrangs entstand Tempelkunst, welche die funktionellen Unterschiede gegenstandslos werden ließ. Hinter archaischen Sakralfronten wurden Theaterfoyers, Schalterhallen oder Wartesäle austauschbar. Der (Aufmarsch-)Platz vor Schinkels Schauspielhaus geriet zur ebenso dramatischen Vorbühne wie das neuangelegte Stadtforum ring um Ludwig Hoffmanns Berliner Stadthaus, der in Freitreppe und Pfeilern schwelgende Aufgang des Wehrkreisdienstgebäudes in Kassel oder der Vorplatz des geplanten Theaters in Zittau. Zum Verwechseln ähnlich zeigten

Abb. 65: Kurt Schönfeld und Ernst Wendel, Wehrkreisdienstgebäude Kassel, 1935-38, heute Bundessozialgericht

Abb. 66: Hermann Alker und Alfred Hopp: Grenzlandtheater in Zittau, 1935-37

sich Schalterhallen der Reichsbank, das neugestaltete Foyer der Deutschen Oper oder die Eingangshalle der Reichskanzlei. Die Grenzen zwischen festlichem Theaterbesuch, Staatsakt oder alltäglichem Behördengang wurden von solcher Baukunst aufgehoben. Diese von der Schaubühne auf das gesamte Baugeschehen übergewechselte Lust am Theater nahm Formen an, in denen sich die kleinbürgerlich-verbissene Sucht nach einer bis in den letzten Winkel feierlich gestalteten Umwelt auf groteske Weise darbietet: Rings um den neuen Standort der Berliner Siegessäule entstanden Miniaturtempel nach Art des Stuttgarter Kleinen Hauses, hinter deren Fassaden sich Tunneleingänge und Pissoirs verbargen (s. Seite 111).

Was keiner der vorangegangenen Theaterbauten vermocht hatte, nämlich zum Großbau zu werden, worin „das Volksganze ohne Unterschied der Bildung und des Besitzes eine Stätte (hätte) finden (können), wo es sich restlos als Einheit (hätte) fühlen (können)“[17], vollbrachte mit den gleichen Mitteln die Baukunst im Dritten Reich. Erst als zu offizieller Staatsarchitektur travestierte Baukunst wurden in Gestalt von Ministerien, Kongress- und Volkshallen die Theater zu dem, was Kurt Pinthus 1920 in einer Denkschrift vom Nationaltheater gefordert hatte: „Raum, der (die Massen) feierlich eint in ihrem Willen zu Gemeinsamkeit … in ihrer Sehnsucht, zerstörtes inhaltsloses Dasein mit Sinn und Aufgabe zu erfüllen.“[18]

Abb. 67: Paul Baumgarten d. Ältere, Umbau der Deutschen Oper Berlin, Foyer, Foto 1935

Intimität und Monumentalität

MAX REINHARDTS THEATERBAUTEN

„Max Reinhardt wäre nicht der große Bühnenmeister, der er ist, wenn er nicht dasjenige im höchsten Maße besäße, was dem alten Fontane … so gänzlich fehlte: der Sinn für Feierlichkeit."
(Raoul Arnheim, 1922)

Die Theaterbauten der Jahrhundertwende, so haben die vorausgegangenen Erläuterungen wohl deutlich gemacht, zählten zu den Großbauten, die die Gesichter der Großstädte prägten. Ihre neuartige Monumentalität überstrahlte nicht nur in vielen Fällen den Glanz der herkömmlichen Theater- und Opernhäuser, sondern stellte auch die ungeschickten wilhelminischen Versuche, neue bauliche Mittelpunkte zu schaffen, in den Schatten. Den gleichzeitig entstehenden Warenhäusern, Fabrik- und Ausstellungsgebäuden, mit denen sie das Erscheinungsbild dramatisch-schlichter Monumentalität teilten, hatten sie die Aura seriöser Kulturinstitute voraus. Die Kulturstätte Theater behauptete auch in der neuen Gestalt jene für nationale bauliche Symbole unabdingbare Dignität, welche den spektakulären Kommerz- und Industriebauten abgesprochen wurde. Dass sie damit nicht ohne Folgen für die Placebo-Architekturen im Dritten Reich bleiben konnten, liegt auf der Hand. Dennoch wirkten die bisher behandelten Theater- und Festspielhäuser wohl eher indirekt stimulierend auf das Baugeschehen im Dritten Reich. Ihnen fehlte zum direkten Vorbild einerseits der letzte Hauch plakativer Exklusivität, der beispielsweise Bayreuth und seinem Festspielhaus auch und erst recht nach 1933 allgemeines Interesse sicherte. Andererseits mangelte ihnen, trotz großer Publikumserfolge und dem Drang, sich den Massen zu öffnen, der Anstrich des Spektakulären, jedermanns Aufmerksamkeit Erregenden. Mit einer Ausnahme: dem Theaterimperium Max Reinhardts.

Max Reinhardts Erfolge im In- und Ausland, sein legendärer Ruf als Erneuerer des deutschen Theaters sicherten ihm jahrzehntelang nicht nur den Respekt, sondern auch die Neugierde der Öffentlichkeit. Auch wer nie ein Theater von innen gesehen hatte, wusste, wer Max Reinhardt war, wer in seinem Ensemble spielte und dass es in seinen Spielstätten Unerhörtes zu sehen gab. Und dass er nicht nur ein phänomenaler Inszenator war, sondern zugleich ein Bauherr von geradezu fürstlichem Eifer und Geschmack, ein in einem wirklichen Schloss residierender Auftraggeber von Theatern und Festspielhäusern, das konnte jeder beobachten, der auch nur gelegentlich eines Friseurbesuchs die illustrierten Blätter überflog.

Im Klartext: wäre Max Reinhardt nicht der geniale Theatermann geworden, als der er jahrzehntelang das deutsche Theater dominierte, er hätte als ein mit allen Nuancen jeweils aktueller, beeindruckender Baurichtungen vertrauter Architekt reüssiert. So beschränkte er sich auf die Rolle eines Bauherrn, der mit sicherem Urteil für Bauaufgaben und Publikumsgeschmack prominente und für seine Zwecke geeignete Architekten zu verpflichten wusste. Wie seine Inszenierungen, so waren auch seine Häuser meist Sensationserfolge.

1901 entstand in Berlin Reinhardts erstes eigenes Theater. Der Baumeister Peter Behrens baute Unter den Linden Festsäle zu einem vielbeachteten Theater um. Anfänglich als Bühne für Reinhardts Kabarett „Schall und Rauch“ genutzt, enthielt das Kleine Theater zunächst noch Hinweise auf die Leichtfertigkeit der hier geplanten Aufführungen. So wurden die Säulen des Bühnenprospekts zur architecture parlante der leichten Muse: Um allzu feierliches Pathos ihrer „nach Kayßlers ausgezeichnetem Vorschlag in der Form der griechischen Tempel gehalten(en“)[19] Gestalt vorzubeugen, ließ Reinhardt sie mit künstlichen Rauchschwaden ummanteln. Im übrigen glich das Kleine Theater, vier karikierende Masken entlang der Wände ausgenommen, einem raffiniert anspruchslosen, intimen klassischen Festsaal. Sparsam verteilte Logen, mit Dreiecksgiebeln bekrönt, ein Mäanderfries in Deckenhöhe und Quaderbemalung, unterbrochen von schmalen Pilastern, setzten sich wirksam ab gegen den gewohnten Pomp der herkömmlichen Bühnen. 1902, nachdem klassisches Repertoire an die Stelle des Kabaretts trat, wurden die Säulen freigeschält. Der Raum wirkte nun endgültig als „Vorhalle eines griechischen Tempels von reiner und kühl erfrischender Schönheit“[20].

Die schlicht-eindrucksvolle, an Empire, Barock und Rokoko geschulte elegante Gediegenheit wurde zum Grundzug der meisten unter Mitwirkung Reinhardts gestalteten Theater. Ihren ersten Höhepunkt erreichte sie in den bei den Bauten, welche bis heute der Inbegriff Reinhardtscher Theater geblieben sind: im Deutschen Theater und den Kammerspielen Berlins.

Unmittelbar nach Übernahme des Deutschen Theaters im Jahr 1905 wurden Vestibül und Foyer durchgreifend erneuert. Empire mit klassischem Weiß, sparsamer Vergoldung und diskret verteilten Spiegeln stellte das Hauptmotiv. Die bei aller Kühle durchscheinenden rokokoartig-verspielten Züge, auch in vielen späteren Reinhardt-Theatern vorhanden, dürften Reinhardts Eigenschaft zuzuschreiben sein, „alles, was an ihn herangetragen wurde, zum geeigneten Zeitpunkt und am geeigneten Ort kreativ zu reproduzieren“[21]. Sie befähigte ihn im Fall der Innenausstattung zu einer diskreten Rettungsaktion zugunsten der vom Publikum bevorzugten höfischen Eleganz. Zur klassischen Räson gebracht, überlebte in Reinhardts Theatern die effektvolle und allseits beliebte Residenz-Kunst nicht nur den Übereifer allzu asketischer Vertreter des Reformtheaters, sondern selbst die Bilderstürme Neuen Bauens. 1924, während im Jenaer Stadttheater und an der Bauhausbühne mit imponierender Heißglut frostige Sachlichkeit betrieben wurde und man sich in Berlin und andernorts des gründerzeitlichen Talmi historischer Theaterbauten schämen zu müssen glaubte, kehrte Max Reinhardt von einem vierjährigen Wien-Aufenthalt zurück, wo er sich, scheinbar unbehelligt von allen Strömungen Neuen Bauens, dem Instandsetzen von ihm bespielter Barock-Theater gewid-

Abb. 68: Albert Speer, Tunneleingang am Großen Stern in Berlin, 1937, Foto vor 1939

met hatte.[22] Wieder in Berlin, veranlasste er den Theaterarchitekten Oskar Kaufmann in der Komödie am Kurfürstendamm zu einem Umbau, welcher, leicht expressionistisch überformt, unter dem Beifall des Publikums erneut versachlichte Rokoko-Klassik bot; einen „elegante(n) Gesellschaftssalon, auf dessen Bühne auch ein wenig Theater gespielt werden"[23] konnte. Noch 1931, während des großen Theatersterbens, übernahm Max Reinhardt das Theater am Kurfürstendamm, ließ einige seriös-barocke Dekorationen einfügen – und hatte (kurzfristig) Erfolg.

Das Festhalten an höfischen baulichen Repräsentationsformen zeitigte zwei Jahre später von Reinhardt nicht vorauszusehende Folgen. Dieselben Propagandisten, welche zuvor die angebliche Verschwendungssucht des Regisseurs unermüdlich angeprangert hatten, ließen nun ihre Amts- und Repräsentationsräume nach Mustern gestalten, die sich von Reinhardts Innenausstattungen zuweilen nur durch ihre offenkundige Protzerei unterschieden.

Zurück zum Deutschen Theater: Hier wurde im Sommer 1906 mit der Umgestaltung der Fassade der eingangs beschriebene Umbau vollendet. Reinhardt und sein Architekt William Müller, ein Schüler des berühmten Warenhaus- und Museumsarchitekten Messel, ersetzten das üppige Neo-Barock durch klassisch strenge Ordnung. Gradlinige, wie mit einem Griffel geritzte Formen, im Grunde lediglich der sorgfältig verputzte Rohbau des Vorgängers, boten eine Schaufront, deren würdeheischende Kargheit über den offenkun-

Abb. 69: Wilhelm Kreis, Oberkommando des Heeres, Festsaalbau, Westeingang, 1938 (Modell)

digen Rückgriff auf die Fassade des Weimarer Nationaltheaters hinaus an die sogenannte französische Revolutionsarchitektur erinnert. (Diese wiederum, zwei Jahrzehnte später von Emil Kauffmann als angeblicher Vorgänger Neuen Bauens entdeckt, reklamierte rückblickend Albert Speer für die Architekturen des NS-Regimes.)

Gewicht verlieh der Fassade des Deutschen Theaters vor allem der Mittelteil. Die von zwei halbrund abgeschlossenen, langbahnigen Fenstern durchbrochene Wand ist an dieser Stelle nischenartig eingetieft, so dass beiderseits eines massigen Wandstücks, das wie ein gedrungener mächtiger Pfeiler die Fensterpartien trennt, Raum blieb für Balkons. Zwei gedrungene Portale im Erdgeschoß, eine breite schmucklose Attika, durchstoßen von einem schmucklosen, breitgelagerten Tympanon und ein mit dem Schriftzug „Deutsches Theater" versehenes Gesims vereinigten sich zu einer Art sparsam-einprägsamer Bildarchitektur. Ihr knapper Umriss machte diese zur idealen Vorlage für die Signata der Briefköpfe und Publikationen des Deutschen Theaters. Inmitten der üblichen überschwänglichen Allegorien und Emblemata konzentriert sich in diesem sensationell wirkenden Kürzel ein Gestaltungssegment, das in den kurzformelartigen Bildarchitekturen im deutschen Faschismus gipfelt. Wie vom Mittelteil des Deutschen Theaters geformt erscheinen von hier aus besehen die an den Münchener Parteibauten, dem geplanten Berliner Führerpalast oder den Bauten am Berliner Runden Platz aufgehäuften Kombinationen aus untersetzten Portalen, Erscheinungsbalkons und rahmenden Wandbahnen.

1906 wurden die Kammerspiele neben dem Deutschen Theater eingerichtet. Richtlinie des Umbaus war Reinhardts Wunsch, Räume zu schaffen, deren Sachlichkeit, Intimität und unauffällige Eleganz einen suggestiven, psychologisch stimmigen Rahmen für Ibsen-, Strindberg- und Gorki-Aufführungen bieten sollte. William Müller entwarf ein einzig aus geometrischen Grundformen aufgebautes, strenges Raum- und Dekorationsprogramm. Kostbar bei aller vordergründigen Anspruchslosigkeit, mit ausgeklügelt-diffuser Beleuchtung der intensiven Dramatik des Bühnengeschehens angeglichen, entwickelte die Ausstattung eine Anziehungskraft, die, entgegen Reinhardts ursprünglichen Absichten, Kritiker und Publikum veranlasste, die Kammerspiele selbst als eigenständige Inszenierung wahrzunehmen. Nach der Eröffnung erschienen Kommentare, deren enthusiastische Zustimmung sich nicht zufällig liest wie die beflissenen Lobeshymnen der Architekturbetrachtungen, welche einige Jahrzehnte später zur Baukunst im Dritten Reich erschienen: „Die Wände in wundervoll goldbraunem Holz getäfelt. Ohne Schmuck nicht nur, sondern auch mit einem Mindestmaß von Gliederung in geraden Linien und Rundbögen … Es herrscht eine fast extreme Einfachheit … Der einzige Schmuck ist in der Schönheit der Proportionen und in der Vornehmheit des Materials und der Arbeit gesucht … Überall sind nur die Hauptlinien architektonisch betont."[24] Die Gemeinsamkeit ergibt sich aus der Gleichheit architektonischer Prinzipien, an denen sich 1906 beziehungsweise nach 1933 die Begeisterung entzündet: was für die Kammerspiele die „fast extreme Einfachheit", das ist für die Architektur im Faschismus der mit dem Schlagwort von „deutscher Klarheit" belegte Puritanismus; was dem Theater der Bühnengrenzen sprengende, suggestive Einsatz edler Hölzer und berechneter

Lichteffekte, ist den Bauten im deutschen Faschismus die allegorisierende Komposition von Raumausstattungen, welche die Zimmerfluchten zu bühnenreifem Staatstheater arrangierte.

Von gleicher Schlagkraft erweist sich die Fassade der Kammerspiele. Mit totalem Verzicht auf schmückendes, ablenkendes Beiwerk, einzig auf dem Zusammenspiel von ellipsenförmigen Fenstern, einem nackten Dreiecksgiebel und rechtwinkligen Vorlagen basierend, erscheint die Front wie ein in die Realität gesetztes Stück Kulisse aus ‚*Dantons Tod*'. Ihrer im Dienst des Theaters stehenden Konzentration auf Wesentliches entsprechen als vergröbernde Varianten die klassizierenden Fassaden etwa der Bayreuther Ludwig-Siebert-Festhalle oder des 1937 erneuerten Weimarer Hotels „Zum Elephanten".[25]

Zwei eigentlich einander ausschließende Prinzipien kennzeichnen die Architekturen von Deutschem Theater und Kammerspiel: Intimität und Monumentalität. Eingezwängt in einen Hinterhof der Schuhmannstraße boten die Fassaden breitflächige, wie auf Fernwirkung berechnete und dennoch überschaubare Klassik. Reinhardt und Müller war das Kunststück gelungen, dem einengenden Rahmen der Hofsituation eine sozusagen genügsame Kolossalität abzutrotzen, ohne das Gleichgewicht der angrenzenden Bauten zu durchbrechen.

Was in den beiden Theatern vorsichtig ausbalanciert erscheint, erneuern auf ihre Weise die NS-Architekturen. So stellt beispielsweise der eben erwähnte Weimarer Hotelbau, eine mit architektonischen Abzeichen der Kolossalität überzogene Kleinarchitektur, mit Führerbalkon, geböschten Sockeln und gedrungenen Portalen eines der gelungensten Beispiele der nach 1933 zu beobachtenden Sucht nach fiktiver Mächtigkeit auch kleindimensionierter Bauten dar. Umgekehrt präsentierten die Monumentalarchitekturen im Dritten Reich Momente bergender Intimität. So wirkte zum Beispiel inmitten des Aufmarschgeländes in Nürnberg der Bau der Führerkanzel als eine Architektur in der Architektur, die, gleichsam ein intimer Ausschnitt der Großbauten ringsum, dem einzelnen Betrachter Hitler als jeweils nur ihn Ansprechenden zu suggerieren half. Als Miniaturausgaben der Großräume fungierten die überall installierten Führerlogen (1937 wurden die Kammerspiele damit ausgestattet), die nicht nur in Theatern, sondern auch in den geplanten Riesenbauten zum festen Raumprogramm zählten. Dieselbe Aufgabe übernahmen andernorts Kleinbauten wie zum Beispiel die bereits erwähnten Tempel am Berliner Großen Stern oder selbst die sogenannten Ehrentempel des Münchener Königsplatzes. Verselbständigten Ausschnitten der Reinhardtschen Fassaden gleichend, übertrugen sie deren auf Menschenmaß bezogene klassische Würde in das Umfeld der zyklopischen Staatsbauten; vorbereitende und abmildernde Einstimmung auf das überwältigende Pathos der in ihrer Nähe ragenden Paläste.

Die Parallelen zwischen Reinhardts Theatern und den Bauten im deutschen Faschismus verlaufen demnach auf zwei Ebenen: zum einen in der modifizierenden Übernahme der Gesamterscheinung und dem Adaptieren klassizierend-höfischer oder sachlich-kostbarer Innenausstattungen. Zum anderen in der auf atmosphärische Attraktionen berechneten Mischung mächtiger und intimer Formen, unter deren Einfluss sich Distanz und Nähe, Kolossalität und Kommodes zu einander steigerndem Effekt verbanden.

In Salzburg entstand Mitte der zwanziger Jahre im Rahmen der von Reinhardt initiierten Festspiele das am offenkundigsten mit Bauten im deutschen Faschismus verwandte Theater – das Festspielhaus. Nachdem Inflation und politische Intrigen Reinhardts und Poelzigs Träume von einem gigantischen Salzburger Kunsttempel zunichte gemacht hatten, wurde die 1840 gebaute Hofstallkaserne für einen Umbau zur Verfügung gestellt. 1925 gestaltete der Architekt und Denkmalpfleger Eduard Hütter das Gebäude zum schlichten Festspielhaus um. Was entstand, war eine an romantische Rittersaalträume erinnernde Halle mit holzverkleideten Betongalerien, einem offenen, dunkelgebeizten hölzernen Dachstuhl und zweifach von gotisierenden Spitzbögen

Abb. 70: Die zur Führerloge umdekorierte ehemalige Königsloge der Staatsoper Unter den Linden in Berlin am 21. Februar 1937

Abb. 71: Fassade des Salzburger Festspielhauses mit dem Anbau von Clemens Holzmeister 1925/26

gerahmter Bühne. Reinhardts Forderung, ein „ernstes, heiliges Interieur, wie in einer Kathedrale"[26] zu schaffen, geriet unter Hütters Händen zur perfekten Vorwegnahme der völkischen Weihehallen. So gleicht beispielsweise der 1936/37 zum Fest- und Theatersaal für die umliegenden HJ- und BDM-Heime umgebaute Ballhof in Hannover verblüffend der Salzburger Halle; wirken die Feierräume der zahlreich entstehenden Jugendherbergen jener Jahre häufig wie detailtreue Plagiate der Salzburger Feierstimmung.

Clemens Holzmeister, anerkannt als hervorragender, behutsam Modernes adaptierender Vertreter traditionellen Bauens, wurde 1926 beauftragt, akustischen und sehtechnischen Mängeln des Salzburger Festspielhauses abzuhelfen. Nach Ende der Bauarbeiten zeigte der renovierte Bau sich erneut und vollständig als Vorläufer sachlich-völkischer Weihehallen. Im Inneren hatte Holzmeister eine hölzerne Kassettendecke einziehen lassen, zwei vollhölzerne Galerien anstelle des verkleideten Betongerüsts eingefügt und die Seiten der Bühne mit zwei turmartigen Aufbauten versehen. Offenes Sparrenwerk der Galerien, Bildteppiche und Skulpturen tauchten den Saal in eine zwischen apotheotischer Meistersingerhalle und völkisch-sakralem Rittersaal schillernde Atmosphäre; bedrückend nah dem Kulissenzauber der späteren Remter in Sonthofen und Vogelsang, die als sogenannten Ordensburgen die Aura staufischer Kastelle mit dem rustikalen Pathos der (1936 restaurierten) Nürnberger Burg verbanden oder German Bestelmeyers Festsaal im Deutschen Museum München (1934).

Die Fassade des Festspielhauses geriet im Lauf der verschiedenen Umbauphasen mehr und mehr zu einem chronologisch geordneten Musterbuch festlich-strenger Schau-Architektur von Klassik bis konservativer Sachlichkeit. Die Nüchternheit der vorhandenen Fronten nutzend, bildete der Einbau einer zeremoniös-plumpen Portalgruppe den Grundstein zur von Holzmeister vollendeten Grob-Klassik. Ein lastender, weit vor die Wand tretender Türsturz, darüber ein glatt belassenes Wandfeld mit einer halbkreisförmig eingeschnittenen Öffnung, worin eine Büste stilisiert-antikisierende Theatermasken präsentierte, schmiedeeiserne, mittelalterlichen Fackelhaltern nachempfundene Leuchter, vergitterte Fenster und gequaderte hohe Sockel verliehen samt einer das Erdgeschoß überziehenden Rustika dem Ganzen den Ausdruck einer drohend-feierlichen Theaterfestung. Der Sprung von dieser Fassade zu Peter Speths berühmten, 1809 errichteten Würzburger Frauenzuchthaus ist ebenso kurz wie zu den einschüchternden Fronten einiger Kreis'scher Ehrenmale oder der grobschlächtigen Klassik, mit welcher German Bestelmeyer in München das „Haus der Deutschen Ärzteschaft" oder das Luftgaukommando ausstattete.

Abb. 72: Peter Speeth, Frauenzuchthaus in Würzburg, erbaut 1809

„Szenischen Sensualismus"[27] attestiert ein neueres Lexikon der Baukunst Clemens Holzmeister. Ein Glanzstück dieses hier als Talent für einprägsame Architektur-Inszenierung interpretierbaren Einfühlungsvermögens lieferte Holzmeister in dem von ihm entworfenen gänzlich neuen Abschnitt der Salzburger Fassade. Die wichtigsten Gestaltungselemente bildeten ein in den Straßenraum vorspringender Laubengang aus natursteingemauerten Vierkantpfeilern, bekrönt von einem Balkon, zu dem Rundbogenfenster führten. Symbolhaften Ausdruck schenkte dem Ganzen die Dekoration mit lanzenartigen Stäben (Regenrohren), welche, die gesamte Fassade überziehend, in pechnasenähnlichen Ausbuchtungen endeten. Alternierend mit lukenhaft eingetieften Fenstern, vor denen gitterbewehrte Austritte angebracht waren

Abb. 73: German Bestelmeyer, Luftgaukommando München, heute Bayerisches Finanzministerium, 1935-36

– alles als seien langobardische Festungen wiedergekehrt –, verband sich dieses Ensemble zur Bildarchitektur eines Gegenwart und Vergangenheit verschmelzenden, fortifikatorischen Kunsttempels.

Ähnlich der Innenhof des Festspielhauses: Eduard Hütter hatte, in Fortsetzung der benachbarten Felsenreitschule, die bei den anschließenden Festhausflügel als Gemisch aus Burgaltan und Wehrgang gestaltet. Holzmeister, der die zuvor offenen Galerien zugunsten eines geschlossenen Foyers vermauern ließ, steigerte mit rechteckig gerahmten, langen Fensterbahnen und einer von Kreissegmenten durchbrochenen Attika die Hoffront zur Würde einer an die Seitenschiffe klassizistischer Kirchen erinnernden Grenzwand. „Holzmeisters gefesselte Architektur", so schreibt der Reinhardt-Forscher Heinrich Huesmann treffend, „schafft statt neuer Räume Raumstimmung"[28].

1937, als während eines dritten Umbaus Holzmeister dem Festspielhaus-Inneren die Langeweile konventioneller Theater zurückgab, war Max Reinhardt emigriert. Im Dritten Reich entstanden mittlerweile Plagiate seiner Theaterbaukunst, die an Stelle des von Reinhardt verfochtenen Humanismus den Triumph der Diktatur in Szene setzten. Zu ihren Vorläufern aber verhielten diese Bauten sich wie etwa der einhundertfünfzigste Abzug eines Holzschnitts zu den ersten sieben Blättern. An die Stelle der bei Reinhardt geübten präzisen Linienführung, der ausgewogenen Proportionen trat der verschwommene Grob-Umriss, welchem, wie auf dem Papier eine nachträglich zeichnende Feder, Hartkantigkeit und stereotype Raster zur großzügigen Linienführung der Vorbilder verhelfen sollten. Rohbauten, verglichen mit Reinhardts Theatern, die Dürftigkeit kaschiert von Travertin und Quaderwerk, von poliertem Marmor, Mosaiken, kostbaren Hölzern und Fresken. Baukunst im Dritten Reich bot den Schematismus des zuvor Entwickelten; die Aura der Theaterbauten half, sie trotzdem als packende architektonische Szenerien zu erleben.

„Und eigentlich müsste man noch eine dritte Bühne haben, lachen Sie nicht, ich meine es in vollem Ernst, und ich sehe sie schon vor mir, eine ganz große Bühne für eine große Kunst monumentaler Wirkungen, ein Festspielhaus, vom Alltag losgelöst, ein Haus des Lichts und der Weihe … und das Publikum selbst, Volk geworden, mit hineingezogen, selbst ein Teil der Handlung, des Stückes. Mir war der Rahmen, der Bühne und Welt trennt, nie etwas Wesentliches, meine Phantasie hat sich seiner Despotie nur ungern gefügt … und alles, was diesen Rahmen sprengt, die Wirkung erweitert und steigert, den Kontakt mit dem Publikum verstärkt, ob nach der intimen oder der monumentalen Seite hin, wird mir immer willkommen sein. Wie mir alles willkommen sein wird, was die ungeahnten Möglichkeiten des Theaters zu vermehren geeignet ist."[29] So hatte Max Reinhardt seine Vorstellungen vom Verhältnis zwischen Theater und Welt einmal ausgedrückt. 1919 ging er mit dem von Hans Poelzig entworfenen Umbau des ehemaligen Zirkus Schuhmann zum Theater der Fünftausend daran, diese Vision zu verwirklichen. Das Große Schauspielhaus, von Poelzig zu einem überkuppelten Einheitsraum nach Muster antiker Theater gestaltet, wurde mit seinen stalaktitenhaft gebildeten Gängen und Foyers, den bis an die vorderen Sitze herangezogenen Bühnenpodien tatsächlich zu einem Massentheater, worin die Grenzen zwischen Illusion und Wirklichkeit, zwischen Schauspieler und Zuschauer aufgehoben waren. Ein „drohendes, revolutionäres Gebilde"[30] nannte Karl

Scheffler den Bau: „Auch die Architektur spielt hier Theater." In diesem „Abbild des Kosmos"[31], wo „der Menge der Atem (stockte), wenn sie sich selbst im Abbild gegen das Podium brausen sah"[32], fand Piscator ein Vorbild für sein dem Proletariat zugedachtes, von Walter Gropius entworfenes Totaltheater (dessen Realisierung scheiterte). Die Faschisten bemächtigten sich nach 1933 des Baues. In Theater des Volkes um benannt, wurde Reinhardts Theater 1936/37 im Inneren verstümmelt: Die Kuppel wurde abgeschlagen, alle an expressionistischen Überschwang erinnernden Formen zerstört. Lediglich die Wandelgänge und das Foyer blieben nach dem von Paul Baumgarten geleiteten „Umbau" erhalten.

Ein travestiertes Weiterleben aber führte Reinhardts Schauspielhaus in den mit kosmologischer Symbolik auftrumpfenden Lichtdomen ebenso wie in dem Poelzigs Expressionismus zu klassischer Räson zwingenden, überkuppelten Rund der Berliner Großen Halle.

Während Reinhardt aber in allen seinen Versuchen letztlich dem offenkundigen Theater verhaftet blieb, betrieben Architekten und Bauherren im Dritten Reich das Gegenteil. Ihre Aufmarschplätze, Gauforen, Volkshallen und Parteibauten samt der damit verbundenen Massenspiele schufen nicht mehr das Abbild der Welt im Theater, sondern machten umgekehrt die Welt zur magischen Inszenierung, wandelten Reinhardts Spiele in blutigen Ernst.

Abb. 74: Hans Poelzig, Großes Schauspielhaus Berlin, Zuschauerraum, 1919

Theater total

DIE THINGSTÄTTEN IM DRITTEN REICH

„Die Sehnsucht geht nach einem die historischen Vorgänge zur mythischen, allgemeingültigen, eindeutigen Überwirklichkeit steigernden Drama." (Rainer Schlössel, 1935)

„Wenn die Menge ... eine Reform sanktionieren soll, muss eine Steigerung, eine Raffinierung dargeboten werden. Auch dann noch, wenn das heimliche Ziel dieser Reform Vereinfachung ist."[33] Diese Zeilen stammen weder, wie nach dem vorliegenden thematischen Zusammenhang zu vermuten wäre, aus einer von Hitler oder seinen Paladinen verfassten Erläuterung über den Umgang mit der Masse, noch aus einem der nach 1933 häufigen Architekturtraktate über die „Klarheit" oder „würdevolle Einfachheit" der deutschen Baukunst. Karl Scheffler fasste 1907 mit ihnen seine Vorstellungen über ein massenwirksames Theater zusammen. Eine Verwechslung wäre dennoch nicht unbegründet: Die Erfahrungen der Jahrhundertwende mit den Wirkungsweisen von Massenspielen, welche Karl Scheffler zu seinen Vorschlägen verarbeitete, wurden unter den gleichen Vorzeichen im Dritten Reich wiederaufgegriffen. Im Vordergrund der ab 1934 in Gang gesetzten Massenspiele aber stand nicht mehr die behutsame Reform oder disziplinierte Harmonie der Gesellschaft, sondern deren Militarisierung. Die sogenannten Thingspiele, ab 1934 als Erneuerungsversuch des deutschen Theaters ausgegeben, sollten mit Hilfe der erprobten Massenspielformen die Deutschen in „Bataillone der Zucht, der Ordnung und des Gehorsams"[34] umformen.

Max Reinhardt, der als Bauherr Theater errichten ließ, deren suggestive Qualitäten die Baukunst im Dritten Reich mißbrauchte, hatte Schefflers Ideen Taten folgen lassen. Zum Vorreiter von Massentheater und damit zum ahnungslosen Vorarbeiter der Inszenierungstechniken faschistischer Massenspiele wurde er durch seine berühmten Freilichtinszenierungen. Raffinierte Vereinfachung war der Grundzug seiner in Wien, Venedig und Salzburg veranstalteten Aufführungen unter freiem Himmel. Über Reinhardts Fähigkeit, Szenisches in jeder Art von Architekturen erkennen zu können, schrieb Heinz Herald: „So wie er auf der Bühne die Welt einzufangen suchte, so erlag er der Versuchung, die Welt selber zur Schaubühne zu machen ... Architektonisch geschlossene Stadtplätze, Schlossfassaden, Kirchenhallen, ... überall (sah er) Möglichkeiten für Vorstellungen."[35]

Sein Meisterstück einer zur Schaubühne gewandelten Welt lieferte Max Reinhardt in dem bis heute erfolgreichen Freilichtspiel vom Jedermann, welches ab 1920 alljährlich den Salzburger Domplatz zur mythisch-suggestiven Kulisse wandelte. Der Abglanz jenes mit Glockengeläut, Allegorien und dem sorgsam düster inszenierten Todesruf mittelalterlich-sakral aufbereiteten Mysterienspiels ist leicht in den eingangs beschriebenen Staats-Schauspielen am Münchener Königsplatz oder auf dem Nürnberger Zeppelinfeld wiederzuerkennen. Oberammergau mit seinem Passionsspielzyklus steuerte unfreiwillig weitere Anregungen bei.[36] Die Zoppoter Waldoper – das „Bayreuth des Ostens" genannt – lieferte seit 1909 Beispiele, wie Freilichtspiel und Zeremoniell, Weihestimmung und Massenpublikum einander zu ergänzen und steigern vermochten.

Die raffinierte Einfachheit Reinhardts, verbunden mit der von Laien für Laien ergreifend aufbereiteten kultischen Atmosphäre Oberammergaus und Zoppots, so in etwa lässt sich der angestrebte Idealzustand von Thingspielen beschreiben. Revolutionären Elan sollten auch auf diesem Gebiet Übernahmen aus linken Massenveranstaltungen gewährleisten. Die (heute vergessenen) sozialdemokratischen Weihespiele und kommunistischen Sprechchorwerke, während der zwanziger Jahre ein wichtiges und erfolgreiches Selbstdarstellungsmittel „der Masse", traten in den ersten, mit Begeisterung aufgenommenen Thingspielen ihre faszinierende Wirkung an den faschistischen Staatskult ab.[37] Sämtliche Vorbilder ignorierend, erklärte der Reichsdramaturg Rainer Schlösser die künftigen Thingspiele 1935 zur genuin nationalsozialistischen Errungenschaft. Das Thingspiel, nach Schlösser die höchste Entwicklungsstufe eines Nationalbewusstsein-schaffenden, zukünftigen deutschen Volkstheaters, wurde von ihm offen in den Zusammenhang von Theater und Staatskult gestellt: „Im Zusammenhang mit der Volkwerdung der Deutschen beginnt sich neben das traditionelle Theater ein *Neues* zu stellen: Das nationale Festspiel im Freien oder auch in einer der riesigen Hallen, wie sie sich heute fast in jeder Großstadt befinden ... Voraussetzung war die Erziehung des deutschen Menschen zur Massenversammlung ... Die Gemeinschaftsidee ... ist der heilige Grund ..."[38] Die hochgespannten Erwartungen erfüllten sich nicht. Was Schlösser unter den Stichworten Oratorium, Pantomime, Aufzug und Tanz als Mischung von Allegorie, lebenden Bildern, Aufmärschen, Fahnenweihen und Predigten erträumt hatte, endete in verunglückten, unfreiwillig lächerlichen Laienspielen. Nicht die Massen infizierendes Heilsgeschehen, sondern aufgeblasene Schmiere bot die Mehrzahl der literarischen Vorlagen. Zudem fehlte den Thingplätzen eine für den Erfolg faschistischer Architektur entscheidende Voraussetzung: Sie lagen einerseits nicht im Zentrum der Städte, andrerseits mangelte ihnen die zentrale Bestimmung, die beispielsweise das Reichsparteitagsgelände trotz Randlage zum eigentlichen Zentrum Nürnbergs machte. 1937, nach wenigen Anfangs- und zahlreichen Mißerfolgen, versandete die Thingspielbewegung.

Bestes gaben die Thingspiele mit den Architekturen der Freilichtbühnen. 400 Thingstätten waren geplant; etwa 20 wurden errichtet. Die hierbei entwickelten Bauformen stellen einen Höhepunkt der Baukunst im Faschismus dar. Neben den Thingtheatern am Annaberg in Schlesien und in Heidelberg ist es die von Werner March auf dem Berliner Olympiagelände 1935/36 gebaute Dietrich Eckhardt-Bühne (noch heute als „Waldbühne" außerordentlich populär), die über den unmittelbaren Anlass hinaus zum Musterstück der neuen Baukunst wurde.

Abb. 75: Reichsarbeitsdienst auf der Feierstätte auf der Loreley im Oktober 1938

Alles, was die Staatsbaukunst kennzeichnet, ist in der Dietrich Eckhardt-Bühne glänzend vertreten. Direkte Vorbilder lieferte das antike Freitheater mit seiner amphitheatralischen Form. Die annähernd halbrunden Bühnenbauten vollendeten den Bau zum symbolischen Abbild kreisförmigen germanischen Richtplätze, der Thingstätten. Somit war schon in der Grundgestalt die bewährte Kombination von Klassik und Völkisch-Germanischem (Thingplatz) erreicht, das Thingtheater auch architektonisch in den Zusammenhang der angeblich ewiggültigen Bau- und Menschheitsgesetze gestellt. Für den obligaten Hauch von Neuartigkeit sorgte die offenkundige Verwandtschaft mit den Volksstadien der zwanziger Jahre bis hin zum Sportpalast in Berlin, von den Festhallen bis zu Poelzigs Berliner Großem Schauspielhaus. Das Zentrum der Anlage, in welchem die Architektur zum Schaubild des Dritten Reiches gesteigert wird, bilden die Bühnenbauten. Die reichgegliederten Formen der antiken Vorbilder ersetzend, hatte March hier schlicht-massige Kuben zu einer beeindruckenden Szenerie zusammengestellt: Beiderseits der Hauptbühne

Abb. 76/77: Werner March, Waldbühne Berlin [Dietrich-Eckhardt-Bühne], oben 1939, unten 2007

erheben sich schanzenförmig aus dem absteigenden Gelände heraustretende Blöcke, deren einzige Öffnung je ein auf die Bühne gerichtetes, gedrungenes Portal darstellt; Mischwesen beide zwischen Mastaba, Denkmalsockel und Bunker. Geschwungene Freitreppen vermitteln von hier zu dem die Bühne beherrschenden, tempelartigen Gebäude. Auch dort ist lediglich ein untersetztes, längsrechteckiges Portal in die ansonsten vollkommen geschlossene Wand eingelassen. In diesem wiederum endet – ein Grundgesetz der neuen deutschen Baukunst – die das gesamte Rund durchlaufende Mittelachse. Beginnend an der exakt gegenüber plazierten Führerloge – präziser: genau an der mit einem Hoheitszeichen besetzten Mitte der Logenbrüstung – erstreckt sich diese Achse von einem darunter gelegenen Zuschauergang über den mittleren Durchmesser der Arena zu den Freitreppen einer Vorbühne, um von dort über eine zweifache gestufte Treppenanlage und einen in der Mitte aufragenden altarähnlichen Sockel im beschriebenen Mittelbau zu enden. Steile Freitreppen beiderseits des Hauptgebäudes vollenden im Hintergrund die symmetrische Architekturkulisse.

Ein Blick auf die Bühnenpodeste, welche Reinhardt vor dem Salzburger Dom installieren ließ, zeigt, dass Marchs Architektur deren Grundmuster wiederholt. Dem unmißverständlich Provisorischen der Salzburger Podien und Treppen aber setzen die steinernen Spielflächen den Dauerzustand entgegen. Die barocke Feierlichkeit des Salzburger Doms ist in Berlin durch das Tempelpathos der Bühnenblöcke ersetzt. Ihr von jeglichem Dekor freigehaltenes Äußeres, Archaik und Moderne gleichermaßen vertretend, sorgt, ohne die in Salzburg bewährte sakrale Atmosphäre aufzugeben, für den Eindruck zeitlos gültiger Würde. Zum Schauplatz archaischer Opferriten ebenso geeignet wie als Rahmenarchitektur für Ansprachen, Aufmärsche und Fahnenweihen, erweist sich Marchs Ensemble nicht nur als gelungene Bühne eines Thingplatzes: Betrachtet man vor dem Hintergrund ihrer Kulisse und Bau verschmelzenden Gestalt die Staatsarchitekturen, entpuppt sich die Bühne mit ihrer nackten Block-Geometrie als deren zu äußerster Konsequenz getriebenes, idealtypisches Modell. Umgekehrt geben die inszenatorischen Bauensembles, Aufmarschplätze und Treppenanlagen der Staatsbaukunst in

Abb. 78: Volksbund Deutsche Kriegsgräberfürsorge, Freikorps-Ehrenmal und Feierstätte in Annaberg/Oberschlesien

Abb. 79: Castel del Monte, 2007

den steinernen Kulissen ihren theatralischen Ursprung zu erkennen. Beide, Staats-und Bühnenarchitektur, verwirklichen gleichermaßen, was Rainer Schlösser vom „Volkstheater" erhofft hatte: die Botschaft ihrer Bauformen zementiert die Realität zu Theater, schafft „jene unsagbar geheimnisvolle, magisch-bezwingende unwirkliche Welt, ... welche in Wahrheit wirklicher ist als die bloße materialistische Realität"[39].

Wirklichkeit als inszenierter Mythos, das Grundmuster faschistischer Ideologie und der ihr verpflichteten Baukunst, wird wohl an kaum einer anderen Stelle so deutlich wie an den Thingtheatern. Die Thingstätte unterhalb des Freikorps-Ehrenmals von Annaberg bietet dafür ein eindrückliches Beispiel. Wie das – Castel del Monte und Tannenberg-Ehrenmal abgeschaute – Bauwerk den Aufführungen des Thingtheaters das Gütesiegel (angeblicher) heldischer Realität bot, so erhöhten umgekehrt die davor abrollenden Inszenierungen die kultisch-überwirkliche Ausstrahlung des Ehrenmals. Es liegt in der Logik einer solchen, Wirklichkeit und Überwirklichkeit mischenden Formensprache, dass beispielsweise eine Skizze (Felix Emmel) für ein künftiges Deutsches Schauspielhaus nicht mehr von anderen Staatsbauten zu unterscheiden ist. Emmels Bauwerk, ebenfalls eine Variante von Castel del Monte beziehungsweise Tannenberg-Mal, könnte neben seiner Funktion als Theater widerspruchslos Geltung als Ehrenmal, als Ordensburg oder Kongresshalle beanspruchen.

Hubert Schrade brachte 1937 in seinem Buch über die Bauten des Dritten Reiches die Affinität der Staatsbaukunst zur Theaterarchitektur auf den Begriff. Die Brücke von Gillys Visionen eines Nationaltheaters zur theatralischen zeitgenössischen Architektur schlagend, erklärte Schrade die geplante Nürnberger Kongresshalle zum architektonischen Ausweis eines Dritten Reiches, in welchem Theater und Politik eins geworden waren: „Was das dichterische Wort allein nicht vermochte, hat nun das politische Wort vermocht:. Es ist auch ein Zeugnis seiner Macht und seines tatgleichen volkhaften Wirkungswillens, dass und wie jene Form des (Gilly'schen) Theaterbaus in der Kongresshalle aufgenommen und fortgebildet ist."[40]

Der zweite baulich-symbolische Mittelpunkt des Dritten Reiches hätte die sogenannte Große Halle in Berlin werden sollen. „Im Grunde handelte es sich ... um einen Kultraum, der im Lauf der Jahrhunderte durch Tradition und Ehrwürdigkeit eine ähnliche Bedeutung gewinnen sollte wie St. Peter in Rom für die katholische Christenheit"[41], erklärt ihr Architekt Albert Speer in seinen Erinnerungen. Die Entwürfe und Modelle aus den Jahren 1938/39 bestätigen nicht nur Speers Ausführungen, sondern präzisieren und korrigieren die Erläuterungen über den Einsatz von Tradition und Ehrwürdigkeit. Dem bei Speer angesprochenen, bekannten Denken der Machthaber in Jahrhunderten nämlich stellt die Architektur den Anspruch an die unmittelbare Gegenwart zur Seite. Die Große Halle rechnet nicht nur mit zukünftiger Ehrfurcht, sondern vermittelt – wie die meisten Staatsbauten im Dritten Reich – durch ihre Formensprache dem Zeitgenossen den Eindruck, als sei von je geschichtlich Bedeutsames in ihr vollzogen worden, als sei sie zu allen Zeiten Schauplatz

Abb. 80: Felix Emmel, Entwurfsskizze für ein Deutsches Schauspielhaus, 1936

Abb. 81: Albert Speer, Große Halle in Berlin, Modell, um 1939

und Mittelpunkt eines riesigen Imperiums gewesen: Gleich zwei allgemein bekannte römische Großbauten, denen im allgemeinen Bewusstsein längst der Rang menschheitsgeschichtlich bedeutsamer Monumente zugewachsen war, sind im Entwurf der Großen Halle verwertet. St. Peter, dessen ohnehin übersteigerte Formen in Speers Bau zu aberwitzigen Dimensionen hätten anwachsen sollen, sowie das römisch-antike Pantheon bildeten Leitmotive des Innenraums. Beider populäre, historisch-bedeutungsschwangere Ausstrahlung hätte allen im Neubau des Dritten Reiches sich abspielenden Handlungen und den damit befassten Personen die Aura geschichtlicher Kontinuität und Würde verliehen; hätte architektonisch beschworen, was Hitler von sich behauptete: „Ich bin ein Marathonläufer der Geschichte, was ich tue ist Geschichte."[42]

Unverkennbar eigene Zutat der neuen Baukunst ist die dem Zentralraum der Großen Halle gewaltsam einen Fixpunkt verschaffende Rednertribühne. Eine architektonische Mixtur aus megalomanem Hochalter, Pergamon und der Führertribüne des Nürnberger Zeppelinfeldes, überführt sie die kultischen Anklänge der historischen Vorbilder unmißverständlich in die am Thingtheater offenkundig gewordenen, dramatisch-illusionistischen Sphären. Ihre den Thing-Bühnenbauten verwandte Architektur (die Bühne der Heidelberger Thingstätte gleicht bis ins Detail der Berliner Rednertribüne) wäre das Zentrum von Schauspielen geworden, die sich in den enthusiastischen Schilderungen Wilhelm Lotz' vom Nürnberger Reichsparteitag bereits als Hohemesse des Dritten Reiches lesen lassen. Geborgen unter dem steinernen Firmament der Riesenkuppel an Stelle der fluoreszierenden Nürnberger Scheinwerferkuppel, hätte sich erneuert, was Lotz als perfektes Zusammenspiel von Architektur und Mensch kennzeichnet: „Er (der Führerplatz) bildet immer den Mittelpunkt eines großen Bildes ... Hier wird besonders deutlich, wie die Architektur in ihren Formen und Ausmaßen mit dem Geschehen selbst zu einer gewaltigen Einheit zusammenschmilzt. Die Formationen der aufmarschierten Gliederungen, die Menschen auf ... den Tribünen geben den Maßstab ab für die Gestaltung des großen steinernen Rahmens, der die Veranstaltung unter freiem Himmel wie in einem großen Raum zusammenschließt."[43] Die Große Halle wäre, ohne die suggestiven architektonischen Versatzstücke der Veranstaltungen unter freiem Himmel aufzugeben, zur steinernen Ausgabe des fiktiven „großen Raumes" in Nürnberg oder den anderen Aufmarschplätzen geworden. Dass wiederum für sie (wie auch für die Nürnberger Kongresshalle) die eindeutig dem Theater verpflichteten Architekturen der Thingstätten das aufschlussreiche Bindeglied darstellen, erhellt der lapidar-sachliche Kommentar von Wasmuths Baulexikon. Unwissentlich das Theater der gesamten Staatsbauten charakterisierend, beschreibt darin der Architekt Werner March die Besonderheit der Freilichtbühnen als Baukunst, in welcher „die große Geste und vorwiegend Form und Inhalt des gesprochenen Wortes das Spiel bestimmen"[44]. Über die Einzelformen beziehungsweise den Bühnenbau heißt es: „Jeder Kulissenbau ... ist vermieden. Nur wenige, kräftige klotzartige Körper geben den Maßstab für die menschliche Darstellung und den Zusammenhalt."[45]

Abb. 82: Albert Speer, Große Halle in Berlin, Innenraum

Unter Dach und Fach gebracht, hätten die „klotzartigen Körper" der Nürnberger und Berliner Innenbauten den Erfolg nachholen sollen, welcher Thingtheatern versagt blieb, den aber die politischen Massenveranstaltungen unter freiem Himmel einheimsten. „Die Modelle", so stellt eine neuere Untersuchung über Albert Speers Neue Reichskanzlei zum Einsatz der zahlreichen Architekturmodelle im Dritten Reich fest, „sind nicht Nachbild oder Vorbild, sondern Ersatzbild."[46] Sämtliche Architekturen im Dritten Reich aber waren in gewisser Weise Ersatzbild. Sie verliehen dem faschistischen Weltbild greifbare Realität. Überzeugungskraft verlieh ihnen der im Thingstättenbau perfektionierte und in Dauerzustände überführte architektonische Illusionismus.

Anmerkungen

1 Ausführlich: Manfred Brauneck (Hg.): Theater im 20. Jahrhundert – Programmschriften, Stilperioden, Reformmodelle, Reinbek bei Hamburg 1982

2 Reinhold Hundrieser: Moderner Theaterbau, in: Die Bauwelt, Sonderheft 1911; vgl. Ernst Wachler: Das deutsche Theater der Zukunft; in: IDUNA-Taschenbuch auf 1903, Berlin 1903

3 „Das Bestreben für geistige Anregung und Erholung der untersten Schichten durch ... dramatische Vorstellungen zu sorgen, ging wie ein versöhnender Hauch durch die aufgeregten socialen Strömungen im Ausgang des 19. Jahrhunderts" schrieb z. B. das „Centralblatt der Bauverwaltung". (A. Sturmhoefel; Das Prinzregentheater in München; Centralblatt der Bauverwaltung, 93, Berlin 1901, S. 567)

4 Eine übersichtliche Zusammenfassung in: Harald Zielske: Deutsche Theaterbauten bis zum Zweiten Weltkrieg, Berlin 1971; hier auch weiterführende Literatur zu den Berliner und Stuttgarter Theaterbauten

5 Peter Behrens: Feste des Lebens und der Kunst, zit. nach: M. Brauneck a. a. 0., S. 46f

6 Karl Scheffler 1913, (Hg.), zit. nach: Richard Hamann, Jost Hermand: Stilkunst um 1900, München 1973, S. 415

7 H. Zielske, a. a. 0 ., S. 212

8 Fritz Hoeber: Peter Behrens, München 1913, S. 180

9 Hellmut Hentrich: Max Littmann, in: Die Kunst im Deutschen Reich/Die Baukunst, Nov. 1942, S. 206

10 W. N: Die neuen Königlichen Hoftheater in Stuttgart, in: Zentralblatt der Bauverwaltung, 90, Berlin 1912; S. 587

11 H . Zielske; a. a. 0., S. 224

12 Ise Gropius berichtet, dass die Proportionen in jena nach griechisch-antikem Vorbild berechnet seien. In: Katalog Walter Gropius. Buildings, Plans, Projects. 1906-1969, Connecticut 1974, S. 10ff.

13 Karl Moritz: Vom modernen Theaterbau, in: Flugblätter für künstlerische Kultur, 3, Neue Theaterkultur, Stuttgart 1906, S. 16

14 K. Moritz, a. a. 0., S. 16

15 Egon Eiermann: Das Theater in Dessau und die Baukunst heute, in: Bauwelt 1935; zit. nach: Anna Teut: Architektur im Dritten Reich 1933-1945, Berlin, Frankfurt am Main, Wien 1967, S. 242

16 Fidus 1897/98; zit. nach: R. Hamann, J. Hermand, a. a. 0., S. 355

17 Denkschrift über die Gründung eines Nationaltheaters zu Berlin, Berlin 1916; zit. nach: Heinrich Huesmann: Welttheater Reinhardt. Bauten, Spielstätten, Inszenierungen, München 1984, S. 29

18 Kurt Pinthus; Möglichkeit zukünftigen Nationaltheaters; in: Das Große Schauspielhaus. Zur Eröffnung des Hauses, hg. vom Deutschen Theater zu Berlin, Berlin 1920, S. 53

19 Max Reinhardt in einem Brief an Bertold Held 1901, zit. nach: Heinrich Huesmann: Welttheater Reinhardt. Bauten, Spielstätten, Inszenierungen, München 1984, S. 12

20 John Hertz 1902, in: Svenska Dagbladet; zit. nach: H. Huesmann, a. a. 0., S. 13

21 Edda Fuhrich, Gisela Prosnitz: Max Reinhardt. Ein Theater, das den Menschen wieder Freude gibt (Katalog), Salzburg, Wien 1983, o. S.

22 Die Wiener Theaterumbauten Reinhardts einzeln kommentiert bei H. Huesmann, a. a. o.

23 Berliner Börsen-Courier 1923, zit. nach: H. Huesmann, a. a. 0.,

24 Franz Stahl, in: Berliner Tageblatt 1906; zit. nach: H. Huesmann, a. a. 0., S. 18

25 Wie bedeutend für den deutschen Theaterbau Reinhardts Theater in der Schuhmannstraße waren, betonte Emil Högg 1912: „Wenn man bedenkt, dass diese festlich gestimmten stillen Räume vor sieben jahren geschaffen worden sind, dass sie also die ersten Theaterräume waren, die nach modernen künstlerischen Anschauungen frei vom Zwang der prunkvollen Überlieferung gebaut wurden, so erkennt man unschwer ihren weittragenden Einfluss auf so viele neuzeitliche Theaterbauten." E. Högg: William Müller und sein Werk, in: Der Baumeister 11/1912, S. 121ff.

26 Max Reinhardt, in: Search for a Living Theatre; zit. nach: H. Huesmann, a. a. 0., S. 47

27 Vittorio Magnano Lampugnani: Lexikon der Architektur des 20. Jahrhunderts, Stuttgart 1983, S. 129

28 H. Huesmann, a. a. 0., S. 49

29 Max Reinhardt: über das Theater, wie es mir vorschwebt, in: Arthur Kahane. Tagebuch eines Dramaturgen, Berlin 1926, S. 115-121

30 Karl Scheffler: Das Große Schauspielhaus (1920); zit. nach: Julius Posener (Hg.): Hans Poelzig – Gesammelte Schriften und Werke, Berlin 1970, S. 139

31 Wassili Luckhardt o. D.; zit. nach: Wolfgang Pehnt: Die Architektur des Expressionismus, Stuttgart 1981, S. 19

32 Wolfgang Carle, Hans Martes: Das hat Berlin schon mal gesehn. Eine Historie des Friedrichstadt-Palastes, Berlin 1982, S. 68

33 Karl Scheffler: Bühnenkunst, in: Kunst und Künstler, März 1907, S. 219

34 Rainer Schlösser: Das Volk und seine Bühne. Bemerkungen zum Aufbau des deutschen Theaters, Berlin 1935, S. 43

35 Heinz Herald: Max Reinhardt. Bildnis eines Theatermannes, Hamburg 1953, S. 63 H. Die Parallelen zwischen Thing und Salzburg werden kenntlich in Heinrich Huesmanns Charakteristik der Salzburger Festspiele. Als deren Grundzug beschreibt er: „Bajuwarisches Sinnentheater, Volkstheater aus der Tradition der Legenden, der Passionsspiele und Mysterien" (H. Huesmann, a. a. 0., S. 42)

36 Zu Zoppot siehe: G. L. Mosse: Die Nationalisierung der Massen, Berlin 1976, S. 135 sowie: Friedrich Albert Meyer: Die Zoppoter Waldoper, ein neuer Weg des Festspielgedankens, Berlin 1934. Thingspiele ausführlich bei: Hildegard Brenner: Die Kunstpolitik des Nationalsozialismus; Reinbek bei Hamburg 1963, S. 95 ff; vgl. Reinhold Lurz: Die Thing-Spielstätte in Heidelberg, Heidelberg 1975 (Diss.)

37 Näheres siehe: Henning Eichberg: Das nationalsozialistische Thingspiel. Massentheater in Faschismus und Arbeiterkultur, in: Ästhetik und Kommunikation; 26/1976 (Faschistische Öffentlichkeit); S. 60-69

38 R. Schlösser, a. a. 0., S. 40

39 R. Schlösser, a. a. 0., S. 18

40 Hubert Schrade: Bauten des Dritten Reiches, Leipzig 1937, S. 22

41 A. Speer: Erinnerungen, Frankfurt am Main, Berlin, Wien 1969, S. 167

42 Adolf Hitler in einer Wahlrede 1932; zit. nach: Paul Zech: Deutschland dein Tänzer ist der Tod (1933), Frankfurt am Main 1984, S. 8

43 Wilhelm Lotz: Das Reichsparteitagsgelände in Nürnberg, in: Die Kunst im Dritten Reich, 2/1938/9, S. 264ff

44 Werner March: Freilichtbühnen, in: Wasmuths Lexikon der Baukunst V, Berlin 1937, S. 216

45 W. March, a. a. 0., S. 216

46 Angela Schönberger: Die Neue Reichskanzlei von Albert Speer. Zum Zusammenhang von nationalsozialistischer Ideologie und Architektur, Berlin 1981, S. 58

LICHTSPIELHÄUSER

„Kein Rokokoschloss für Buster Keaton“

DIE STIMMUNGSARCHITEKTUR DER LICHTSPIELHÄUSER

„An die Stelle des Dekorateurs tritt hinfort und für immer der Architekt. Das Kino wird als freier Interpret der kühnsten Träume der Architektur dienen.“ (Luis Buñuel, 1927, zu Fritz Langs „Metropolis“)

Lichtspielhäuser als Staatsarchitekturen des Dritten Reiches zu bezeichnen, erscheint zunächst absurd. Der Blick auf den Berliner Ufa-Palast belehrt schon eines besseren. Zur Uraufführung des Reichsparteitagfilms „Triumph des Willens“ war die eigentliche, neoromanisch dröhnende Front (eine ursprüngliche Ausstellungshalle, 1912 von A. Biberfeld zum Kino umgebaut) unter festlichen Dekorationen verschwunden. Penibel in kurzen Abständen gehängte, sich zu einer Art von Wand vereinigende Hakenkreuzfahnen und ein riesiger, goldbronzierter Reichsadler mit Eichenkranz, der seine Flügel über dem Haupteingang spannte, übertrugen die okkulte Atmosphäre der Nürnberger Luitpoldhalle an den Kurfürstendamm. Die Ähnlichkeit kam nicht von ungefähr: Albert Speer selbst hatte das Staatskostüm des Ufa-Palastes entworfen.

„Zu den neuen Aufgaben, die Deutschland seinen Architekten heute stellt, gehört die vorübergehende festliche Gestaltung von Räumen für besondere Gelgenheiten“[1], erläuterte 1935 die Deutsche Bauzeitung in einer Bilderserie, worin der Ufa-Palast mit seinen Dekorationen als Beispiel erster Güte bezeichnet wurde. Er blieb dies auch, als das Regime in den folgenden Jahren daranging, mit Neubauten die vorübergehenden festlichen Dekorationen in Dauerzustände zu überführen.

Die Wandlung des Ufa-Palasts vom neoromanischen Palast zum Würdebau des neuen Staats verlief etappenweise. Vorgaben lieferten ein Umbau aus dem Jahr 1925 (Architekt K. Stahl-Urach) und vor allem das 1931 neugebaute Hauptportal. Nach dem Muster seiner schwerfälligen Formen wurde zunächst die anschließende, langgezogene Fassade präpariert. Die Dreipässe der hier befindlichen Ausgänge samt darüberliegenden Arkadenfenstern, einem Zinnenkranz und einem turmartigen Anbau verschwanden unter Scheinwänden. An ihre Stelle traten untersetzte Rechtecktüren und eine öffnungslose Wandfläche, auf der nach Bedarf gewaltige Filmplakate angebracht wurden. Wehrhaft wirkende, klammerartige Gebilde – von fern an Schießscharten erinnernd – ersetzten, wirkungsvoll Vages an die Stelle des trockenen Historismus setzend, die vorherigen Zinnen.

Am vorläufigen Endpunkt angelangt war die Umgestaltung des Ufa-Palasts, als um 1937 (der genaue Zeitpunkt lässt sich nicht mehr feststellen) der

Abb. 83: Albert Speer, Fassadendekoration des Ufa-Palastes Berlin, 1935

breitgelagerte Giebel und die wuchtende Bossenwand des Hauptpavillons hinter einer aufragenden Schauwand verschwanden. Zwei mächtige, steile Pylonen mit voluminöser Quaderung reckten sich beiderseits des Eingangs, in ihrer Mitte ein in mehreren Rücksprüngen eingetieftes, weites Wandfeld. Allein Ufa-Neonschriften und Plakate an Stelle von Hoheitszeichen und der totale Verzicht auf Fenster unterschieden das Großkino von den einige Kilometer weiter die Wilhelmstraße säumenden Fassaden der Neuen Reichskanzlei. Ein 1937/38 geplanter Totalumbau kam nicht mehr zustande; die provisorischen Fassaden des Ufa-Palasts verbrannten in den ersten Bombennächten.

Die Ähnlichkeit zwischen Ufa-Palast und Staatsbau war weder Zufall, noch allein der Tatsache zu verdanken, dass in diesem Kino die staatswichtigen Filmpremieren abrollten. Die Lichtspielhäuser hatten den Jahrzehnten zwischen 1910 und 1933 zu Großbauten entwickelt, deren Formenrepertoire dem Bauen im Dritten Reich Vorgaben lieferte:

Lange Zeit zählte das Lichtspieltheater, wie Fabriken, Warenhäuser Ausstellungshallen, auf der Rangliste geachteter Baukunst zu den Außenseitern. Hierin – wie bei den übrigen genannten Bauten auch – bestand die Chance dieser Architektur: Frei von den Fesseln seriös-konventionellen Baugeschehens konnten im Kinobau architektonische Neuerungen auf ihre Wirkung hin getestet werden, konnten sich ungehemmt Gestaltungsweisen entfalten, die im sonstigen Baualltag von Anpassungszwängen behindert wurden. Der Freiraum war nicht unbegrenzt, im Filmgeschäft wurde hart kalkuliert. Sobald das Kino sich von seinem Entstehungsort, dem Jahrmarkt, zu lösen begann, trat neben den Zwang zu auffallender Wirkung der zu betonter Seriosität: Die Gestaltung sollte Kundschaft anlocken, beileibe nicht befremden. Wollten Lichtspielhäuser den für sie lebensnotwendigen Standort in Innenstädten behaupten, so mussten sie für alle Schichtender annehmbare architektonische Reize bieten, mussten sich nicht nur der Konkurrenz von Zirkus und Variete überlegen zeigen, sondern auch die eleganten Theater und luxuriösen Revuepaläste überflügeln oder zumindest ihnen Gleichwertiges anbieten. Die Gratwanderung zwischen Außenseitertum und Anpassung, zwischen spektakulärer Neuerung und betonter Tradition prädestinierte den Kinobau zum Umschlagplatz für Bauformen, deren Bedeutungsspektrum, um all diesen Ansprüchen gerecht zu werden, die alten Würdeformen auf neue, allgemeinverständliche Art darbot.

Archaik und Klassik, Tempel und Schloss, die Motive der bisher behandelten Bauten, bestimmten auch die Grundform der Lichtspielhäuser. Durchkreuzt von jeweils aktuellen Bauströmungen, blieben sie bis zum Übertritt in die Baukunst des Dritten Reiches der Nährboden für Kinoarchitektur.

Das direkte Vorbild, von dem die Lichtspielhäuser, trotz allen Pochens der Kinoarchitekten und Architekturkritiker auf Eigenständigkeit, sich nie vollkommen lösten, war das Theater. Was aber in dessen Gestaltung aus Rücksicht auf den offiziellen Status als Bildungsinstitution und die Ansprüche eines sich geschmackvoll dünkenden Publikums auch Neuerungsversuche zurückhaltend ausfallen ließ, wurde im Kino offen ausgelebt: das Lichtspieltheater geriet zum Höhepunkt von Stimmungsarchitektur, in welcher ungeniert die Bedürfnisse des Publikums aufgespürt und befriedigt wurden. Dass man dabei keineswegs plump vorging, bestätigt der erste ausschließlich Kinoarchitektur gewidmete Sammelband des Architekturkritikers Hans Schliepmann. Er erläuterte 1914: „Das Lichtspielhaus steht … unter dem Drang zur Sensation … muss das sein, was die Menge als todschick … als ‚streng modern' … ansieht. Das erklärt, warum wir auf diesem Gebiet den kühnsten Versuchen begegnen, Neues zu bilden … so geben auch minder die erlesenen Schöpfungen der Lichtspielhäuser … wie kaum andere Gebäudegattung ein lebendiges Bild des allgemeinen Kulturniveaus. Sie sind als Zeugen der Geschmacksentwicklung in unserer Zeit im Guten wie im Bösen geradezu unvergleichlich."[2]

Schliepmann bezog sich mit seinen Ausführungen noch größtenteils auf Kinos, die in den Gesamtzusammenhang von Geschäftshäusern gehörten. Der Schritt zur endgültigen Anerkennung war mit dem Bau eigenständiger Kinohäuser vollzogen. In der *Berliner Architekturwelt* wurde befürchtet, damit sei die „schöne Zeit" endgültig dahin, während der „die sehnsuchtsvolle, nach Abenteuern dürstende Seele des Volkes"[3] in glitzernden Jahrmarktsbuden und Ladenkinos Entspannung gefunden hatte. Mit dem Eintritt ins öffentliche Baugeschehen könne, so der mit „Leo Nachtlicht" unterzeichnende Autor, der zweifelhafte Aufstieg in die seriöse architektonische Langeweile verbunden sein: Seit der Eröffnung des Cinés sei nun zwar das Kino „salonfähig", aber vom Konventionellen bedroht: „In unserem Neuberliner Stil, der von dem größeren Teil der so üppig aufschießenden Messelschüler kultiviert wird, ist ja wieder endlich die Säule, die wir auch so lange schon vermißten … ans Tageslicht gezogen worde."[4]

Nachtlicht behielt zwar recht mit der Vermutung, dass das Kino gesellschaftsfähig geworden sei. Die Langeweile aber, obwohl der „Neuberliner Stil" in den Lichtspielhäusern einen Stammplatz fand, blieb aus.

Oskar Kaufmann, der angesehen Theaterarchitekt, entwarf das eben erwähnte Cinés am Berliner Nollendorfplatz, das erste freistehende Kino (1912). Sämtliche stilbildenden Merkmale des Kinobaus werden in ihm bereits souverän gehandhabt. Das Cinés liegt als allseits geschlossener Kubus inmitten seiner Umgebung; fensterlose Wandflächen, deren massiven Charakter rechteckig eingetiefte Wandfelder unterstreichen, bilden die Flanken- und Rückseite des Baukörpers. Die Fassade, als sei eine der Traumarchitekturen aus den Filmen, die hinter ihr gezeigt werden, in die Wirklichkeit getreten, offeriert schwermütige Tempelwürde. Den Eingang betont ein halbrunder Vorbau in Art eines halbierten Tholos. Feierlich schwer, in den abstrahierend kompakten Formen beinahe vierschrötig, lastet in einer Nische darüber eine Sitzfigur. Als „Mutter Erde" (Bildhauer Franz Metzner) fordert sie nicht nur kosmologische Ansprüche für das Kino ein, sondern umgibt den Bau vollends mit der Aura von Kult und Würde. Aktuellen Gestaltungsnormen verhaftet (Kaufmanns Volksbühne oder die Bauten der Darmstädter Mathildenhöhe), weist die Kombination von schmuckloser Wandfläche und raumgreifend-wuchtiger Plastik auch auf die nach 1933 ausgiebig betriebenen Praktiken der „Kunst am Bau" hin.

Komplettiert wird der feierlich-monumentale Gestus des Cinés von den Eingangsportalen. Kraftstrotzende, untersetzte Pfeiler rahmen die schachtartig tiefen Tore, flankiert von jeweils doppelten Wandvorlagen, zwischen denen dunkelverglaste Lichtstreifen laufen.

Die Innendekoration stand der plakativen Würde des Äußeren in keiner Weise nach. Hinter den Fassaden „von trefflichster und eigenartigster Wirkung, die trotz der verhältnismäßig kleinen Abmessungen ... das Werk geradezu ins *Monumentale* steigert(en)"[5], erwarteten den Besucher schlicht-elegante Räume, in denen zurückhaltende Jugendstil- und Rokokoformen den Grundton angaben. „Hier ist eine so prachtvolle Harmonie erzielt, hier

Abb. 84: Oskar Kaufmann, Lichtspielhaus Cinés in Berlin, Foto um 1912

Abb. 85: Hugo Pál, Marmorhaus Berlin, Entwurfsskizze 1913

hat ein so kultivierter Geschmack gewaltet, dass man sich freudig der *Raumstimmung* hingibt“[6], lobte überschwänglich ein Artikel der *Bauwelt*; dass der Sinn dieser raffinierten Schlichtheit darin bestünde, als „jene … immer am leichtesten zugänglich(e) … Einfachheit“ die Zuschauer selbst „zu Trägern der Stimmungs empor(zu)heb(en)“[7], bestätigte Leo Nachtlicht.

Die Botschaft des Cinés und seiner stimmungsgeladenen Formen wurde verstanden: einen „Tempel der Kinomuse“ nannte der Bauwelt-Artikel den Bau.

Berlin blieb im Kinobau tonangebend. Zwei kurz nach dem Cinés entstandenen Lichtspieltheater – das eine archaisch-altägyptisch, das andere klassisch-puristisch und beide am Kurfürstendamm gelegen – formten aus dem Grundstock der Stimmungsarchitektur programmatische Lösungen:

Hugo Páls Marmorhaus (1913) bot nach der Fertigstellung eine Fassade, deren herbe Geschlossenheit an die feierliche Wucht von Bismarck-Türmen und Ehrenmalen heranreichte. Während der Entwurf noch bestimmt ist von malerischen Kurven, glühenden Glasbändern und orientalisierend ampelförmigen Wandvorsprüngen, die der Stimmungskunst Böcklins oder Stucks verwandt sind, präsentierte das fertige Marmorhaus lastend-wuchtige Kuben.

Über Läden und einem unscheinbaren Eingangsportal breitet sich zweigeschossig die eigentliche Fassade des Kinos. Je zwei kantige korinthische Pfeiler rahmen langgezogene, dunkel verglaste Lichtstreifen. In der Mitte schafft ein mit großformatigen Werksteinplatten verkleidetes Wandfeld den Hintergrund für einen bastionsartigen Erker, dessen suggestiv-feierliche, düstere Form (eine „verweltlichte Apsis"[8] erkennt Schliepmann in ihm) die prosaische Funktion als Werbeträger vergessen macht. Eine von weit vorkragenden Rechtecksimsen ausgesonderte Attika begrenzt den Hauptteil der Fassade, die mit einer in die Obergeschosse übergreifenden Kleinarchitektur ihren eigentlichen Höhepunkt findet. Die vordergründige Aufgabe, das schmückende Umrahmen einer Fenstergruppe, wird dabei Anlass für ein stimmungsgeladenes architektonisches Bild, welches das Marmorhaus mit dem Paradoxon einer in Kleinformate übertragenen Monumentalfassade krönt: Schwergewichtige Eckpfeiler und zwei stumpf-runde Halbsäulen vereinigen sich zu einem Motiv, dessen Gesamteindruck die Erinnerung an altägyptische Totentempel wachruft. Unter seinem Eindruck gerät auch das darüberliegende, als Reklameträger gedachte Wandfeld zum monströsen Oberbau, der, nach Art von monolithischen Türstürzen und Giebeln archaisch-homerischer Herrscherpaläste, die ihn tragenden Teile bis an die Grenze der Belastbarkeit zu treiben scheint. Eine Bildarchitektur, die, ins Große übertragen, imstande wäre, dem „Heldischen" trojanischer oder germanischer Schicksale beredten Ausdruck zu geben.

Abb. 86: Günther Nentwich & Wilhelm Simon, Union-Palast Berlin, 1912/13; Umbau zum Apple Flagship Store 2012

„Er hat die Psyche des Kinos begriffen: Das Grelle, Effekthaschige ... Was Pál leistete, war eine Art von Illusionsarchitektur"[9], kommentierte anerkennend die Zeitschrift *Deutsche Kunst und Dekoration*. Dem auf strenge Scheidung zwischen kulturell anspruchsvoller und sensationell ausstaffierter Architektur bedachten Blick der Interpretatoren jedoch entging, dass Páls Illusionsarchitektur sich auf einfühlsame Weise die Stimmungskunst der zeitgenössischen Museen, Theater oder Ehrenmale angeeignet hatte.

Mit dem Union-Palast (1914) der Architekten Nentwich und Simon zeigte das Lichtspielhaus sich der geschätzten gravitätisch-puristischen Klassik von Bauten wie Ludwig Hoffmanns Berliner Stadthaus oder Max Littmanns Stuttgarter Kleinem Haus gewachsen. Die beinahe einschüchternd seriöse Front bot keinerlei Anhaltspunkte „effekthaschender-Kinokunst": Wie bei den genannten Vorbildern treten am Union-Palast gliedernde Einzelteile hinter dem kubischen Gesamteindruck zurück. Drei streng auf die Mittelachse bezogene Rundbogenportale sowie zwei längsrechteckige Seiteneingänge sorgen für demonstrative Symmetrie. Ein Mäanderfries, der die Erdgeschoßzone abschließt, wirkt nicht etwa auflockernd, sondern stützt mit seinen übergroßen, regelmäßigen Schraffuren die nüchtern-überwältigende Ausstrahlung massiver Wandflächen. Selbst die Kolossalordnung ionischer Säulen, sich in ein riesiges Wandfeld gleichsam diskret zurückziehend, respektiert die Übermacht der planen Fläche und des breitgelagerten, ungeschmückten Tympanons.

Ehe mit den Tempelbauten des von Alfred Messel entworfenen Pergamon-Museums während der zwanziger Jahre der (vorläufig) letzte Gipfel neoklassischer Gigantik erreicht war, hatte mit dem Union-Palast deren ernste Zucht einen der belebtesten Teile der Stadtlandschaft erobert. Dem Mausoleumscharakter der Messel-Tempel gegenüber bot jedoch der Union-Palast eine eher menschlich belebte Variante. Als vielbesuchtes Lichtspieltheater und mit dem ständig überfüllten „Cafe des Westens" im Erdgeschoß bot das Lichtspielhaus ein ausgeglichenes Verhältnis zwischen Illusionsarchitektur und „Neuberliner" Akademismus, zwischen Herrschaftskult und Schauvergnügen.

Die Innenräume beider Kinopaläste verfeinerten die Dekorationskünste des Cinés. Im Marmorhaus, einer „orgiastische(n) Kulststätte"[10], experimentierte Pál mit der Stimmung expressionistisch-orientalischer Formen. Sensationell wirkte der gezielte Einsatz künstlicher Lichtquellen. Im Union-Palast lag die die Betonung auf seriöser Eleganz nach höfischem Muster. Mit der Klassik von Max Reinhardts Theaterräumen vertraute Besucher fanden hier denselben sachlich-opulenten Aufwand an Stuck, Marmor und Kristall; das Foyer, eine disziplinierte Abwandlung der Versailler Spiegelgalerie mit kostbarem Parkett, Lüstern, Portieren und Bechstein-Flügel, erreichte die Noblesse des Deutschen Theaters. In Kassenhalle und Treppenhaus kündigte sich mit exakt-schnörkellosen Leisten und Simsen, mit untersetzt-mächtigen Pfeilern und demonstrativ kahlen Wandflächen die später übliche Strenge an.

Bereits 1914 wurde die immense gesellschaftliche Bedeutung des Kinos erkannt. Die Soziologin Emilie Altenloh erklärte lapidar, derzeit seien „derartig verwaschene Begriffe wie Oper- und Kinodrama vielleicht die einzigen möglichen Mittelpunkte, um die sich die Massen scharen"[11] würden.

In der „Deutschen Bauhütte“ wiederum wurde der Zusammenhang zwischen der Funktion des Kinos als Zentrum der Massen und der Lichtspielarchitektur gesehen: „Die Kinoindustrie ist ... mit Hilfe von besonders vornehmen Theatern (imstande), die Besucherzahl in großen Mengen heranzuziehen.“[12] Das Prinzip schließlich, womit gleichzeitige Theaterbauten so anziehend zu wirken vermochten, prägte auch die Kinos: Aus der Not eine Tugend machend, boten die meist mit Ladeneinbauten versehenen, von Cafés und Restaurants umgebenen und zwischen Geschäfts- und Warenhäusern eingezwängten Lichtspieltheater bauliche Kompromisse zwischen Monumentalität und Intimität. Vom Lichtspielhaus Wittelsbach (Architekt G. Pinette, 1913), einem der letzten vor Beginn des Ersten Weltkriegs gebauen Kinopaläste, dessen Gesamterscheinung trotz Jugendstil an die Archaik der übrigen Großbauten anknüpft, hieß es bezeichnenderweise: „Die Straßenfront mit einem antik-tempelartig gegiebelten Mittelbau ... wirkt bei äußerster Schlichtheit sehr eindrucksvoll und programmatisch ... Das Vestibül ist geräumig und ... *intim-imposant* angelegt“.[13]

Die zwanziger Jahre verhalfen der Kinoarchitektur zu ihrem endgültigen Durchbruch. Sie wurde nicht nur infolge der bedrückenden Situation „zum Hort der geplagten Menschen“[14], wo Unruhen, Zusammenbruch und der Verlust des für viele rückblickend als Inbegriff von Glück und Zufriedenheit erscheinenden Kaiserreichs vergessen werden konnten. Als ausschlaggebend für die Hochblüte des deutschen Kinos und seiner Baukunst erwies sich die prekäre Lage der von Rohstoffen und Märkten isolierten deutschen Industrie: Das Filmgeschäft bot als Investitionsbereich achtbaren Ersatz; innerhalb kurzer Zeit avancierten Filmgesellschaften wie Ufa oder Tobis zu Riesenunternehmen, die nicht nur alljährlich unzählige Filme produzierten, sondern auch den Kinobau zu einem der wichtigsten Zweige des öffentlichen Baugeschehens machten. Lichtspielhäuser stellten, neben einigen wenigen Großbauten für Konzerne oder Behörden, zeitweilig die einzig repräsentativen Aufgaben im öffentlichen Baugeschehen. Während im Großteil der entstehenden Bauten jedoch mit dem Scheinsieg Neuen Bauens Stimmungskunst endgültig

Abb. 87: Friedrich Lipp, Atrium-Kino in Berlin, 1926, Foto vor 1931

MERCEDES-PALAST
VARIETÉ

verabschiedet schien, bewahrte das Kino sein Recht auf Illusionen. Inmitten der gesellschaftlichen und baulichen Tristesse setzten die Lichtspielhäuser Glanzlichter. Sie wurden, vor allem in den ersten Jahren nach Ende des Krieges, zu Bindegliedern zwischen dem bewährten, feierlich-beharrenden Formenschatz und dem Elan des Neuen Bauens. Verächtlich schilderte Siegfried Kracauer in seinem Essay über den Kult der Zerstreuung die Anziehungskraft der Illusionspaläste: „Die großen Lichtspielhäuser in Berlin sind Paläste der Zerstreuung ... Gepflegter Prunk der Oberfläche ist das Kennzeichen dieser Massentheater ... (hier) eröffnet die Architektur Stimmungs-Kanonaden auf die Besucher ... Die Gemeinde kann zufrieden sein, ihre Versammlungsorte sind ein würdiger Aufenthalt."[15] Der Widerwille schärfte Cracauers Blick für die Qualitäten: Präziser ließe sich kaum ausdrücken, worauf der Erfolg von Kinoarchitektur gründete, worin die eigentliche Bestimmung der Bauten lag. Im verächtlichen Wort vom gepflegten Oberflächenprunk verbirgt sich die Fähigkeit der Kinoarchitekten, architektonische Würdeformen zu popularisieren; im Spott, der die Besucher als Gemeinde höhnt, tritt die kultisch-suggestive Wirkkraft, die Funktion des Kinos als Gefühle stimulierende Stimmungsarchitektur zutage. Zugleich wird damit deutlich, worin die Affinität des Kinobaus zu den Baugewohnheiten im Faschismus liegt: ausstellendes Prunkten, vordergründige Gepflegtheit waren auch hier die Basis atmosphärischer Manipulation, Stimmungs-Kanonaden eröffneten, wie im Kino, die Bauten im Dritten Reich durch sorgfältig ausbalancierte bauliche Collagen aus Motiven der Geschichte und modernster Baukunst.

Eines der ersten nach dem Weltkrieg gebauten Großkinos wurde von Friedrich Lipp entworfen. Das Atrium (1919) bewegte sich noch ungebrochen im Umfeld des zuvor praktizierten, klassisch-asketischen Stils: Die konvex geschwungene Fassade wölbt eine von kolossalen Vierkantpfeilern beherrschte und mit einer ausnehmend hohen, dreifach gestaffelten Attika versehene Schaufront in den Straßenraum. Das niedrige Erdgeschoß besteht aus einer dichten Reihe von schachtartig eingeschnittenen Portalen, zwischen denen massive, gestaucht wirkende Rechteckpfeiler angeordnet sind. Die Mitte markiert eine Vorhalle, die in ihrer Massivität gleich einer auf Grundformen reduzierten Ehrenhalle dem Bau vorgelagert ist. Ein kantiges, mehrfach gestuftes, (über)breites Gesims trennt Untergeschoß und Hauptfront. Auf dieser wechseln mit ausladenden, scharf konturierten Deckplatten bekrönte Pfeiler mit rechteckigen Türöffnungen, welche auf einen umlaufenden Balkon führen. Jede ist mit breiten Steinbändern gerahmt, über dem Sturz springen jeweils mächtige Giebel vor. Neben den Türen bilden lukenartig-schmale Fenster knapp unterhalb des schier endlos gestuften Traufsimses die einzige Öffnung des mächtigen Wandrunds. Als Überbleibsel des Formenüberschwangs gründerzeitlicher Theater wie als Zugeständnis an das schaustellerische Metier wirken Agraffen (stilisierte Filmbänder?), die Pfeiler und Türstürze schmücken.

Die Ähnlichkeit der kargen Kolossalität des Atrium mit der nach 1933 üblichen (speziell der Bauten zum Beispiel am Berliner Runde Platz) ist verblüffend. Dass mit Lipps Bau ein allgemeines Bedürfnis nach klassisch zeitlosen Großformen beinahe perfekt befriedigt war, dass zugleich in ihm die spätere Bevorzugung eben dieser Architekturen sich vorbereitet, erhellt die Kritik des

Abb. 88: Fritz Wilms, Mercedes-Palast in Berlin, Utrechter Straße, 1927-28

Theater- und Lichtspielhaus-Experten Paul Zucker. Er scheidet 1931 – während ringsum das Streben nach Klassik erstarkt – säuberlich zwischen den zeitlosen und den überholten Momenten der Fassade. Als solle das Grundrezept für die Baukunst des folgenden Jahrzehnts geliefert werden, erläutert Zucker: „Leider wird die architektonische Gesamtwirkung der Fassade durch die kunstgewerbliche Art der plastischen Ornamentik zum Teil zerstört. Sie ist in ihrer pseudomodernistischen Auffassung allzu stark an die Jahre der Inflation gebunden und wirkt daher heute schon völlig überholt."[16]

1921 existierten 3.791 Kinos in Deutschland, 1939 5.059. 1927 beispielsweise hatten die Filmbesuche 337.342.000 erreicht. Die Kinobaukunst trug dem Rechnung. Stadtteilkinos nahmen an Bedeutung zu, die Kinopaläste der Vorkriegszeit wurden ständig erweitert. Die Ufa plante ein Musterkino, dessen idealtypische Architektur in allen deutschen Städten – gleich wie Mutterklöster ihren Filiationen die Bauformen weitergaben – dem Führungsanspruch der Filmgesellschaft architektonischen Nachdruck und Allgegenwart schaffen sollte. Deutschland galt mittlerweile als das Land, in dem Kinoarchitektur sich endgültig zur seriösen Baukunst aufgeschwungen hatte. Während in den USA und den europäischen Ländern die Bauphantasie sich in bizarren, exotischen Traumpalästen austobe, boten Kinobauten der Deutschen Republik soignierten Glanz. Neues Bauen auf dem Höhepunkt verband sich, entlastet vom selbstauferlegten Zwang zur Askese, mit der bereits bewährten Formenlust. Die ansonsten verpönte Illusion, das Kino-Recht auf Stimmungsarchitektur, stachelte die Architekten zu Entwürfen an, die, bis heute wenig beachtet, zum Besten des Bauens der zwanziger Jahre zählen.

Fritz Wilms, Spezialist für Lichtspielhäuser, entwarf für Berlin eine Reihe von Mercedes-Palästen. Seine Bauten, in Einzelheiten offen für modische Applikationen, steigerten die archaisch-orientalischen Tendenzen der Kinoarchitektur zu Gebäuden, deren zwischen dem Pathos archaischer Monumente und der Schlichtheit Neuen Bauens schwebende Gesamterscheinung unfreiwillige Vorwegnahmen der Staatsbauten bietet.

Der 1927/28 in Berlin-Neukölln errichtete Mercedes-Palast, ein freistehendes, streng symmetrisches Bauten-Ensemble, ist das eindrücklichste Beispiel für Wilms' altägyptisch-neusachliche Kinopaläste. Pavillons flankieren eine weite Vorhalle, die sich aus schlank-hohen Pfeilern, undekorierten Wandfeldern und tiefliegenden, rechteckigen Portalöffnungen zusammensetzt. Während die strenge Würde der Seitenbauten unter Reklameschildern und biermeierlich dekorierten Schaufenstern unkenntlich wird, bietet die Vorhalle mit ihren nackten Wandflächen, ägyptisierenden, schweren Gesimsen und auf Sockeln postierten Leuchtern ein überzeugendes, rudimentäres Abbild archaischer Kulthallen. Der Hauptbau, vollkommen fensterlos, mit Akroterähnlichen Gebilden und einem altägyptischen Sims-Kranz wirkt vollends wie eine schwerfällige, zyklopische Cella. Die Berliner Deutschlandhalle, die Dresdner Gauhalle oder die Paläste des Weimarer Adolf-Hitler-Platzes zum Beispiel setzten nach 1933 das Herrschaftspathos des Mercedes-Palasts für ihre Zwecke um.

An der Utrechter Straße stand seit 1926/27 ein Mercedes-Palast, der sich über die Fläche eines ganzen Wohnblocks ausdehnte. Eine hohe Schauwand grenzt die Rückseite ab, die Seitenfronten bieten außer endlosen Wandflächen lediglich eine gleichförmige Folge von Portalen, deren klobig-steinerne Rahmung, aneinandergereiht von einem vorspringenden, mit Steinplatten verkleideten Sockel, das dumpfe Stakkato der Türreihen Speers, Brinkmanns oder Ludwig Ruffs vorwegnimmt. Wie das staunenerregende Ergebnis eines Zeitsprungs erhebt sich an der straßenzugewandten Ecke des Mercedes-Palasts ein alt-ägyptischer Turmschaft. Das Untergeschoß – beinahe so hoch wie das eigentliche Kino – besteht aus einer offenen, wuchtig-hohen Pfeilerhalle. Darüber lastet, gleichwie ein zyklopischer Pharaonensarkophag, ein gewaltiger Baublock, dessen einzige Aufgabe scheinbar im Präsentieren von Werbeplakaten besteht. Ein filigranes Steingebilde, Mischung aus maurischen Stalaktitenbalustraden und espressionistischem Zierat, schließt über dem ägyptisierenden Kranzgesims das Ganze ab. Allein diese Zutat ist es, die den Mercedes-Palast als typische Kinoarchitektur kenntlich macht. Das suggestive Herrscherpathos des Übrigen wechselt, in Bauten wie Wilhelm Kreis' 1942 entworfenen Ehrenmal für die Panzerdivision in Afrika, vom Filmvergnügen zum Staatskult.

Die Entwurfzeichnungen Wilms' für weitere Kinos enthüllen in ihrem realitätsgebundenen Dramatisieren noch deutlicher Quellen der Theatralik von NS-Architekturen. So thront auf der Zeichnung für eine „Schauburg" über hohen Treppen ein Pfeilerportikus gleich den Fronten der Sportakademie oder des Wehrkreisgebäudes in Kassel; ein turmartiger Risalit mit ägyptisierendem Dekor überträgt Assyrien-Ägypten in das aktuelle Baugeschehen, wie wenige Jahre später Wilhelm Kreis' Entwurf für das Ehrenmal Bad Berka oder Hermann Gieslers pylonenartig aufragender Hauptbau für die sogenannte Hohe Schule der NSDAP am Chiemsee.

Abb. 89: Wilhelm Kreis, Entwurf für ein Ehrenmal in Bad Berka, 1931

„Es wurden zahlreiche Kinoneubauten errichtet, deren typisch puristische Architektur nicht nur durch Inflation und schlechte wirtschaftliche Lage bedingt war … Bezeichnend für die Kinohausarchitektur Deutschlands war der ‹sachlich-funktionale› Kinobau, der sich im Zusammenhang mit der aktuellen Architekturdiskussion um das Neue Bauen … herausbildete“[17], heißt es in einem neueren Sammelband über deutsche Lichtspielhäuser. Die Mercedes-Paläste, Höhepunkte einer an vielen Lichtspielhäusern zu beobachtenden Tempelkunst, belegen, dass damit keineswegs der Verzicht auf stimmungsvoll-feierliche Gestaltung verbunden war. A. Wedemeyer, Architekturkritiker und zeitgenössischer Interpret von Wilms' Bauten, erläuterte, was unter der pathetisch-sachlichen Pracht zu verstehen war: „Festliche Stimmung ist heute für die Feierstunden … der größten Zahl aller Bevölkerungsschichten … unbedingtes Erfordernis … Der Mercedes-Palast ist im wahrsten Sinn des Wortes ein Volkstheater.“[18]

Auch Hans Poelzig und Erich Mendelsohn, zwei der angesehensten Architekten des Neuen Bauens, widmeten sich dem Kino. Beider Lichtspielhäuser trugen geradezu demonstrativ das moderne Formengut vor. Trotzdem mischten sich sowohl in Poelzigs gemilderten Funktionalismus als auch in den reduzierten Expressionismus Mendelsohns Anklänge an die Grobklassik der Jahrhundertwende. Poelzigs Capitol (1926) und Mendelsohns Universum (1928) bieten neben dem Titania-Palast (Schlönbach/Jacobi, 1927) Beispiele, wie unter dem Übergewicht von absolut Neuem die traditionellen historischen Formen weiterlebten und, begünstigt vom Freiraum der Kinoarchitektur, den zeitgenössischen Gestaltungsweisen sich lediglich anpassten: „Also kein Rokokoschloss für Buster Keaton … keine trockene Sachlichkeit, keine Raumangst … Phantasie! Phantasie – aber kein Tollhaus, beherrscht durch den Raum, Farbe und Licht.“[19] Mit diesen enthusiastischen Worten rechtfertigte Erich Mendelsohn die zwischen Strenge und Überschwang schillernde Gestalt seines Universum, welches, bekrönt von einem Miniaturpylon, sich mit Rundformen und umlaufenden Glasbändern als würdevoll-strenge Variante des dynamischen Dampfermotivs den Kurfürstendamm für das Neue Berlin zu erobern schien. Die aus geometrischen Urformen zusammengesetzte Gestalt des Universums mit ihren Anklängen an die Denkmalschwere der sogenannten französischen Revolutionsarchitektur war offenkundig zu beeindruckend, als dass ihr gesamter Formenapparat auf den von Nazis errichteten Schutthaufen für Architekturen der verhassten „Systemzeit“ hätte geworfen werden können: Zu nun endgültig denkmalhafter Starre reduziert, prägen seine Kurven die Umgestaltung des „Hauses der Reichsrundfunkkammer“ auf dem Berliner Messegelände (A. Uhlen, 1934). Speers Pariser Weltausstellunspavillon scheint ebenfalls von Mendelsohns Bau inspiriert; das Signalement von Mendelsohns Pylon wirkt in ihm, überformt von Klassizismen, angereichert mit Anklängen an römisch-antike Grabmonumente, verselbständigt und in die Großform übertragen.

Der ursprüngliche Entwurf für Poelzigs Berliner Capitol sah eine zurückhaltend klassizierende Palastfassade mit aufragendem Mittelbau vor. Tiefverschattete Pfeilerkonstruktionen und -hallen – auf der dramatisierenden Zeichnung erinnern sie an Gillys Mausoleumsentwürfe –, breite, hartkantige Profilleisten und Simse, in mehrfach rückspringenden steinernen Vorlagen wie eingesenkt wirkende Schaufenster lassen das Ganze zwischen funktionalistischem Bürohaus und pathetisch-neoklassischem Botschaftsgebäude schwanken.

Sachzwänge ließen wenig von Poelzigs großangelegtem Palast: „Der heutige Bau stellt einen … arg verstümmelten Torso dar … Das eigentliche Lichtspieltheater tritt aus der Reihe der anschließenden Läden nur wenig hervor“[20], klagte zu Recht Paul Zucker. Dennoch blieb einiges an Gradlinigkeit und klassischer Formenstrenge erhalten, um unfreiwillig dem später Üblichen zu demonstrieren, auf welche Weise Alt und Neu, Klassik und Moderne zu vereinen waren.

„… rechtwinklige, kubische Gestaltung von möglichster Klarheit … unter Verzicht auf jegliche Ornamentik“[21], erklärte Zucker, seien der Beweis für die außerordentlichen architektonischen Qualitäten des Titania-Palasts. Schon die Wortwahl Zuckers weist darauf hin, worauf sich die Ideologen des Faschismus bezogen, wenn sie ihre Baukunst als einheitlich, klar, ornamentlos-anständig usw. und damit als der neuen Zeit angemessen ausgaben. Die Architektur des Titania-Palasts belegt, dass der suggestive Blockschematismus der Baukunst im Dritten Reich zu Recht auf Kontinuität „fortschrittlichen“ Formenguts verweisen konnte. Während die Großformen des Titania mit asymmetrisch verschachtelten Kuben aktuelle dynamisierende Formen bevorzugen, gewinnt an untergeordneter Stelle der künftige Brutalismus Raum. Die über Eck geordnete Eingangshalle setzt sich mit grufthaft-lastenden Formen entschieden gegen die übrige Architektur ab.

Marmorbelag verleiht den Wänden die Ausstrahlung von Härte und unantastbarer Würde; schnörkellos graben sich beiderseits des akkuraten rechten Winkels der Innenwand die schwer lastend wirkenden Portale in das Massiv der Mauern ein. Ohne Schaukästen und grellbunte Filmplakate wäre die Eingangshalle des Titania-Palasts nur schwer von den Ehrenhallen, Vestibülen und Ausstellungshallen der wenige Jahre später entstehenden Bauten unterscheiden. Klassik und Archaik, das haben die vorangegangenen Ausführungen wohl deutlich gemacht, hatten in den Berliner Kinopalästen auch nach dem kurzzeitigen Sieg moderner Bauformen weiterhin das Sagen. Mehr noch, die Vorliebe Neuen Bauens für Reduktionsformen begünstigte das Entstehen von Palastarchitekturen, deren Erscheinung die früheren kompliziert-historisierenden Großbauten der Gründerjahre auf allgemeinverständliche Grundformen zurückführte, ohne die atmosphärische Ausstrahlung anzutasten. Als wahre Paläste des Volkes wiederum vollendeten die Kinos, was den Theaterbauten versagt geblieben war: in ihnen konnte jedermann erleben, auf welche Weise Architektur feierlich und doch für jeden verständlich, vornehm und doch für alle offen sein konnte.

In den übrigen deutschen Großstädten expandierte das Kino (Hamburg zum Beispiel besaß nach 1929 mit dem 2.750 Personen fassenden Ufa-Palast das größte Kino Europas). Im allgemeinen folgten die Lichtspielhäuser dem Beispiel der Berliner Kinobauten; in Kleinstädten oder eher traditionellen Bauformen verpflichteten Städten wie Nürnberg entstanden Bauten mit heimatschützlerischen Anklängen.

Jakob Körfers Capitol in Köln (1927/28) zeigt über einem katakombenhaft niedrigen Eingangstrakt eine weitgedehnte, hermetisch verschlossene Quaderwand. Schmale, durchlaufende Fensterbahnen, von vorspringenden Steinbänder knapp eingefaßt, schlitzen in regelmäßigen Abständen die un-

Abb. 90: Jacob Körfer, Kino Capitol in Köln, 1927-28, Foto vor 1931

nachgiebig wirkende Fläche – lichtdurchlässige Einschnitte, die den zwischen altägyptischen Tempelfronten und staufischen Kastellwänden schwebenden Eindruck des Ganzen unterstreichen.

In Breslau fand Friedrich Lipps Capitol (1929) mit einem aufgestellten Mittelbau und schräg zugespitzten Wandvorlagen einen imposanten Mittelweg zwischen Backsteingotik und orientalisierendem Kultbau. In derselben Stadt bot Hand Poelzigs Deli (1927) eine kategorisch purifizierte Spielart der Berliner Kinotempel von Fritz Wilms. Dunkel abgesetzte Eingangszonen, darüber eine sparsam durchfensterte, lastende Wand, durchstoßen von einem pylonartigen, kantigen Turmschaft. Eine unvermittelt schräg nach oben laufende Fenstergruppe beschwichtigte die abweisende Wucht.

Ludwig Ruff, der wenige Jahre später für die Nürnberger Kongresshalle verantwortlich zeichnete, schuf in Nürnberg den Phoebus-Palast (um 1926). Als dreiflügelige Anlage mit aufragendem Mittelrisalit verbindet Ruffs Lichtspieltheater heimatschützlerisch geschulte Schlichtheit mit zurückhaltend klassisch-archaischen Anklängen an Schloss- und Tempelbauten. Breitleibige Rundbögen in den Seitenbauten, untersetzte Rechteckportale im Mittelbau, schwerfällige, ausladende Fenstereinfassungen und drei auf plumpen Konsolen vor der kahlen Wand plazierte Plastiken machen die Gesamterscheinung des Phoebus-Palasts zum abrufbereiten Prototyp speziell der lokalen Bautraditionen miteinbeziehenden Bauten im Dritten Reich.

Die Innenraumgestaltung der Lichtspielhäuser umfasste, was irgend Rang und Namen als Festdekoration für öffentliche Bauten erworben hatte. Die Bandbreite reichte von dramatisiertem Hoftheater bis zu den Raumexperimenten des Neuen Bauens. So offerierte zum Beispiel die Säle des Berliner Gloria-Palasts (E. Lessing, M. Breiner, 1925), die Chemnitzer Kammerspiele (E. Basarke, 1925) oder das Atrium raffiniert vereinfachte Abziehbilder der Raumverschwendung barocker Residenzen und Theater. Das Mannheimer Capitol (P. Darius, 1926) oder die Mercedes-Paläste adaptierten die elegante Schlichtheit der Berliner Kammerspiele und Volksbühne oder des Münchener Printregententheaters. So rigoros schließlich Poelzig oder Mendelsohn für die Abkehr von Prunk und Protztum eintraten, ihre Kinohallen, überwältigend in Szene gesetzte Erleb-

Abb. 91: Ludwig Ruff, Phoebus-Palast in Nürnberg, 1927, Foto vor 1931

Abb. 92: Hans Fritzsche und Friedrich Löhlbach, Modell eines Filmpalastes in Berlin-Zehlendorf

nisräume aus Raumkurven, bizarr gefalteten Deckenkonstruktionen und Podien, standen, wie die expressionistischen Höhlenformen des Titania-Palasts, an Suggestivität und Raffinement den übrigen Lösungen nicht nach.

Am 15. Juni 1939 stellte die *Berliner Zeitung* das Modell eines neuen Lichtspielhauses vor. Der von den Architekten H. Fritzsche und F. Löhlbach entworfene Bau sollte in Zehlendorf auf dem Gelände eines Wochenmarkts gebaut werden. Wohnbauten links und rechts eines ragenden Hallenbaus mit auftrumpfend hohem Pfeilerportikus; Symmetrie zwischen Klassik, Heimatschutz und Ägypten; das ermüdend einfallslose, tausendste Abbild von Partei- und Gauforen, Gefolgschafts- und Volkshallen. Einzig die den Portikus schmückende Aufschrift „Filmpalast" lässt den individuellen Zweck des austauschbar gewordenen Großbaus erkennen. Dennoch leben, wie die Ähnlichkeit zum Beispiel mit Wilms' Mercedes-Palast erweist, die architektonischen Grundformen des Kinos weiter. Mit anderen Worten: in den während des Dritten Reiches entstehenden Großbauten ist das Kino im Staatsbau aufgehoben wie der Staatsbau im Kino. Magie und Manipulation, die Triebkräfte der schöpferischen Bauideen des Lichtspielhauses, hatten ihre eigene Domäne verlassen und wurden allgemeinverbindlich. Den NS-Bauten mit ihrem öden Schematismus rasch ausgereizter und bierernst vorgetragener Tempel- und Palastfronten blieb vorbehalten, was Siegfried Kracauer voreilig bereits der Stimmungsarchitektur von Kinos und Vergnügungspalästen zugeschrieben hatte. Erst der zur Pflicht gewordene Illusionismus schuf wahrhaft „Pläsierkasernen der Angestelltenheere," in denen „Glanz Gehalt (und) Zerstreuung Rausch wurde"[22]. Während die Kinoarchitektur geradezu wagemutig mit Würdeformen und Effektkunst jongliert hatte, bot die neue Baukunst deren disziplinierte Versionen: die Anziehungskraft des Durchschnittlichen. Die Tempel von Efdu und die Paläste von Persepolis, die Bauten des Xerxes und Nero dienten beiden zum Vorbild, die Kinopaläste jedoch, souverän deren Stimmungen für ihre Zwecke einsetzend, hatten sich die Vorbilder zu eigen gemacht, die Staatspalaste wetteiferten lediglich mit ihnen; im Kino herrschte phantasiereiche Illusion, im Staatsbau die illusionistische Kopie.

„Lichteffekte: noch nie dagewesen“

KINO UND LICHTARCHITEKTUR IM DRITTEN REICH

„... die menschlichen Wohnstätten zu Kathedralen machen ... die Erde mit einem Brillanten- und Emailschmuck umkleiden, wir hätten dann überall Köstlicheres als die Gärten aus Tausendundeiner Nacht.“ (Paul Scheerbart)

Die Schlagworte der NS-Propaganda von deutscher Baukunst, in deren „Klarheit“ „deutsches Wesen“ widergespiegelt sei, fanden sprechenden Ausdruck in Albert Speers Lichtdomen. Die 1971 publizierte Untersuchung Klaus Vondungs über „Magie und Manipulation im Dritten Reich“ legt dar, dass Lichtkult – und als dessen Bestandteil der Lichtdom – Zentralpunkte des faschistischen Weltbilds und der Veranstaltungen darstellten, die dieser Ideologie Leben verleihen sollten. Vondung schreibt über die nächtlichen Massenzusammenkünfte: „Was hier in Szene gesetzt wird, ist eine Traumwirklichkeit ... bestehend aus Kulissen, Requisiten und Lichteffekten ... Das beherrschende szenische Element und Regiemittel ... ist das Licht, das ... eindeutig symbolische Funktion besitzt. Die räumliche Scheidung zwischen einer Sphäre des Lichts und dem feindlichen Dunkel der Umgebung verweist auf das dualistische Weltbild der nationalsozialistischen Ideologie.“[23]

Abb. 93: Lichtdom auf dem Reichsparteitag 1936

Auch beim gezielten Einsatz von Lichteffekten wiederholt sich der auf allen Gebieten des Baugeschehens beobachtete Prozess, dass die Provisorien der Anfangszeit dauerhaften Formen wichen. So blieb zwar Speers Lichtdom unverzichtbarer Bestandteil der Massenveranstaltungen, im realen Bauen aber bemühte man sich um gleichwertig kristalline Erscheinungsformen: 1937 wurde in der Presse das Modell eines Ehrenmals vorgestellt, welches in Braunschweig einer Weihestätte den feierlichen Mittelpunkt geben sollte. Ein 60 Meter hoher Turm, umgeben von Bastionen, Treppen und Tribünen, war vorgesehen.[24]

Abb. 94: unbekannter Architekt, Modell einer SA-Weihestätte in Braunschweig, 1937

Die Grundform zeigt das Gewohnte: Ein auf quadratischem Grundriss gigantisch aufwuchtender Turmschaft, abgeschlossen von einer steinernen Dacharchitektur in den Formen einer untersetzten Pyramide auf Stufensockeln. Gotisierende Spitzbögen reißen in regelmäßigen Abständen den Baukörper auf; waghalsig hohe, figurenbekrönte Werksteinpfeiler, durch Stege mit dem Turm verbunden, umstehen auf drei Seiten das Ehrenmal. An der Eingangsseite werden von den voluminösen Pfeilern und Stürzen einer reliefbeladenen Vorhalle dem Betrachter die Botschaften von Tempel- und Memorialwürde förmlich eingehämmert. Als Vorbilder sind Speers Ausstellungspavillon und (womit die an den verpönten expressionistischen Baustil erinnernden Gotizismen erklärt wären) Ernst von Brandels Hermannsdenkmal von 1875 zu nennen.

Der gesamte Aufwand dieser Überwältigungsarchitektur aber gewinnt Leben durch den Einsatz künstlicher Lichtquellen; ihnen verdankt das Ehrenmal letztlich seine faszinierende Ausstrahlung. Die Fotografie zeigt das Modell als strahlendes Prisma, an welchem die Pfeiler und Stege, als sei der künftige Turm ein tausendfach vergrößertes Abbild des heiligen Gral, einen selbstleuchtenden, immateriellen Kern zu umschließen scheinen.

Die feierlich-gleißenden Formen des SA-Ehrenmals sind, wie die übrigen angeblich der neuen Ordnung entsprungenen Bauformen, keineswegs Errungenschaften des Dritten Reiches. Die unmittelbaren Vorläufer finden sich in Leitmotiven des Neuen Bauens. Über die Grenzen von Funktionalismus und Expressionismus hinweg einte die Architekten der zwanziger Jahre die Begeisterung im Umgang mit natürlichem und künstlichem Licht. Glas, als Symbol von Reinheit, als Möglichkeit, Bauwerke sinnbildlich wie realiter mit Lichtfluten durchschaubar zu machen, fand Verwendung in Mies van der Rohes vordergründig nüchtern-funktionalistischen Hochhausmodellen wie in den mythisierend-expressiven Glashäusern Bruno Tauts. Dem Lichtkult Tauts – „ganz selbständige Illuminationskörper" forderte sein Mentor Paul Scheerbart, nachts verzaubert durch „Scheinwerfer in allen Makartfarben"[25] – entsprach bei aller betont kühlen Sachlichkeit der strahlend helle Glanz, in den van der Rohe seine Glas- und Bürohäuser tauchte. Beider Urbild war der als Symbol einer künftigen, architektonisch wie gesellschaftlich und sozial durchbaubaren, reinen Welt verstandene Kristall. „Wir wollen die Unendlichkeit des Kosmos kristallisieren und in Formen zum Ausdruck bringen"[26], hieß es 1923 enthusiastisch. Die im Freiraum von Skizzenblatt und Modell in phantastische Dimensionen von ekstatischer Dramatik getriebenen Utopien versandeten zwar rasch in den Sparzwängen republikanischen Daseins, dennoch bewahrte die Pragmatik der sachlich vorgetragenen Überlegungen über menschenwürdig angemessene Belichtung von Wohnsiedlungen und Großbauten einen Rest der Ideale. Mit dem Begriff der „Lichtarchitektur", entstanden aus der Begeisterung für die nachts leuchtenden Großstadtstraßen, erhielten die Kristallvisionen neuen Auftrieb. Jenseits des Rentabilitätsdenkens der Werbung, welche mit Leuchtreklamen den Lichtzauber der Verkaufsstraßen inszenierte, unabhängig von der Notwendigkeit, großstädtisches Nachtleben mit zweckmäßiger Beleuchtung zu versorgen und Sehenswürdigkeiten auch nachts ins rechte Licht zu rücken, träumten Architekten des Neuen Bauens von Städten, deren Gebäude lediglich als durchscheinende Gerüste für Lichtreklame zu dienen hätten: „Das Geschäftshaus hat keine Architekturfassade mehr, und seine Außenhaut ist lediglich ... Gerüst für ... Lichtreklame“[27], stellte Ludwig Hilbersheimer 1929 in der Zeitschrift *Das Neue Frankfurt* fest.

1934, als es darum ging, Richtlinien der künftigen Baukunst festzulegen, zählte Lichtarchitektur zu den bevorzugten Themen. Bemerkenswert offen erläuterte ein Artikel der *Deutschen Bauzeitung*, wo wichtige Vorbilder für effektvollen Lichteinsatz zu suchen seien. Nach den einleitenden Sätzen: „Noch aber ist nicht vorhanden eine Architektur, die ... aufgebaut ist, am Tag mit Anstand dazu sein und bei Dunkelheit, mit dem Licht, zur Erfüllung ihres Wesens aufzugehen, indem sie im Licht aufgeht“, heißt es, dass künftig „sowohl Maler als auch Filmleute viel zu sagen hätten, nicht zu vergessen die Architekten ... Man kann sich vorstellen, dass sich die feierlich denkmalhafte Form der bisherigen Anstrahlungen auch in die Wechselaufgabe der Kaufstraßen umsetzen lässt. Geglückte Kinoreklame ist der Beweis dafür.“[28] Mit den Kinopalästen waren längst die ersehnten Kristall-Bauten Wirklichkeit geworden, waren die geschlossenen Wandflächen phantasiereich-sparsam gestaltet, „bei Tag mit Anstand da“, um nachts dann „im Licht aufzugehen“: „Flächen, Flächen und immer wieder Flächen“[29], forderte ein Ratgeber für Kinoarchitekten vom idealen Lichtspielhaus. Zwei Gründe waren maßgebend: Werbezwang und das Angewiesensein auf künstliches Licht. Vom Cinés, dem ersten eigenständigen Kinobau, hieß es bereits, dass nach anfänglichem Befremden ob der „fensterlosen Baumassen“ das vollendete Gebäude allgemein geschätzt wurde: „der straffe Rhythmus trat zutage, und jetzt ... kann behauptet werden, dass ... Oskar Kaufmann ... eine baukünstlerische Leistung vollbrachte, die Charakter hat und Achtung abnötigt, wenngleich sie nicht erheblich zu erwärmen vermag“[30]. Man erwärmte sich rasch, wie der Überblick über die Kinos der folgenden Jahrzehnte zeigt. Flächen, fensterlose Baumassen wurden nicht nur zum Charakteristikum des Lichtspielhauses, sondern dessen baulich-künstlerischer Ausdruck. Siegfried Kracauer beschrieb Ende der zwanziger Jahre, auf welche ihm verdächtige Höhen sich die Fassadenkunst der Kinoarchitekturen geschwungen hatte: „Der architektonische Rahmen schon neigt zur Betonung der Würde ... Er beliebt das Gehobene und Sakrale, als umfinge er Gebilde von ewiger Dauer; noch ein Schritt weiter, und die Weihekerzen leuchten ...“[31]

Unterstützt vom psychologisch geschulten Einfühlungsvermögen der Werbestrategen, hatte sich mit den massiv-geschlossenen Kuben, weitab von technischen Notwendigkeiten und der lapidaren Aufgabe, überdimensionaler Träger von Filmplakaten zu sein, das Kino als ein Idealtypus des Würdebaus etabliert. Die Signalwirkung aufragender geschlossener Wandflächen, wo die Konkurrenz zwischen attraktivem Bildschmuck (dem Plakat) und umgebender Leerfläche wechselseitiger Wirkungssteigerung diente, konnte nirgendwo besser studiert werden als an Kinofronten.

Den von Kracauer annoncierten „Schritt weiter“ gingen die Paläste des Dritten Reiches. Ihre endlos sich dehnenden Wandflächen, sparsam durchfenstert und mit den „Weihekerzen“ von Leuchtern und Kandelabern gesäumt, adaptierten ebenso die Gehobenheit der Lichtspielhäuser wie die effektvoll isolierten Hoheitszeichen oder Plastiken, welche an exponierter Stelle den Fassaden Gütesiegel von Würde und Weihe aufprägten; Werbeträ-

Abb. 95: Hans Poelzig, Hauptverwaltungsgebäude der I.G. Farben, Frankfurt/Main, 1928-30

ger letzten Endes auch sie – im Gegensatz zu denen des Kinos bestand ihre Aufgabe aber einzig und allein im Beteuern von Dignität. Befreit vom Zwielicht des Jahrmarkts, der das Kino vor endgültigem Abgleiten in die Seriosität bewahrt hatte, war es den nach gleichen Prinzipien gestalteten Fassaden der Staatsbauten ein leichtes, mit ihrer Architektur zu wirken, als „umfingen sie Gebilde von ewiger Dauer".

Zur Premiere von Fritz Langs *„Metropolis"*, so berichteten 1927 Berliner Tageszeitungen, sei das Cinés in einen glänzenden Silbertempel verwandelt worden. Nachtaufnahmen zeigen, dass der Bau tatsächlich wirkte, als sei einer von Fritz Langs bizarren Kristallpalästen vom Film in die Wirklichkeit übergewechselt. Die Dekoration als selbstleuchtender Tempel war ein festlicher Höhepunkt der Lichtarchitektur, die ihre bis dahin überzeugendsten Lösungen dem Kino verdankte: „Das Kino schläft bei Tag, so wie andere Gebäude bei Nacht"[32], stellt P. Morton-Shand 1930 in seinem Sammelband über moderne Kino- und Theaterbauten fest. Wie vielleicht die vorangegangenen Beschreibungen deutlich gemacht haben, wusste das Kino sich bereits bei Tag eindrucksvoll in Szene zu setzen. Die Faszination früher Schilderungen über das Erscheinungsbild nächtlicher Großstadtstraßen jedoch belegt, dass die allabendlich erstrahlenden Kinofronten als Höhepunkte von Lichtarchitektur erlebt wurden. Schriftsteller, Journalisten und Architekten entdeckten hinter dem alltäglichen Gesicht der Metropolen ein zweites, das der Lichterstadt. (Fritz Lang zum Beispiel berichtet, dass sein Film ‚Metropolis' aus dem überwältigenden Eindruck des nächtlich funkelnden Manhattan entstanden sei.) Eine „Traumstadt Berlin über dem alten" fand der eingangs zitierte Autor des *Bauzeitungs*-Artikels", „wenn abends dem Wanderer durch die Straßen plötzlich am Kaiser-Friedrich-Platz … die Märchentürme von Karstadt"[33] aufgingen. Die Spitzenstellung unter solchen Märchentürmen hielt der Lichtspielpalast. So trug zum Beispiel die Berliner Lichtburg (Rudolf Fränkel, 1929/30) ihren Namen mit vollem Recht. Tagsüber ein geradezu ultramodern-dynamisches Architekturgebilde aus Zylinder und Kurve, wie die besten Bauten Mendelsohns geformt, strahlte nachts das Kinohaus gleich einer Mischung aus Gralsburg und orientalischem Palast. „Der beherrschend vortretende Turmbau betont in seiner großartigen Sachlichkeit den repräsentativen Charakter des Theaterpalasts. Die hellen Fensterbänder … rufen … wenn sie zur

LICHTBURG
E A DUPONTS TONFILM ATLANTIC
UND VARIETE ATTRAKTIONEN
DREI
GLEICHMÄSSIGE
VORSTELLUNGEN
BEGINN:
3½ 6 8½

Nachtzeit von innen erleuchtet wie magische Lichtsäulen über dem Dunkel der Straße schweben, einen starken Eindruck hervor"[34], schwärmte man in den *Monatsheften für Literatur, Kunst und Wissenschaft*. Selbst die trockene enzyklopädische Sachlichkeit von *Wasmuths Lexikon der Baukunst* lässt noch Anerkennung für den beispielgebenden Lichtaufwand des Kinos durchscheinen: „Das Bestreben nach auffallender Wirkung ist jedoch meistens vorhanden und dürfte auch berechtigt sein. Beliebt sind in den letzten Jahren indirekte Beleuchtungen und Effektwirkungen."[35] Außenlicht ist unbrauchbar für das Kino. Angewiesen auf Dunkelheit und künstliche Lichtquellen, kultivierte die Kinoarchitektur, aus der Not eine Tugend machend, bei der Gestaltung von Innenräumen Beleuchtungstechniken, die den Kinobesuch zum Erlebnis wahrer Lichtkulte gestalteten. So bestätigte Heinz Schliepmann dem schon 1911 eingerichteten Prinzeßtheater (Lucian Bernhard) Raumeindrücke von „mystischen Licht- und Schatten(wirkungen"), die „eine eigenartige, intime, warme, erwartungsvolle, ja feierliche Stimmung"[36] erzeugten.

Vom Dämmer, in welchen während der Vorstellung der Zuschauerraum des Bayreuther Festspielhauses versank, erklärt Wolfgang Schivelbusch in seiner Geschichte des künstlichen Lichts, er sei ein Versuch, „das Theater als einen sozialen Ort aufzuheben und es in einen mystischen zu verwandeln"[37]. Nicht zuletzt die Lichtarchitekturen im Dritten Reich zeigen, dass Lichtmagie Orte hervorbrachte, die – soziale und mystische zugleich – dazu beitrugen, Ansammlungen von Individuen in gleichgestimmte, verschworene Gemeinschaften zu transformieren: das künstliche Licht, effektvoll eingesetzt, erleichterte offenkundig den für Massenekstasen unerlässlichen Übergang vom einander Erkennen zum einander Fühlen.

Die Innenräume der Lichtspielhäuser waren die Orte, an denen solche Effekte erprobt und studiert werden konnten: Kassenhallen, Vestibüle, Foyers und Zuschauerräume wurden nicht schlicht erhellt oder verdunkelt; indirekte Lichtquellen, Deckenleuchten, Lüster, Lichtschalen und umlaufende Leuchtröhren erzeugten je nach Bedarf strahlende Helle oder ansprechend-geheimnisvolles Halbdunkel. Die Zuschauersäle – Gipfelleistungen stellten die zu selbstleuchtenden Riesenhöhlen verwandelbaren Säle von Capitol und Universum in Berlin dar – erschienen als stimmungsvolle Festhallen. Und „Lichtspiele" im buchstäblichen Sinn des Worts leiteten in den großen Häusern die Vorführungen ein. Lichtorgeln, unterstützt von einfühlsam-dramatischer Orchesterbegleitung, jagten das willig folgende Publikum durch wahre Wirbelstürme von Effekten. Hingerissen berichtet A. Wedemeyer von Poelzigs Berliner Capitol: Es „wird eine fast märchenhafte Ausleuchtung des Zuschauer erreicht ... Bei Beginn der Vorstellung schießt das blaue Licht plötzlich wie eine Fontäne in die Höhe, weswegen die Körper ‚Geisire' genannt werden."[38] Für die meisten der das „Blaue Licht" der Romantik so effektvoll in Szene setzenden Kinos galt, was man in der Zeitschrift *Die Form* Poelzigs Breslauer „Deli" bestätigte: „Das Licht ist nicht mehr dienende, sondern formbildende Kraft." [39]

„Lichteffekte: noch nie dagewesen"[40] versprach 1927, des neugiererregenden Erfolgs gewiss, eine Reklametafel vor der Baustelle von Wilms' Mercedes-Palast in Berlin-Neukölln. Kein Zweifel, dass das Versprechen eingelöst wurde. Noch nie Dagewesenes also boten die Bauten im Dritten Reich nicht,

Abb. 96: Rudolf Fränkel, Kino Lichtburg in Berlin, 1929-30, Foto 1930

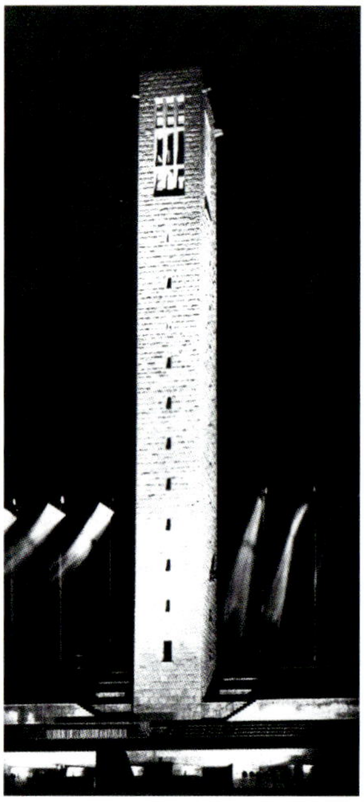

Abb. 97: Werner March, Glockenturm auf dem Reichssportfeld in Berlin, 1936

Abb. 99: Albert Speer, Deutscher Pavillon auf der Weltausstellung in Paris, 1937

als ihre Fassaden und Innenräume mit ausgeklügelten Lichteffekten wirkungssteigernd gestaltet wurden.

„Die Erkenntnis, dass man Bauwerke nicht nur nach der Tageslichtwirkung gestalten darf", verkündete 1938 die *Deutsche Bauzeitung*, „setzt sich immer mehr durch … Aus diesem Grund geht man in letzter Zeit immer mehr dazu über, das Licht geradezu als Bauelement zu benutzen."[41] Man hatte eindringliche Beispiele parat. So hieß es zu einer Nachtaufnahme des Glockenturms von Werner Marchs Reichssportfeld: „Bewusst ließ man die Lichtstärke (der Ausleuchtung) an der Turmspitze schwächer werden, um dem Beschauer die Höhe des Turms voll zum Bewusstsein zu bringen", und über die pathetische Kubik der Berliner Deutschlandhalle urteilte man: „Auch den Monumentalbau … können wir in seinem ganzen Umfang erst richtig beurteilen, wenn er in den Abendstunden aus seiner Umgebung durch das helle Licht der Zonenspiegel und Parabolspiegelleuchten hervorgehoben wird."[42]
Dem Kino abgeschaut waren die nächtlichen Überwältigungszauber der Reichskanzleifassade oder des Reichsluftfahrtministeriums, der Nord-Süd-Achse oder des Königsplatzes. Was zuvor Mischung aus Amüsement und Kult, Jahrmarkt und Festspiel war, verfeinerten die Dekorateure nun zum integralen Bestandteil des architektonischen Staatskults.

„Schatten, und zwar richtige, sprechende Schatten"[43] hatte man 1934 von bedeutungssteigernden Scheinwerfern gefordert. Unter der Förderung des architekturbesessenen Systems wurde auch dies Realität. Schlagschatten, so undurchdringlich wie auf Gemälden Makarts oder Stucks, erhöhten die dröhnende Massivität von Säulen und Pfeilern, abgestufte Lichtwerte betonten materialfetischistisch die Oberflächentöne körnigen Muschelkalks oder geschliffenen Marmors etc. Indirekte Lichtquellen, feierlicher noch als die des Kinos, hüllten Ehrenhallen in magischen Dämmer, perfektionierten die einschüchternde Würde endloser Flure. „Im allgemeinen ist die nächtliche Beleuchtung ein neues, fremdes Element, das zur Architektur hinzukommt. Hier

Abb. 98: Albert Speer, Neue Reichskanzlei Berlin, Modell des Ehrenhofs mit Haupteingang

ist sie ein Element der Architektur selbst"[44], schrieb Paul Zucker 1931 über den Berliner Titania-Palast. Bedenkenlos hätte er wenige Jahre später dasselbe von der Baukunst im neuen Reich erklären können. Dass in ihr aber die Künste des Kinos in den Bannkreis des nun zur Staatsreligion missbrauchten Kristallkults der vorangegangenen Jahrzehnte gerückt wurden, verdeutlicht ein Kommentar zur Albert Speers Pariser Weltausstellungspavillon. Werner Rittich, nachdem er dargelegt hatte, dass in dem Bau der Inbegriff deutschen Bauens im Dritten Reich zu sehen sei, schrieb über den Lichtzauber des Pavillons: „Schalen und indirekte Lichtquellen ließen abends den Turm so aufleuchten, dass er mit seinem reflektierenden Werk- und Mosaikstein wie ein geschliffener Kristall wirkte, der selbst Lichtquelle ist."[45]

Anmerkungen

1 N.N.: Festliche Raumgestaltung, in: Deutsche Bauzeitung, 16/1935, S. 315

2 Hans Schliepmann: Lichtspieltheater – eine Sammlung ausgeführter Kinohäuser in Groß-Berlin, Berlin 1914, S. 4

3 Leo Nachtlicht (vermutlich Oskar Kaufmann): Das Kinotheater Cinés am Nollendorfplatz, in: Berliner Architekturwelt, 2/1914, S. 58

4 L. Nachtlicht, a. a. 0, S. 59

5 H. Schliepmann, a. a. 0., S. 33

6 N. N.: Ein Tempel der Kinomuse, in: Die Bauwelt, 13/1913, S. 33

7 L. Nachtlicht, a. a. 0., S. 60

8 So Schliepmann über die ähnlich gestalteten U. T.-Lichtspiele im Bavaria-Haus, Berlin, a. a. 0., S. 22

9 R. Breuer: Ein neues Lichtspiel in Berlin, in: Deutsche Kunst und Dekoration, 12/1913, S. 433

10 H. Schliepmann, a. a. 0., S. 28

11 Emilie Altenloh: Zur Soziologie des Kinos – Die Kinounternehmen und die sozialen Schichten ihrer Besucher, Diss. Jena 1914, S. 94

12 N. N.: Deutsche Bauhütte, 1913, S. 139

13 Hans Hauptmann: Ein selbständiger Bau für Lichtspiele – Das Lichtspielhaus Wittelsbach, in: Die Bauwelt, Kunstbeilage 1913, S. 22

14 J. Toeplitz: Geschichte des Films 1895-1928, Bd.1, München 1973, S. 211

15 Siegfried Kracauer: Kult der Zerstreuung-Über die Berliner Lichtspielhäuser (1926), in: Das Ornament der Masse, Frankfurt am Main, 1963, S. 311

16 P. Zucker, G. O. Stindt: Lichtspielhäuser – Tonfilmtheater; Berlin 1931, S. 74

17 Rolf-Peter Baacke: Lichtspielhausarchitektur in Deutschland – von der Schaubude bis zum Kinopalast, Berlin 1981, S. 10

18 A. Wedemeyer: Fritz Wilms-Lichtspieltheaterbauten, Berlin, Leipzig, Wien 1928, S. VII

19 Erich Mendelsohn, 1928; zit. nach: R.-P. Baacke, a. a. 0., S.47

20 P. Zucker, G. O. Stindt, a. a. 0., S. 48

21 P. Zucker, G. O. Stindt, a. a. 0., S. 87

22 S. Kracauer: Die Angestellten – Aus dem neuesten Deutschland (1930), in: ders.: Die Angestellten, Frankfurt am Main 1971, S. 91 ff

23 Klaus Vondung: Magie und Manipulation – Ideologischer Kult und politische Religion im Nationalsozialismus, Göttingen 1971, S. 191 f

24 Im Ullstein-Bildarchiv wird der Bau durch einen unbetitelten Zeitungsausschnitt des Jahres 1937 als „SA-Weihestätte" bezeichnet. Im Stadtarchiv Braunschweig ist das Projekt unbekannt.

25 Paul Scheerbart: Glasarchitektur, Berlin 1914; zit. nach: Wend Fischer: Geborgenheit und Freiheit – Vom Bauen mit Glas, Krefeld 1970, S. 156

26 Hendrikus Theodorus Wijdeveld, in: Wendigen, 8-9/1923; zit. nach: Wolfgang Pehnt: Die Architektur des Expressionismus, Stuttgart 1973, S. 38

27 Ludwig Hilbersheimer: Die neue Geschäftsstraße – in: Das Neue Frankfurt, 4/1929, S. 71f

28 Dr. Gamma: Lichtarchitektur; in: Deutsche Bauzeitung, 4/1934, S. 789f, S. 796

29 G. Herkt: Das Tonfilmtheater. Umbau, Neubau, Tongerät, Betrieb, Vorführung, Wirtschaftlichkeit, Berlin 1931, S. 93

30 N. N.: Ein Tempel der Kinomuse, in: Die Bauwelt, 13/1913, S. 33

31 Siegfried Kracauer: Kult der Zerstreuung – Über die Berliner Lichtspielhäuser (1927), in: ders.: Ornament der Masse, Frankfurt am Main 1977, S. 313 bis 315

32 P. Morton-Shand: Modern Theatres and Cinemas; London 1930, S. 62

33 Dr. Gamma, a. a. 0., S. 1001

34 H. W. Ludwig: Die ‚Lichtburg' als Typus eines modernen Theaterbaues, in: Monatshefte für Literatur, Kunst und Wissenschaft, 3/1931, S. 194

35 Max Bischoff: Lichtspieltheater, in: Wasmuths Lexikon der Baukunst, Bd. IH., Berlin 1931, S. 528

36 Hans Schliepmann: Lichtspieltheater. Eine Sammlung ausgeführter Lichtspielhäuser in Groß-Berlin, Berlin 1914, S. 14

37 Wolfgang Schivelbusch: Lichtblicke – Zur Geschichte der künstlichen Helligkeit im 19. Jahrhundert, München/Wien 1938, S. 198

38 A. Wedemeyer: Das Berliner Filmtheater ‚Capitol', in: Deutsche Bauzeitung, 43/1926, S. 354

39 N. N.: Hans Poelzigs Deutsches Lichtspieltheater in Breslau, in: Die Form 5/1927, S. 153

40 Zit. nach: Rolf Peter Baacke, a. a. 0., S. 10

41 Dr. F.: Licht als Gestaltungsmittel, in: Deutsche Bauzeitung/Kunstdruckteil, August 1938, S. 250

42 Dr. F., a. a. 0., S. 251

43 Dr. Gamma: Bau und Licht, in: Deutsche Bauzeitung, 51/1934, S. 998

44 P. Zucker, G. O. Stindt: Lichtspielhäuser – Tonfilmtheater, Berlin 1931, S. 86

45 Werner Rittich: Architektur und Bauplastik der Gegenwart, Berlin 1938, S. 43

BÜHNENBAUTEN

Metaphern der Ewigkeit

MAX REINHARDTS BÜHNENBILDER

„Hier bleiben Malerei oder Baukunst nicht mehr … bloßes Hilfsmittel der Stimmung, sie stehen im gleichen Dienst und Recht mit dem Spieler …" (Oskar Fischl: Das moderne Bühnenbild, Berlin 1923)

Im Theater habe, unbeschadet von der Barbarei ringsum, während des Faschismus die deutsche Kultur überlebt: so der Tenor, wenn heutzutage über die Situation der deutschen Bühnen nach 1933 berichtet wird. Als Kronzeugen dafür gelten Gustaf Gründgens und sein Staatstheater am Berliner Gendarmenmarkt, mit ihm Jürgen Fehling[1], daneben Heinrich Georges Schillertheater oder die Deutschen Kammerspiele in München. Den Unbedenklichkeitsbonus der Zensur sichernde und Niveauverlust entgegenwirkende Klassiker füllten die Spielpläne; Zeitstücke, die das Dritte Reich und seine neue Ordnung verherrlichten, wurden so oft und solange dies möglich war abgewehrt. Zum Hauptzug der Aufführungen geriet, was Gustaf Gründgens zeitlebens als Haupteigenschaft seiner Inszenierung und Rollendarstellungen bezeichnete: Partitur spielen. Überblickt man die Erinnerungen der Zeitgenossen, wird deutlich, dass sich hinter diesem Begriff die Abkehr von jeglicher Aktualisierungstendenz, das Vermeiden einer über das unmittelbare, illustrierend erläuternde Wiedergeben hinausgehende Bearbeitung der Stoffe verbirgt. Phänomenales Schauspielertheater, Pflege des Dichterworts war, samt der traditionellen Guckkastenbühne, mit allen Vor-und Nachteilen wieder zum Mittelpunkt des „seriösen Theaters" geworden. Dementsprechend konventionell gaben sich Bühnenbilder und Kostüme. Jürgen Fehling ausgenommen, bemühten die Inszenatoren sich um detaillierte Wiedergaben der jeweiligen Stückwelt; ein „Hamlet im Frack" wie er Mitte der zwanziger Jahre sinnvollen Skandal machte, war ebenso undenkbar wie die als „Jessner-Treppen" berühmt gewordenen Raumgebilde, mit denen man 1919 Alpenglühen und Hüttenzauber traditioneller „Wilhelm Tell"-Inszenierungen hinweggefegt hatte zugunsten eines Bühnenbilds, die den im Stück verhandelten Problemen zeitlos-symbolischen Ausdruck verliehen.

Das Theater, welches um die Jahrhundertwende und in den zwanziger Jahren Ekstasen auslöste, die Zuschauer bis ins Mark traf, fand nun in der Wirklichkeit des Dritten Reiches statt. Hier, wo „politische Akte … zur Dramatisierung der neuen Mythen und Kulte"[2] wurden, vollzog sich, was Hans Johst, einer der wenigen Nazi-Stückeschreiber, die ihr Handwerk verstanden, bereits 1928 vom Drama gefordert hatte: „(Für mich) ist das Drama … nicht die Stätte, in der Weltanschauung demonstriert, sittliche Forderungen bewiesen werden, sondern das Drama ist Kultstätte eines heroischen Gefühls."[3] Folgerichtig wurden während der sorgfältig vorbereiteten, nach dramaturgischen Gesichtspunkten ausgerichteten Massenveranstaltungen zum 1. Mai, 9. November usw., die Beteiligten zum Abbild des Theaterpublikums, von dem Johst, in gefolgschaftstreuer Verdopplung Hitlerscher Ideen über die Masse, 1933 geschrieben hatte: „Das Publikum ist immer Gefolgschaft … es sind Kreaturen, die überwältigt Gefolgschaft leisten, im Guten und im Bösen."[4] Aufschlussreich sind „Gedanken zum deutschen Bühnenbild", die Hans Ziegler 1939 in der Zeitschrift *Die Kunst im Dritten Reich* veröffentlichte. Ziegler schrieb über die Bühnenarchitekturen staatstragender Galainszenierungen: „Und hier nun das zweite Merkmal des Bühnenbilds der Gegenwart … die Monumentalität in der Architektur. Die alles revolutionierende Idee des Nationalsozialismus hat … einen neuen Baustil geschaffen, von dem auch das neue Bühnenbild, da, wo es das Drama fordert, so etwas wie ein ‚farbiger Abglanz' ist." Die monumentalen Bühnenbauten aber, von denen Ziegler berichtet, waren nicht nur Nachbildungen dessen, was draußen entstand, sondern auch die spärlichen Reste einer Bühnenbaukunst, die nach 1933 endgültig vom Theater in die architektonische Realität überwechselte; überspitzt formuliert: Galainszenierungen und Baukunst im Dritten Reich waren der „farbige Abglanz" dessen, was seit der Jahrhundertwende als Stimmungsarchitektur in Schauspiel- und Opernhäusern Furore gemacht hatte.

Max Reinhardt …

… UND DIE NEUEN BÜHNENBAUTEN

Monumentalität und Intimität, die beiden Theaterbaukunst seit 1900 kennzeichnenden Begriffe, prägten auch Inszenierungsstile und -mittel, welche sich während der gleichzeitigen Erneuerungsphase der darstellenden Künste herausbildeten. Wie im Theaterbau, so gab auch hierfür Max Reinhardt die entscheidenden Impulse. Musterbeispiele des intimen Darstellungsstils boten seine Aufführungen von Strindberg, Ibsen oder Schiller, wo er und seine Schauspieler, hautnah und erschütternd für die Zuschauenden, Schicksale und Charaktere von Individuen sezierten, Stimmungen und Gefühle, Ahnungen und Ängste der handelnden Personen sich in magisch ausgestatteten und ausgeleuchteten Räumen spiegelten. Edvard Munchs Entwürfe für Ibsens „Gespenster" – die Eröffnungsvorstellung der Kammerspiele – stellten den ersten Höhepunkt der intimen Seite atmosphärisch aufgeladener Inszenierungen. Reinhardts Fähigkeit, „die Werte des Lichts, der Atmosphäre als gestaltendes Prinzip (einzusetzen) … Farbe, Licht und Linie (als) Ausdruck … Verkünder und Gleichnis seelischer Dinge"[5] zu verwenden, machte Schule. Der symbolisierende Einsatz von Bauten, Farbe und Licht wurde in kurzer Zeit zum unumgänglichen Inszenierungsmittel jeder Bühne, die auf sich hielt. Monumentalität war die Basis für Inszenierungen, die dem reformatorischen

Abb. 100: Bauten von Franz Geiger zu „König Ödipus", Zirkus Schumann in Berlin

Abb. 101: Ernst Stern, Bühnenbildentwurf zu „Julius Caesar", Großes Schauspielhaus Berlin 1920

Drang nach einem auf die Masse bezogenen Theater antworteten. Reinhardts Masseninszenierungen übertrugen nicht nur die Darstellungsformen von Weihespielen und Aufzügen auf die Bühne, sondern steigerten deren ungelenkes Paradieren zu suggestiven lebenden Bildern, in denen die zeitgenössischen Visionen von den Gefahren oder Segnungen der Massengesellschaft Ausdruck fanden.

Zwei Leitthemen herrschten: Individuum und Masse. Reinhardt stilisierte beide zu hieratisch ewigkeitsgeladener Eindringlichkeit. Nicht allein die simple Tatsache, dass im antiken Drama, „das Volk/die Masse" in Gestalt der Chöre selbst zum Gegenstand der Darstellung wird, führte dazu, dass in Reinhardts und später in allen deutschen Theatern die Vorzeit und ihre Mythen bevorzugt behandelt wurden. Reinhardt folgte mit Rückwendung zu vordergründig zeitlosen Themen – Hugo von Hofmannsthal, zeitweise Haus-Autor des Deutschen Theaters, lieferte die Vorlagen – dem wirklichkeits-flüchtenden Zug der Ära, welcher in der fernsten Vergangenheit die angeblich unabänderlichen Gesetze aufspürte, die als beruhigendes Gegenbild zum atemberaubenden Chaos der eigenen Zeit verstanden werden konnten. „Die Welt im Drama" betitelte Alfred Kerr, der führende Kritiker jener Jahrzehnte, 1917 seine *‚Gesammelten Schriften'*. Er gab damit auch dem von ihm oft heftig bekämpften Massentheater Reinhardts und dessen eigentlicher Funktion den Namen: „Bei Reinhardt wird das Seelische einer Dichtung nie totgemacht – aber kaum so erfolgreich bearbeitet wie ihr Kleid"[6], spöttelte Kerr und sprach damit unbeabsichtigt auch das höchste Lob dieser Aufführungen aus.

Darum eben ging es bei den ungeheuren Erfolgen monumentaler Reinhardt-Inszenierungen. Die „Masse", der zeitlose Typus hatte in ihnen das je nach Bedarf entlastende oder aufreizende Kleid gefunden. Reinhardts einsam-statuarisch in Lichtkegeln, auf Treppen und Podesten posierende Einzelfiguren, ob Elektra, Salomé, Judith, Penthesilea, Ödipus, Cäsar, Hamlet oder Danton, stellten nicht individuelle Helden vor, sondern jenseits der individuellen Rollenschicksale und der (oft ausgeprägten) Eigenheiten einzelner Schauspieler den Typus des immer und ewig gleichen Gesetzen unterworfenen Einzelnen.[7] Ebenso die Menge: keine Ansammlung von einzelnen Individuen, stattdessen (von eigens dafür zuständigen Regisseuren bis zur Perfektion gedrillte) anonyme Gruppen, die sich gleich einem Einzelwesen verhielten, als entfesseltes Volk von allen Seiten heranstürmten, als befriedete Gemeinschaft in feierlich geordneten Aufzügen schritten.

Nachdem mit Gastspielen in Zirkusarenen und Ausstellungshallen das einengende und distanzierende Prinzip der Guckkastenbühne durchbrochen war, erreichten Reinhardts Masseninszenierungen teilweise explosive Wirkkraft. In den Riesenräumen – und später im eigens dafür eingerichteten Rund des Berliner Großen Schauspielhauses – geriet Massentheater zu einem Zuschauer und Darsteller gleichermaßen überwältigenden mythischen Geschehen: „Es war eben eine Volksaufführung"[8], kommentierten die *Münchener Neuesten Nachrichten* 1910 das Hingerissensein der Zuschauer während eines Ödipus-Gastspiels; Gusti Adler, Reinhardts Sekretärin, beschreibt in ihren Erinnerungen anschaulich die Exaltationen des Publikums: „Die Suggestion des gedruckten Worts verblasste neben dem dramatischen Geschehen, das die Zuschauer in seinen Zauberkreis riss und magisch bannte."[9]

In ihrer theaterwissenschaftlichen Studie über Reinhardts Massenregie schreibt Brigitte Löden, der Regisseur sei selbst auf der Guckkastenbühne imstande gewesen, „jenen Sog zu erzeugen ... der in Psychologie und Soziologie neben anderen Gesichtspunkten als Hilfsmittel für die Erklärung des Begriffs Masse im Unterschied zur Gruppe noch gebräuchlich ist"[10]. Reinhardts Massenregie, die „die Aussage der theatralischen Bilder zu Sinnbildern"[11] werden und aus Ansammlungen von Individuen kurzfristig verschworene Gemeinschaften entstehen ließ, wurde nicht nur auf den übrigen Bühnen nachgeahmt und im deutschen Film der zwanziger Jahre auf bizarre Höhen getrieben. Mit ihr war auch eine Inszenierungstradition geschaffen, derer sich die Inszenatoren faschistischer Massenspektakel bedienten: Dass der Fackelzug des 30. Januar 1933 (wenige Wochen später für einen Wochenschaufilm nachgestellt) Vorgänger und Nachfolger in Fackelzügen Reinhardt'scher Inszenierungen hatte, mag wohl noch Zufall genannt werden. Zudem profitierte hierbei wie in allen faschistischen Massenveranstaltungen das Regime von Selbstdarstellungsformen der Linken. Im Rahmen der Arbeiterkulturbewegung war vor allem während der zwanziger Jahre eine von Sozialdemokraten und Kommunisten gleichermaßen begrüßte „neue Festkultur" ausgearbeitet und erprobt worden. Masseninszenierungen – sogenannte Weihespiele – wurden im Rahmen zum Beispiel der Arbeiter-Olympiaden oder am 1. Mai aufgeführt, deren Ziel das Verschmelzen von „Massenentfesselung" und „Massendisziplin" darstellte.[12] Hier, wie auch bei Ablauf und Gestaltung von Demonstrationen und Kundgebungen, die vor al-

Abb. 102: Der nachgestellte Fackelzug vom Januar 1933

lem während der letzten Monate der Weimarer Republik beinahe pausenlos einander ablösten, waren die äußeren Formen linker und rechter Veranstaltungen kaum noch zu unterscheiden. „Sogar die liberale Mitte", so Henning Eichberg in seiner Untersuchung über Thingspiele, „versuchte zeitweilig, sich entsprechende Verhaltensformen und Formationen zuzulegen … Aufmarsch, Uniformierung und Fahnenkult, die damals zum fundamentalen Bestandteil politischen Handelns gezählt wurden."[13]

Max Reinhardt, argwöhnisch und neidisch beobachtet von den Faschisten, vervollkommnete in seinen Inszenierungen „Massenentfesselung" und „Massendisziplin". Er wurde, wie die unübersehbaren Parallelen zwischen dem Raffinement seiner Aufführungen und denen des NS-Regimes zeigen, zum unwillentlichen Lehrmeister.

Die Parallelen gehen teilweise bis in Detail. So missbrauchten die sorgfältig vorbereiteten Sprechchöre der NSDAP-Wahlveranstaltungen vor 1933 wie der Versammlungen danach mit ihrem aufwühlenden, alle Beteiligten in rauschartige Erregungszustände versetzenden Stakkato die szenisch-akustischen Mittel Reinhardts zu ihren Zwecken; übertrugen die mitreißende Wirkung des theatralischen „Massenschreis" (Julius Bab hatte ihn in seinen

Abb. 103: Hitler-Rede auf dem Reichsparteitag in Nürnberg am 9. September 1938

Kritiken als Errungenschaft der Reinhardt'schen Massenregie gefeiert) in den politischen Kult. Die einstudiert „spontan" von ihren Sitzen aufspringenden „Volksgenossen" blendeten das Publikum und bezogen es in das Geschehen ein wie zuvor Reinhardts zwischen den Zuschauern postierte Schauspieler. Die geordneten Aufzüge, feierlich wie Prozessionen in Reinhardts Massenpantomimen, wandelten die schreckenerregende Masse in disziplinierte Riesenornamente, machten aus Hitlers „ungeheure(m) menschlichen Drachenwurm"[14], als welchem ihm demonstrierende Wiener Arbeiter erschienen waren, „Bataillone der Zucht und Ordnung"[15]. Podien, Tribünen und Rednerkanzeln verhalfen, sorgsam angestrahlt, dem einzelnen Redner zum Eindruck der einsam-überragenden Gestalten Reinhardt'scher Antiken-Dramen, der von Parteigrößen zelebrierte Gang durch die Massen zeigte die Führungspersönlichkeit inmitten von Menschenfluten wie einst den Oedipus Alexander Moissis im Zirkus Schuhmann usw..

Ein Gestaltungsmittel Reinhardts, welches auf die öffentlichen Darstellungsformen im Dritten Reich ebenso befruchtend wirkte wie dessen bildnerischer Umgang mit Masse und Individuum, blieb bisher unerwähnt: der das Massentheater stützende und stimulierende Einsatz von Großarchitekturen. Das Stichdatum hierfür liegt fest. Am 29. September 1903 ging in Reinhardts Neuem Theater nicht nur die Premiere von Oscar Wildes *‚Salome'* über die Bühne, der tödliche Geschlechterkampf verlief inmitten einer Szenerie, welche herkömmlichen Bühnenbildern, den nach Reinhardt „erbärmlichen Fetzen" gemalter Soffiten und Prospekte, die endgültige Absage erteilte. Reinhardt hatte ein dreidimensionales Bühnenbild, hatte „echte" Bauten herstellen lassen. Sein Gespür für Zeitgeschmack erwies sich auch in diesem Fall als richtig, das dreidimensionale Bühnenbild setzte sich innerhalb kurzer Zeit auf allen deutschen Bühnen durch. Im Neuen Theater wurde verwirklicht, was Edward Gordon Craig, der englische Schauspieler, Regisseur und Theatertheoretiker, zunächst in England erkannt hatte. Reinhardt bemühte sich um eine Zusammenarbeit. Mehrere Projekte scheiterten an Craigs hybrider Gestaltungsfanatik, sein Anliegen aber, wie die Bühnenbilder beweisen, war bei Reinhardt in besten Händen. Verantwortlich für die Bühnenbauten der *‚Salome'* zeichnete der Bildhauer Max Kruse. Seine auf Ägyptenreisen vertiefte Vorliebe für das starrmassige Herrschaftspathos sparsam dekorierter Kuben verschaffte Reinhardt die erwünschte „Kunst monumentaler Wirkungen"[17]. Kruses erste, noch nicht zugunsten der engen Bühnendimensionen des Neuen Theaters beschnittenen Entwürfe zeigen die zeitgenössischen Tendenzen der Architektur auf einem Höhepunkt: Am linken Bühnenrand, Zwitterwesen zwischen Mausoleum und Tempel, erhebt sich ein aus Werkstein gefügter annähernd würfelförmiger Bau; nicht nur ein Palast des Herodes, sondern ewiggültiger Archetyp von Herrschaftsarchitektur schlechthin. Davor breitet sich die zu Dimensionen eines weiten Tempelvorhofs oder Aufmarschplatzes ausgeweitete Palastterrasse. Untersetzte Brüstungsmauern, spiegelglatte Sockel, kompakte Treppen und eine im Hintergrund lauernde Sphinx vervollständigen den Schauplatz.

Abb. 104: Edward Gordon Craig, Szene, 1909

Für Weite und zugleich kryptisch-magische Atmosphäre sorgt ein sich endlos dehnender Sternenhimmel. Nach Schinkels Vorbild, der für seine Zauberflötendekoration 1815 einen tiefblauen, den Begriff vom Himmelsgewölbe wörtlich nehmenden Prospekt vorgesehen hatte, ließ Kruse im Bühnenhintergrund eine halbrunde Leinwand bis zum oberen Bühnenrand ragen. Wie auf der Schinkelschen Vorlage sollten regelmäßig angeordnete Sternen-Streifen gleich den Rippen eines Gewölbes den Schauplatz als stilisiertes Abbild einer kosmologischen, unabänderlichen Gesetzen unterworfenen Welt kenntlich machen. (Von hier besehen, entpuppt sich Speers Lichtdom ein weiteres Mal als Gelenkstück des bedeutungsgesättigten Bauens im Dritten Reich. Schinkels und Kruses streng symmetrisches Firmament mit regelmäßigen Scheinwerferstrahlen in die Realität übertragend, übernahm der Lichtdom mit der Form auch die Botschaft: das Dritte Reich, in Nürnberg durch den Reichsparteitag repräsentiert, gewinnt in ihm zugleich symbolische und reale Gestalt.)

Kurz nach dem Sensationserfolg der *‚Salome'* und ihrer Bühnenarchitektur ging Hugo von Hofmannsthais *‚Elektra'* in die Premiere (30.10.1903). Lovis Corinth entwarf für beide Aufführungen Kostüme, deren Stil zwischen adaptierter und interpretierter Vorgeschichte schwankte. Max Kruse stellte sich ein weiteres Mal als Bühnenbildner zur Verfügung. Hofmannsthals präzise Angaben über die zu gestaltenden Örtlichkeiten ergänzten sich ideal mit Kruses Vorlieben: „Das Innere des Hauses liegt zunächst ganz im Dunkel, Tür und Fenster wirken als unheimliche schwarze Höhlen … auf der Mauer, auf der Erde scheinen große Flecken von Blut zu glühen"[18], so der Dichter zu der Art, wie die Bühnenarchitektur in sein archaisch-modernes Drama einzubeziehen sei. Kruse entwarf Bauten, deren zyklopisch vor dem Betrachter getürmtes Mauerwerk die Höfe und Wälle des wenige Jahrzehnte zuvor von Heinrich Schliemann ausgegrabenen Troja und Mykene zu zeitlosen Metaphern von Macht und Schicksalsgebundenheit wandelte; Dekorationen von „wahrhaft gespenstischer, suggestiver Kraft"[19], die selbst Bismarckdenkmäler

Abb. 105: Carl Czscheka, Bühnenbild zu „König Lear", Deutsches Theater Berlin, 1908

und Behrens-Bauten in den Schatten stellten. Das Projekt einer *‚Romeo und Julia'*-Inszenierung, wofür der Bildhauer „ganz auf Plastik und Raum gestellte (Skizzen), Häuser (als) turmartige Festungen“[20] entworfen hatte, scheiterte. Kruse kehrte zur Bildhauerei zurück; Max Reinhardt setzte die neue Bühnenbaukunst mit Hilfe von Malern und Architekten fort.

Ernst Stern, der zuvor meist harmlos verspielte Illustrationen gezeichnet hatte, entwickelte sich zum bedeutendsten Bühnenbildner Reinhardts. Sterns Kulissen für *‚Penthesilea'* (1911) und *‚Lysistrata'* (1908) führten den von Kruse in Gang gesetzten Prozess blockhaft-mächtiger Stilisierung fort. Von allen Zufällen schmückenden Beiwerks bereinigte Tempelfronten, Pfeiler und Säulen, Bastionen, Wälle, Treppen und Podeste bildeten den architektonischen Grundbestand. Der Wiener Architekt Alfred Roller schuf für Hugo von Hofmannsthals *‚Oedipus und die Sphinx'* gigantisch anmutende, kahle Schrägen und Mauerfluchten.

Hauptmotiv seines Bühnenbildes für *‚Faust 1'* war, trotz kleinlich naturalistischer Altstadtidyllen, eine aufragende Stadtmauer. Carl Czscheka, „ein Monomane des Ornaments“[21], gestaltete Shakespeares *‚König Lear'* (1908). Großformatige Ornamente, gleichmäßig über die Architekturen wie über die Kostüme der Darsteller ausgebreitet, vereinigten Menschen und Bauten zu einander bestätigenden Bestandteilen einer Welt, die unerbittlichen Regeln folgt. Scheinbar endlose Wände von barbarischer Geschlossenheit, grobförmig-ausdrucksvolle Wandvorlagen und Sockel und düster-gähnende Tore, in ihrer lastenden Reduktion auf Urformen aufnahmebereit für Assoziationen von Vorzeit bis Gegenwart, boten Metaphern der Ewigkeit.

1906, als der Maler Emil Orlik in Shakespeares *‚Wintermärchen'* poetische Waldansichten mit trutzigem Quaderwerk wechseln ließ, erklärte Reinhardt sich am Ziel. Nun sei „die berühmte Manier von Craig“[22] erreicht.

Den Schritt zur Massenarchitektur vollzogen Max Reinhardt und seine Bühnenbildner mit den eingangs erwähnten Inszenierungen in Fest- und Ausstellungshallen. Den Anfang bildete die enthusiastisch gefeierte Aufführung des *‚König Ödipus'* 1910 in der Münchener Musikfesthalle. Hier endlich konnte der Bühnenrahmen, der Reinhardts Suche nach „dem theatralischen Symbol“[23], dem Publikum und Inszenierung zur ekstatischen Gemeinde verschmelzenden Gemeinschaftsraum behinderte, außer Kraft gesetzt werden.

Theodor Fischer, der sich als Stuttgarter Stadtbaumeister mit behutsam konservativen, sachlichen Bauten einen Namen gemacht hatte (1911 zeichnete er Craigs Entwürfen nahestehende Bühnenskizzen), baute die Münchener Halle nach Reinhardts Wünschen um; Franz Geiger schuf für die Aufführung feierlich-strenge, weithin als schicksalsträchtige Urformen erkennbare Treppen, Podien, Kuben und Rampen.

1911, als Reinhardt mit einer „Orestie“-Inszenierung sich in das Riesenrund des Berliner Zirkus Schuhmann wagte, war Alfred Roller zur Stelle. Seine „Palastfront mit wuchtigen Säulen“[24], ein auf Fernsicht berechnetes, stoisch-knappes Zitat des Löwentores von Mykene und des Totentempels der Hatschepsut, verdichtete die vorherigen Großformen zum baulichen Epigramm von Schicksalgebundenheit und zeitlos-tragischer Größe.

Dass mit den monumental-schlichten Pfeilern, Säulen und Kuben immer und überall verwendbare bauliche Grundformen von zeitloser Gültigkeit entwickelt waren, spiegelt eine Schilderung Heinz Heralds. Über eine 1916 im Berliner Deutschen Theater erfolgreiche Inszenierung von Büchners *'Dantons Tod'* berichtet er: „Reinhardt ... entschloss sich, den sichtbaren Teil des Revolutionsdramas im wesentlichen aus Menschenleibern und Licht aufzubauen. Eine neutrale Dekoration steht während des ganzen Abends auf der Bühne, die weder Innenszene noch Außenszene und daher beides ist. Rechts und links streben mächtige runde Säulenpaare von der Farbe verwitterten grauen Steins nach oben. Die wechselnden Hintergründe sind einfache Gerüste, verschiedenfarbige Vorhänge, Stufen ..."[25] Knapp zwanzig Jahre später, dies erhellt der Text Heraids, der sich wie eine unfreiwillige Gebrauchsanweisung für die Massenspektakel im Faschismus liest, arbeiteten die Dekorateure des Dritten Reiches ähnlich abstrahierend und ähnlich erfolgreich mit denselben Grundformen.

Die Grenze zur staatstragenden Bedeutung hatten die Bühnenbilder bereits 1913 überschritten, als Max Bergs Breslauer Jahrhunderthalle mit einer weihevollen Großveranstaltung anlässlich des hundertjährigen Jubiläums der deutschen Befreiungskriege eingeweiht wurde. Max Reinhardt, gebeten, seine inzwischen hochgeschätzte Massenregie in den Dienst eines Festspiels in deutschen Reimen zu stellen, das Gerhart Hauptmann eigens für diesen Anlass verfasst hatte, ließ zunächst von Hans Poelzig das Innere der Halle zum Imaginationsraum zwischen Kathedrale und antikem Theater gestalten. Ernst Stern schuf danach die eigentlichen Kulissenbauten, deren zeremoniöse Reduktionsformen in einer schier endlos sich dehnenden „schwarze(n) Riesentreppe zwischen zwei Bogenpfeilern"[26] kulminierten. Dem Hauptmannsehen Epos wurde deutschtümelnde, bramabasierende Unfähigkeit vorgeworfen; Sterns Kulissen fanden begeisterte Zustimmung.

Mochte Siegfried Jacobsohn 1910 vor „dem Eindruck der Kolossalität ohne kolossalen Eindruck"[27] warnen oder 1923 Oskar Fischi mit berechtigter Empörung verkünden, dass „vieles von dem Doktrinären, das (auf den deutschen Bühnen inzwischen) in unmotivierten Lichtstrahlen und imposanten Treppen die festlich großen Wirkungen zum alltäglichen Überdruss macht"[28], in falsch verstandener Nachahmung der großartigen Vorbilder Craigs zu suchen sei, Massenarchitekturen gehörten zum festen Bestandteil der deutschen Bühne. Alle anderen überragenden Ergebnisse lieferten die Inszenierungen in Max Reinhardts 1919 eröffnetem Großen Schauspielhaus, dem von Hans Poelzig umgebauten ehemaligen Zirkus Schuhmann. Bereits die erste Premiere, eine von Hofmannsthai bearbeitete Version der „Orestie", geriet zu einer Lehrstunde darüber, wie reale und fiktive Riesenbauten einander zu steigern vermochten. Ernst Sterns gigantische Bühnenbauten hierfür wie für die folgenden Inszenierungen waren Variationen der Poelzig'schen Architektur; die Stützen, Podien und Gänge des Theaters entwickelten dieselbe intensive Überredungskraft wie die Kulissen der zeitlos stilisierten Antike Reinhardts.

Wie durchlässig inzwischen die Grenze zwischen Kulisse und Architektur geworden war, verdeutlicht die steigende Mitarbeit führender deutscher Architekten an den Massenspielen im Großen Schauspielhaus. Hans Poelzig zum Beispiel lieferte 1920 Skizzen für die Bühnenbauten einer *'Hamlet'*-Aufführung, deren Dramatik sich wenig von den zu gleicher Zeit entworfenen Kriegsmalen, Museen oder anderen öffentlichen Großbauten unterscheidet. Bruno Taut zeichnete 1921 für eine Inszenierung von Schillers *'Jungfrau von*

Orleans' eine Kathedralenfront, deren expressiv stilisierende Reduktionsgotik im Theater verwirklichte, was die Sparzwänge der staatlichen Auftraggeber in der Realität verhinderten. 1923, als das infolge sehtechnischer und akustischer Mängel unvermeidliche Scheitern des Reinhardtschen „Theaters der Fünftausend" sich bereits abzeichnete, gelang mit Bühnenarchitekturen Hans Poelzigs in einer Inszenierung des *‚König Lear'* ein letzter, durchschlagender Erfolg. Der Architekt hatte vollbracht, was in dieser Vollendung keinem Bühnenbildner geglückt war: Bühne und Zuschauerraum schienen identisch, Lear und sein Gefolge waren ebensosehr ein Teil der dem Publikum vertrauten Welt wie die feierlichen, lichtdurchzuckten Bögen des Hauses und der Bühne; die archaische und die moderne Welt wurden im Großen Schauspielhaus für einige Stunden eins.

Verglichen mit Poelzigs Kulissen, die das Schicksal des Lear in präziseindrucksvolle architektonische Allegorien übertrugen, stellt das orgiastische Reih und Glied von Pfeilern und Treppen in Bauten des Faschismus plump verflachendes Kopieren dar. Dennoch ist nicht zu übersehen, dass in den Kulissen im Großen Schauspielhaus geradezu der Inbegriff dessen vorbereitet ist, was während des Dritten Reiches als „deutsches Bauen" galt. In der rigiden Symmetrie von Poelzigs Freitreppe, welche auf einen stereometrisch-strengen Arkadengang aus Rechtecken mündet, konzentriert sich das später verbindlich werdende Pathos von Gerade und Schanze, findet sich die theatralische Archaik der „Worte aus Stein" vorgeprägt.

Abb. 106: Hans Poelzig, Bühnenbild zu König Lear, Großes Schauspielhaus Berlin, 1923

Kuben, Treppen und Podeste

REDUKTIONSARCHITEKTUR AUF DEN BÜHNEN DER ZWANZIGER JAHRE

Einen Tumult, der selbst im Theaterskandale gewohnten Berlin der zwanziger Jahre Aufsehen erregte, verursachte 1929 die Uraufführung von Walter Mehrings *,Kaufmann von Berlin'* an der Piscator-Bühne. Eine von Laszlo Moholy-Nagy für die Inszenierung angefertigte Projektions-Collage traf nicht nur den Nerv der erregten Zuschauer, sie wurde über den unmittelbaren Anlass hinaus zum bis heute gültigen Emblem jener Jahre – die bildgewordene Atmosphäre der Weimarer Republik. Thema der Collage ist das Chaos. Berlin, stellvertretend für den jungen Staat, erscheint als unüberschaubarer, wirbelnder Sog aus Gebäude- und Menschenmassen. Dominanten inmitten des verschlungenen Gewühls sind wieder und wieder Bauten und Gegenstände, die das sogenannte Technische Zeitalter versinnbildlichen – Schlote, Fernbahnen, Gleise, Leitungsmasten, Lokomotiven, Flugzeuge, Autos und Fabriken. Als Riesenrachen klaffen Tunnels und Bahnhofshallen; das historische Berlin bleibt weitgehend ausgespart, Neues Bauen rast keilförmig auf den Betrachter zu, Hochhäuser kippen ins Nichts, Vergnügungspaläste taumeln. Dazwischen marschierende Arbeiter, Soldatentrupps und Reihen beinschwingender Girls. Moholy-Nagy lässt Berlin beziehungsweise die Republik im berüchtigten Tanz auf dem Vulkan wirbeln. Zwischen dem Zeitenstillstand der eben behandelten Bühnenarchitekturen und der Flut dynamischer Metaphern, wie sie Piscators *,Kaufmann von Berlin'* bot, liegen Welten.

Betrachtet man die Vielzahl der Theaterexperimente in jenen Jahren, so spiegelt sich im Gewirbel der Moholy-Nagy-Collage auch die Situation der deutschen Bühnen selbst. Die Bühnenexperimente dieser Zeit glichen einer Gratwanderung zwischen Entfaltung und Zersplitterung der Kräfte, sie wurden angetrieben durch den stetig wachsenden Erfolg des konkurrierenden Films. Ihm suchte man mit einer beispiellosen Ausweitung der theatralischen Darstellungsformen zu begegnen. Zeitstück und Polit-Revue, Klassisches in aktualisiertem und betont traditionellem Gewand, Singspiel, Kabarett und Boulevard, Startheater und Theaterkollektive bestanden neben- und gegeneinander.

Bei aller Vielfalt auch der Bühnenbild-Experimente aber bildete die weiter bestehende Neigung zu abstrahierend-architektonischen Grundformen einen ruhenden Pol inmitten der hektischen Aktivität. Andeutung an Stelle von ausmalenden Details, raumgreifende Gerüste, Podien und Blöcke umgaben als in sich ruhende Stimmungsträger die Experimente in Staatstheatern, Kammerbühnen und Opernhäusern, verliehen auch den neuartigsten Aufführungen einen Hauch epischer Starre.

Erwin Piscator und Leopold Jessner, die als bedingungslose Neuerer der Bühne allgemein Aufsehen erregten und zum Teil wegen ihres politischen Engagements sich zeitweise wahren Rufmordkampagnen der Rechten ausgesetzt sahen, perfektionierten in ihren Aufführungen die Aussagekraft der Reduktionsarchitekturen: Erwin Piscator sonderte im eben erwähnten *‚Kaufmann von Berlin'* im Lauf der Handlung Einzelbilder aus dem tosenden Wirrwarr der Stadt. Für Aktualität sorgten Versatzstücke des modernen Alltags wie Neonröhren, Tageszeitungen und die zeitgenössische Kleidung der Akteure sowie die berühmt gewordenen Filmeinblendungen Piscators. Momente zeitloser Gültigkeit wie die andauernde Macht des Kapitals, des Militärs und der Schieber versinnbildlichten Treppen und Postamente, auf denen die Betreffenden posierten und schritten wie Denkmäler ihrer selbst.

Dem „Tendenzdrama gegen das Kapital, ... (der) Revue kindisch geifernden Hasses"[29], wie die konservative Presse sich empörte, waren ebenso umkämpfte Aufführungen gleichen Stils vorausgegangen. So verliehen den im Berliner Theater am Gendarmenmarkt inszenierten *‚Räubern'* (1926) die Bühnenbilder von Traugott Müller – Säulen, Treppen und Plattformen, je nach Anforderung der Szene als Schloss oder Wald, Denkmalsockel oder Versammlungsort genutzt – dramatisch zeitlose Gültigkeit.

Das Schlussbild von Alfons Paquets Stück *‚Fahnen'*, das Piscator 1924 an der Berliner Volksbühne herausbrachte, bietet einen weiteren Beleg für auf der Linken vorgeformte Darstellungsmittel, denen die nationalsozialistische Öffentlichkeitsarbeit so viel ihrer Überzeugungskraft verdankt. Der Bühnenbildner Edward Suhr nämlich präsentierte, vom technischen Apparat der Volksbühne gestützt und verfeinert, was zur gleichen Zeit bei linken Massenveranstaltungen zum Fundus beeindruckender Selbstdarstellung zählte. Feierliche Aufmärsche, endlos wirkende Fahnenreihen, Sprechchöre usw. bildeten den stimulierenden Rahmen sozialdemokratischer Weihespiele oder kommunistischer Sprechchorwerke, die begeisterte Zustimmung der daran Teilnehmenden fanden. „Totenehrung und Fahnenweihe, Symbolkult und Rhythmisierung, chorische und Scheinwerfereffekte", Darstellungsmittel auch der Piscator-Inszenierung, zählt Henning Eichberg zu den wichtigsten strukturellen Entsprechungen zwischen linker und faschistischer, auf Massen bezogener Festkultur.[30] Edward Suhr baute ein zentralperspektivisches Mauergeviert mit zum Publikum hin offener Seite, dessen Begrenzungen sich dem Hintergrund zu schachtartig verjüngen. Darüber reckt sich eine Wand schräggestellter, überdimensionaler Fahnen. Ein von lodernden Fackeln besetzter blockhafter Katafalk mit einem mahnmalartig drohenden Sarg bildet den düster-pathetischen Endpunkt. Ersetzt man in Gedanken Piscators entschlossen wachenden Arbeiter durch die uniformiert-versteinerte Gestalt der Ehrenwache, wird Suhrs Bühnenbild vollends zur Rohform des Staatstheaters vor der Feldherrnhalle und auf dem Königsplatz in München.

Die Masse war selbstverständlich eines der Hauptthemen in den Inszenierungen Piscators. Unter der Losung „Die Kunst dem Volke" erteilte der Regisseur 1929 in seiner Schrift zum politischen Theater dem Individualismus von Bühne und Realität eine eisige Absage: „Gegossen in den Schmelztiegeln der Großindustrie, gehärtet und geschweißt in der Esse des Krieges standen die Massen 1918 und 1919 drohend und fordernd vor den Toren des Staates,

Abb. 107: John Heartfield und Erwin Piscator, Spielgerüst (Praktikabel) für „Trotz alledem", 1925

nicht mehr ein Haufe, eine wahllos zusammengewürfelte Rotte, sondern ein neues, lebendiges Wesen mit einem neuen Eigenleben, das nicht mehr die Summe von Individuen war, sondern ein *neues gewaltiges Ich*, angetrieben und bestimmt von den Gesetzen seiner Klasse."[31] Verbinden sich schon in Piscators Worten die Visionen der Linken von einer geeint handelnden Arbeiterklasse unfreiwillig mit den faschistischen Wunschbildern von der formierten (kontrollierbaren) Masse, so erst recht in den lebenden Bildern einer Massenaufführung, der Piscator-Revue „Trotz alledem".

Die Idee dafür entwickelte Piscator im Frühjahr 1925, als er im Auftrag des Arbeiter-Kultur-Kartells eine Sonnenwendfeier (!) in den Gosener Bergen gestalten sollte. Auch hier erhellen Piscators Ausführungen, in welchem Ausmaß die Dekorateure des Faschismus profitierten: „Wir dachten die Aufführung in riesigen Ausmaßen. 2.000 Mitwirkende waren vorgesehen, zwanzig große Scheinwerfer sollten den arenaartigen Talkessel erhellen, und zur Charakterisierung waren ... große, übersteigerte Attribute in Aussicht genommen."[32] Das Projekt zerschlug sich, Teile davon gelangten zur Ausführung, als Piscator von der KPD gebeten wurde, zur Eröffnung des Berliner Parteitags am 25. Juli 1925 in Reinhardts Großem Schauspielhaus eine Vorstellung zu erarbeiten.

‚Trotz alledem', von Piscator im Rückblick abwechselnd als „dokumentarisches Drama" oder „politische Revue" bezeichnet, wurde zu einem doppelten Triumph der Massen. John Heartfield lieferte die Bühnenausstattung für eine Inszenierung, in welcher Komparsen-Scharen und Einzeldarsteller vor zuschauenden Massen die Ereignisse im Deutschland der Jahre zwischen 1914 und 1919 Revue passieren ließen. Den Angelpunkt aller Szenen stellte ein aus Terrassen, Schrägen und Treppen zum Riesenkubus gefügtes Spielgerüst; Piscator sah in diesem „Praktikabel" „das Prinzip des reinen, zweckhaften Spielgerüsts ... Nichts (sei) mehr da, um etwas zu scheinen, um das Spiel selbst zu unterstützen, zu verdeutlichen, auszudrücken."[33]

Dass hinterrücks sich eine ganze Welt von Bedeutung einschlich, verdeutlicht bereits die Entwurfszeichnung, welche Piscator seinen Erläuterungen beifügte. Auf ihr geraten die Schraffuren einer einfachen, das Spielgerüst hinterfangenden Projektionswand zur Gloriole; steilt der Kubus sich gleich den sattsam bekannten ägyptischen Tempeln in die Höhe. Dass jeder, ob Revolutionär oder „Führer", auf solchem Postament gotthafte Züge anzunehmen imstande ist, wussten die Bau- und Dekorationskünstler im Dritten Reich zu nutzen. Hitlers sogenannte Führerkanzel in Nürnberg oder die unzähligen anderen Rednerpodeste und -pulte des „Dritten Reiches" sind die illegitimen Nachfolger des Praktikabel, welches in der suggestiven Umgebung des Großen Schauspielhauses, von Scheinwerfern bestrahlt und mit Fahnen geschmückt, als Siegesmal der Linken gewirkt hatte. Heartfields schlicht-eindrucksvolle Blockarchitektur (die vielleicht auch anregend auf Mies van der Rohes von den Nazis zerstörte Berliner Gedenkstätte für Karl Liebknecht und Rosa Luxemburg gewirkt haben mag) stellte den überzeugenden Rahmen einer Szenerie, die Piscator folgendermaßen beschreibt: Im Großen Schauspielhaus saßen „klassenbewusste Arbeiter, der Sturm brach los ... die Masse übernahm die Regie."[34] Um kontrollierte Stürme losbrechen zu lassen, wobei keinen Moment die Regie aus der Hand gegeben wurde, bedienten sich die Massenspektakel im Dritten Reich der – protzig dekorierten – Urformen des Praktikabel.

Das Staatstheater in Berlin, vor 1918 als Königliches Schauspielhaus die ranghöchste theatralische Institution des wilhelminischen Deutschland, wurde Kraft dieser Tradition beziehungsweise der neuen Aufgabe als Zentralbühne der Republik während der zwanziger Jahre zum Gradmesser der öffentlichen (bürgerlichen) Meinung. Was und wie hier gespielt wurde, galt, jenseits von Regie- und Schauspielkunst, als exemplarisches Beispiel dessen, wie der neue Staat mit dem kulturellen Erbe umging. Die Bühnenbilder vieler dortiger Aufführungen setzten die Tradition der vielgelobten Reinhardt'schen Reduktion auf Wesentliches fort. Bis zur Weißglut gereizt von den angebli-

Abb. 108: Emil Pirchan, Szenenentwurf zu „Wilhelm Tell", Staatl. Schauspielhaus Berlin, 1923

chen Klassiker-Schändungen des neuen Intendanten Leopold Jessner, reagierte man allergisch auch auf die Bühnenbauten. Die „Jessner-Treppen" wurden zum Spottnamen. Emil Pirchan, Meister im Umgang mit architektonischen Bühnenelementen, schuf die Architekturen für die Jessners Ruf und Verruf begründenden Aufführungen von *‚Wilhelm Tell'* (1919) und *‚Richard III.'* (1920). Expressionistischer Überschwang stellte das Grundmotiv der Darstellung: flackernde Unruhe, übersteigerte Gestik und atemberaubend schnell vorgetragene Wortkaskaden. Pirchans Kulissen setzten den unbeweglichen Kontrapunkt: im *‚Tell'* ein von Sockeln durchbrochenes, allein zum Publikum geöffnetes hohes Stufenkarree, im *‚Richard'* schwindelerregende Riesentreppen, überragt von zyklopischem Mauerwerk, oder ein drohendes Rundbogenportal, eingemeißelt in undurchdringlich-glattes Mauerwerk, die strenge Symmetrie betont durch links und rechts angeordnete, gleich hohe und breite Podeste. Wie später in *‚Macbeth'* (1923) oder *‚Napoleon'* (1925) erreichte die Architektur der Bühne ein selbst den Reinhardt'schen Reduktionen überlegenes Höchstmaß an Konzentration: Kubus, Wand und Treppe waren endgültig aus jeglichem eindeutigen historischen Bezug gelöst, wurden zu jederzeit abrufbaren architektonischen Sinnbildern von Ewigkeit, Würde, Macht, Schicksal, von Rangunterschieden und -grenzen. Bedeutungsträger von schier unerschöpflicher Vielfalt.

Fritz Kortner, mehrere Jahre erster Schauspieler Jessners, hatte mit Skizzen den Regisseur zu den berühmten Treppen der Staatsbühne angeregt. Kortner, als Schriftsteller ebenso präzis wie als Schauspieler, beschreibt in seiner Autobiographie Gestalt und Wirkung der Pirchan'schen Bühnenbilder. Als aufmerksamer Beobachter von Jessners Werdegang, dessen Inszenierungsstil Kortner als Entwicklung von radikal-sozialdemokratischen Stand-

Abb. 109: Emil Pirchan, Dekoration zu Shakespeares „Richard III.", Staatliches Schauspielhaus Berlin, 1920

Abb. 110: Max Fritsche, Szenenentwurf zu „König Ödipus“, Münster, 1929

punkten zu einem nach allen Seiten beschwichtigenden Liberalismus kennzeichnet, gibt er mit seiner Schilderung auch ein prägnantes Zeugnis, wie die „Jessner-Treppen“ sich vom revolutionären zum vaterländisch-konservativen architektonischen Abbild wandelten:

„Das Theater also gebärdete sich noch links, als die Rechte geheimbündlerisch schon ihren Sieg vorbereitete. Aus diesem chaotischen Gewoge wuchs die Jessner'sche Wilhelm Tell-Inszenierung ... Ein Treppenrechteck ... erregte, damals neu, gegnerische Heiterkeitsstürme ... Jessner hatte für Richard III. die Grundvorstellungen, die ich hatte, akzeptiert ... Auf dem Auf und Ab der Treppen sollten sich Glück und Ende Richards abspielen ... Die Kostüme gaben kein Zeitbild, die Dekoration kein Kolorit der Periode. Alles war der Machtgier unterstellt.“[35]

Während also ursprünglich, wie Fritz-Kortner anschaulich beschreibt, die Symbolik der zeitlosen architektonischen Grundformen als an den Betrachter appellierende Aufforderungen zu Veränderung verfestigter Zustände eingesetzt wurden, genügten einige wenige Änderungen, um die Grundformen zu Garanten vaterländischer Größe werden zu lassen. Kortner schreibt: „Als Verbeugung vor der an Einfluss auch im kulturellen Leben zunehmenden Reaktion breitete Jessner realistische Grasteppiche auf die Treppen, die nun etwas niedriger waren als die originalen ... der Sprecher (des Attinghausen) wurde auf ein Podest gesetzt und durch volles Scheinwerferlicht denkmalhaft heroisiert ... Am Schluss der zweiten Wilhelm Tell-Premiere im Jahr 1923 sang das Publikum stehend das Deutschlandlied.“[36]

Das Ewigkeitspathos der im Dritten Reich gebräuchlichen Stufenrechtecke und Podeste benötigte kein verharmlosendes Gras mehr, ja musste dies

Abb. 111: Ewald Dülberg, Szenenentwurf zu „Fidelio“, Krolloper Berlin, 1927

sogar vermeiden. Wohl aber bedurfte es der stützenden Hilfe der architektonischen Sinnbilder, die sich auch am Staatstheater von solch großartiger Wirksamkeit gezeigt hatten.

Von Berlin aus hatte sich die Reduktionsarchitektur über die deutschen Bühnen verbreitet. (Die zahlreichen gefeierten Gastspiele der Reinhardt-Bühne hatten bereits vor dem Ersten Weltkrieg den Boden bereitet.) So genügten zum Beispiel in Düsseldorf 1920 zwei beiderseits der Bühne postierte nackte Vierkantpfeiler und ein plastischer Kreis (Walter von Wecus), durchkreuzt und magisch gesteigert von Scheinwerferstrahlen, um die Stationen eines Wiedergeburtsdramas zu markieren. Streng zentriert geschichtete Podeste und eine gezackte Raumplastik (Theodor Caspar Pilartz) gaben die sparsameindrückliche Szenerie für Knut Hamsuns „Königin Tamara“. In Münster lief 1929 vor stämmigen, scharfkantigen Kuben (Praktikabeln) und einer scheinbar endlosen Folge nackter Vierkant-Türme (Ma Fritsche) eine Aufführung des „König Ödipus“. Zahlreiche Übernahmen fanden die Bühnenbauten in Operninszenierungen. Die Berliner Krolloper hatte in Ewald Dülberg einen Bühnenbildner, der „Fidelio“, „Die Zauberflöte“ und Wagners Opern mit spartanisch-feierlichen Räumen aus Tetraedern, Würfeln, Zylindern und Treppenfluchten ausstattete.

Der Übertritt solcher Bühnenbauten in die Realität vollzog sich im Randgebiet der darstellenden Künste: In Oberammergau, dessen Passionsspiele von den Nazis aufmerksam studiert und während des Dritten Reiches geduldet wurden, entstand 1928/29 ein Bühnenbau (Hocheder/Breitsamter), der alles Provisorische hinter sich ließ. Ausgangspunkt war ein 1890 von Ludwig Lang und einem Münchener Theatermaschinenmeister erneuertes plastisches Bühnenbild aus dem Jahr 1830 (Nikolaus Unhoch). Zwei entscheidende Neuerungen wurden veranlasst: alle illusionistische Malerei (Kopien von Michelangelos Malereien in der Sixtinischen Kapelle samt der römischen Moses-Figur) wurde beseitigt, die Aufbauten, unter Verzicht auf alle vorherigen historistisch-antiken Dekorationen, wurden in Stahlbeton und witterungs beständigem Steinmaterial ausgeführt. 4.200 Zuschauer (ab 1930 5.200) verfolgten Massenszenen, die sich in und vor wirklichen, riesigen Bauten abspielten, deren Gesamterscheinung wenig mit dem biblischen Vorbild, aber viel mit den zeitgenössischen Vorstellungen von dramatisch-festlicher Baukunst zu tun hatte. Beherrscht wird die Bühne von einem mächtigen, breitgelagerten Portikus. Breite Wandfelder – Pilaster, Eckpfeiler und Tortürme in einem – rahmen eine guckkastenförmige Bühne auf der Bühne, hinter der sich (als einzige aus Leinwand und Pappe geformte) Kuben erstrecken; die neusachlich kargen Häuser Jerusalems, schwebend zwischen den beschriebenen Bühnenbauten und George Grosz' oder Christian Schades Großstadtszenen. Über dem Mittelbau lastet ein breitgezogener, reliefgeschmückter Giebel.

Rechts und links des Mittelbaus wölben sich breitleibige Rundbögen, links den Blick freigebend auf die mit gestaucht-voluminösen Säulen umstellte Via dolorosa, rechts auf eine zwischen hermetisch verschlossenen Mauern verlaufende Gasse. Auf beiden Seiten – strengste Symmetrie ist ein Grundgesetz dieser Bühne – folgen einwärts geschwungene Fassadenabschnitte, jeder für sich eine abgeschlossene Kleintempel-Front und beide wirkungs steigernde Seitentrakte des Mittelbaus. Wieder rahmen pfeilerartig wirkende Wandvorlagen eine zwischen Tor und Bühne schwankende Rechtecköffnung; je zwei schlanke Vierkantpfeiler unterteilen die Fronten. Davor erheben sich halbrund geschwungene Treppen, die sich, eine podestartige Spielfläche aussondernd, zwischen den Pfeilern fortsetzen. Rundbögen am linken und rechten Bühnenrand, auch sie über Stufen erreichbar, beschließen die Szenerie. Im Lauf des Spiels entwickeln – noch heute nachprüfbar – diese neoklas-

Abb. 112: Paul Bonatz, Stuttgart Hauptbahnhof, Foto vor 1933

sisch-sachlichen Grundformen erstaunliche Vielseitigkeit. Ob die drohende Festung Antonia des jüdisch-orientalischen Königs Herodes gefordert ist oder der römisch-antike Palast des Prokurators Pilatus, ob die glaubensbrünstige Atmosphäre des jüdischen Tempels oder die mauerbewehrte Außenseite des türmereichen, befestigten Jerusalem, allen Schauplätzen verleiht die Bühnenarchitektur, im Verbund mit den Massenszenen, glaubwürdige Suggestivität.

Was in Bauten wie Bonatz' Stuttgarter Hauptbahnhof oder Messels Pergamonmuseum in Berlin sich als (mehr oder weniger deutliche) Aura von Tempelkunst und Feierlichkeit um die jeweiligen vordergründigen Funktionen legt, was in den Bühnenarchitekturen pure, aber provisorische Selbstverständlichkeit ist, zeigt in der zwischen Realität und Fiktion schwebenden Oberammergauer Architektur seine eigentliche Bestimmung. „Die Tempelfront wird wieder in ihr Recht eingesetzt"[37], charakterisierte 1931 der Kunsthistoriker Richard Hamann die ab 1900 bis in seine Zeit reichenden neoklassischen Tendenzen der Baukunst. Schwerlich hätte irgendein anderes Gebäude, als eben die christlich-kultischen Aufführungen geweihte Tempelfront in Oberammergau den Anspruch auf absolute Berechtigung ihrer feierlichen Formen anmelden können. Zum Unrecht missbraucht wurde, mitsamt dem Vokabular der beschriebenen Bühnenbauten, die Tempelfront nach 1933: George L. Mosse vermerkt in seiner Untersuchung über die Nationalisierung der Massen, dass Hitlers zahlreiche Skizzen für Theater- und Opernhäuser kaum Platz für Zuschauerräume und Bühne bieten: „Seine Skizzen weisen Züge auf, die schließen lassen, dass er sich, wenn auch vielleicht unbewusst, mit zeremoniellen Gesichtspunkten befasste. So nehmen in seinen Entwürfen … Hallen und Treppen viel mehr Raum ein als Zuschauerräume oder die Bühne … Der Nachdruck der Raumgestaltung liegt auf der Freitreppe und den Wandelhallen."[38]

Begutachtet man die für alle Selbstdarstellungsformen der Partei und ihrer Anhänger zutreffende Vorliebe für zeremonielle Auftritte und deren architektonisches Umfeld vor der Folie von Bühnenbauten, so erweisen sich Hitlers Skizzen als dilettantische Vorübungen zu einer Baukunst, die unter seiner Regie die Realität zur Bühne umformte. Die Opernhausentwürfe bilden in dieser Hinsicht sozusagen eine Zwischenstufe, die den Herkunftsort der angeblich neuen Baukunst miteinbezieht: Im Bild gesprochen erobern die zu überzeugenden Schaubildern zeremoniell-rahmender Architektur gewordenen Bühnenbauten den sie umschließenden Raum, von wo aus sie einige Jahre später sich zur allgemeinverbindlichen Baukunst emanzipieren.

Die Bühnenbaukunst selbst, nachdem sie ihre besten Errungenschaften an die Inszenierungen der wirklichkeitsverschleiernden Gebäude hatte abgeben müssen, sank im Dritten Reich auf das Niveau plumpen Naturalismus zurück. Ein Prozess von tragikomischer Folgerichtigkeit. Während im realen Baugeschehen der eindringliche Symbolismus von früheren Bühnenbauten die Illusion perfektionierte, gerieten die Kulissen zu harmlosen Illustrationen.

Auch in dieser Beziehung ist das Nürnberger Reichsparteitagsgelände diejenige Architektur, worin die geschilderten Vorgänge kulminieren: Die Luitpoldarena mit dem (bereits 1922/27 von F. Mayer errichteten) Gefallenenehrenmal, der schnurgeraden Führerstraße, ihren Terrassen und Stufen samt

Abb. 113: Fritz Mayer, Blick auf Ehrenhalle an der Luitpoldarena in Nürnberg, 1930 eingeweiht

Abb. 114: Jan Julius Hahlo, Bühnenbildentwurf zu „Jedermann" Großes Schauspielhaus Berlin

der auf einer Mittelachse unmittelbar dem Memorienbau gegenüber plazierten Führerkanzel gleicht bis aufs Haar den zahlreichen vorangegangenen Theaterinszenierungen: Die Bogenfolge des Gefallenenmals, zur nächtlichen Ehrung magisch von innen beleuchtet, wirkt als reale Version der von Jan Julius Hahlo entworfenen, ebenso ergreifend strahlenden Bögen für einen *‚Jedermann'* im Großen Schauspielhaus Berlin; die Führerstraße, auf der Hitler gravitätisch einsam und von Massenformationen gerahmt zur Ehrung schritt, bediente sich der inszenatorischen Magie, mit welcher Ödipus und Orest auf vollkommen gleiche Weise im Massentheater und seinen Bauten Opfergänge vollzogen hatten.

„Der erste Dramatiker wusste, was der heutige noch nicht wieder weiß, dass nämlich die Zuschauer ... begieriger zusehen würden, was er tat als zuhören, was er sagte"[39], hatte Edward Gordon Craig während seines Kampfes für eine festlich-feierliche Bühnenkunst formuliert. Viele Verantwortliche des deutschen Theaters hatten ihn begriffen. Die Dramatiker des Dritten Reiches, mit furchtbaren Konsequenzen, ebenfalls.

Anmerkungen

1 Jürgen Fehling, mühsam abgeschirmt von Gründgens, setzte in Inszenierungen wie „Richard III." die Traditionen des Theaters der zwanziger Jahre fort: „Die Spiegelung der Naziherrschaft mit ihren Lügen und Verrätereien, ihren Morden und Bluturteilen war atemberaubend – den Zuschauern (stockte) der Herzschlag." Ausstellungskatalog Gustaf Gründgens – Eine Dokumentation des Dumont-Lindemann-Archivs, München/ Wien 1981, S. 91

2 George L. Mosse: Die Nationalisierung der Massen, Berlin 1976, S. 10

3 Hans Johst: Bekenntnisse. Glaube!, München 1928, S. 36

4 Hans Johst: Standpunkt und Fortschritt, München 1933, S. 44

5 Emil Geyer: Reinhardts Dekorationen, in: Die Schaubühne, 1311905, S. 353

6 Alfred Kerr: Die Welt im Drama. Gesammelte Schriften, 5. Bd., Berlin 1917, S. 79

7 Vgl. Robert Matejka: Max Reinhardts Antiken-Inszenierungen. Darstellung und Versuch einer Analyse, Diss. phil. Wien 1969

8 Münchener Neueste Nachrichten; zit. nach: Heinrich Huesmann: Welttheater Reinhardt. Bauten, Spielstätten, Inszenierungen, München 1983, S. 23

9 Gusti Adler: Aber vergessen Sie nicht die chinesischen Nachtigallen. Erinnerungen an Max Reinhardt, München, Wien 1980, S. 87

10 Brigitte Läden: Max Reinhardts Massenregie auf der Guckkastenbühne von 1905–1910. Ein Versuch zu Darstellungsmittel und Regieintention, Bern, Frankfurt am Main 1976, S.19 Vgl. Peter Hoffmann: Die Entwicklung der theatralischen Massenregie von den Meiningern bis zum Ende der Weimarer Republik, Diss. phil. Wien 1966

11 B. Läden, a.a. 0., S. 116

12 Paul Franken: Vom Werden einer neuen Kultur. Aufgaben der Arbeiter-, Kultur-und Sportorganisationen, Berlin 1930; zit. nach: H. Eichberg: Das nationalsozialistische Thingspiel. Massentheater in Faschismus und Arbeiterbewegung, in: Ästhetik und Kommunikation, 26/1976, S. 66

13 H. Eichberg, a. a. 0., S. 65

14 Adolf Hitler: Mein Kampf; München 1938, S. 43

15 Rainer Schlösser: Das Volk und seine Bühne. Bemerkungen zum Aufbau des deutschen Theaters, Berlin 1935, S. 43

16 Edward Gordon Craig: Die Künstler des Theaters der Zukunft – Über Szenengestaltung und Bewegung, in: ders.: Über die Kunst des Theaters, (1911), Berlin 1969, S. 28

17 M. Reinhardt über seine Vorstellung zukunftsweisenden Theaters; zit. nach: H. Huesmann, a. a. 0., S. 22

18 Hugo von Hofmannsthal: Gesammelte Werke. Prosa II, Frankfurt am Main 1951, S. 81

19 Max Epstein: Max Reinhardt, Berlin 1918, S. 84

20 Carl Niessen: Max Reinhardt und seine Bühnenbildner, Köln 1958, S. 12

21 C. Niessen, a. a. 0., S. 24

22 Zit. nach: C.Niessen, a. a. 0., S. 19

23 B. Loeden, a. a. 0., S. 118

24 C. Niessen, a. a. 0., S. 28

25 Ernst Stern, Heinz Herald: Reinhardt und seine Bühne, Berlin 1918, S. 86

26 H. Huesmann, a. a. 0., S.26

27 S. Jacobsohn in der «Schaubühne» 1910; zit. nach: H. Huesmann a. a. 0., S. 23

28 Oskar Fischel: Das moderne Bühnenbild, Berlin 1923, S. 2

29 Nachtausgabe und Berliner Lokalanzeiger am 7. und 8.9.1929; zit. nach: Erwin Piscator: Das Politische Theater (1929), Berlin 1969, S. 258 222

30 H. Eichberg, a. a. 0., S. 65

31 E. Piscator, a. a. O., S. 130 f

32 E. Piscator, a. a. O., S. 63

33 E. Piscator, a. a. O., S. 66

34 E. Piscator, a. a. O., S. 67–69

35 Fritz Kortner: Aller Tage Abend (1959), München 1969, S. 224, S. 235 f

36 F. Kortner, a. a. O., S. 230 f

37 Richard Hamann: Geschichte der Kunst, Berlin 1932, S. 863

38 George L. Mosse, a. a. O., S. 217 f

39 E. G. Craig: Die Kunst des Theaters (1905), in: ders., a. a. O., S. 103

FILMARCHITEKTUREN

Lehrmeister der Realität

FILM UND FILMBAUTEN ALS LEITBILDER

„Die gesellschaftlich-politische Situation einer Epoche findet ihren Ausdruck in den Produkten der Filmindustrie – sogar dann, möglicherweise gerade dann, wenn diese gesellschaftliche Situation in den produzierten Filmen gar nicht unmittelbar zum Thema gemacht wird. In der industriellen Produktion von Träumen treten die Mythen einer Gesellschaft, die Norm- und Wertbildungen, denen das gesellschaftliche Leben unterliegt … klarer zutage als in anderen Medien.“ (Eberhard Spreng)[1]

Filme waren mehr als das wichtigste Propagandamittel des NS-Systems. Sie wurden, betrachtet man den von Unterdrückern und Unterdrückten mit ihnen geübten Umgang, zeitweise zur zweiten Wirklichkeit. Ein bedrückendes Beispiel dafür, wie hauchdünn für viele Beteiligte die Grenze zwischen Realität und Fiktion geworden war, bieten die Vorgänge um Veit Harlans sogenannten Durchhaltefilm, das 1944 gedrehte historische Melodram ‚Kolberg‘. Im Denken und Erleben der Verantwortlichen errang dessen Vollendung gleiche Bedeutung wie ein militärischer Sieg; das Durchhalten der Leinwandgespenster wurde in den Augen vieler ebenso real wie das der deutschen Soldaten und der Bevölkerung. Veit Harlan berichtet: „Sowohl Hitler wie Goebbels mussten von der Idee besessen sein, dass ein solcher Film ihnen mehr nutzen konnte als etwa eine gewonnene Schlacht in Russland. Vielleicht warteten sie auch nur auf eine Art Wunder … In der Traumfabrik Film waren die Wunder ja eher zu Hause als an der Front.“[2]

„Ich weiß, es wird einmal ein Wunder geschehen“, sang Zarah Leander, und kaum jemand bezog dies lediglich auf ihre Rolle im Musikfilm. Das Wunder war ebenso fester Bestandteil der Realität im Dritten Reich wie die zeitweilig erfolgreiche Versicherung der Sängerin „Davon geht die Welt nicht unter“, womit, in Abänderung des Berliner Gassenhauers „Davon geht der Mond nicht unter“, den bombenbedrohten Menschen zynisch beteuert wurde, das Leben ginge weiter.

Vorgänge wie diese aber waren die bizarren Gipfel einer Wirkkraft, die dem Film bereits seit seiner Entstehung innewohnte. Als 1943 Reichsfilmintendant Fritz Hippler in seinen Betrachtungen zum Filmschaffen erklärte, dass „der Film durch seine Eigenschaft, primär auf das Optische und Gefühlsmäßige, also Nichtintellektuelle einzuwirken, massenpsychologisch und propagandistisch von besonders eindringlicher und nachhaltiger Wirkung“[3] sei, konnte er sich auf eine beinahe vierzigjährige Erfahrungsgeschichte stützen.

Kaum eine Filmgeschichte beginnt ohne den Hinweis auf jene zu Tode erschrockenen Zuschauer, die schreiend von ihren Bänken aufsprangen, als in der ersten Kinobude eine auf die Betrachter zurasende Lokomotive zu sehen war. Die Schreie lernte man ebenso rasch zu unterdrücken, wie sich das Kino von seinem etwas anrüchigen Herkunftsort, dem Jahrmarkt, löste. Nachdem in den letzten Jahren vor dem Ersten Weltkrieg bereits die Angehörigen des Kaiserhauses sich willig filmen ließen, war das Medium im buchstäblichen Sinn salonfähig; im Krieg folgte die endgültige Anerkennung: „Der Krieg hat die überragende Macht des Bilds und Films als Aufklärungs- und Beeinflussungsmittel gezeigt"[4], schrieb Generalstabschef Ludendorff in einem Brief an das Königliche Kriegsministerium am 18.12.1917. Während der zwanziger Jahre avancierte Kino als Filmindustrie zur bedeutenden wirtschaftlichen Macht. Und – egal ob die Kontrahenten für oder gegen den Film argumentierten, ob sie die laufenden Bilder der hohen Kultur oder dem billigen Vergnügen zurechneten – die berühmte „Kinodiskussion" der frühen zwanziger Jahre lieferte den letzten Beweis, dass mit dem Medium auf Dauer gerechnet werden musste, dass es eine Errungenschaft von epochaler Bedeutung war.

Bei aller Gewöhnung blieb dem Film seine im Angstschrei vor der Lokomotive krass deutlich gewordene Magie. Gelegentlich brach die Kraft seiner Scheinwelt durch. So wenn die vor den republikanischen Verhältnissen Fliehenden während eines *‚Fridericus Rex'*-Films in Weinkrämpfe ausbrachen oder Saalschlachten tobten, als Georg Wilhelm Pabsts *‚Westfront 1918'* Premiere hatte. „Man glaubt, was man sieht, weil man es sieht, und bekommt ein verzeichnetes Bild von Charakteren, Zeiten und Ereignissen"[5], warnte 1926 ein Sammelband über Gegenwart und Zukunft des Lichtspiels. Die Tatsachen gaben dieser Warnung häufig genug recht. Besondere Aufmerksamkeit erregte der Film als Stimulator kollektiver Erlebnisse. Frank Thieß, ein aufmerksamer Kinobesucher, notierte: „Der Film ist nur für die Masse da, und die durch ihn getroffenen Empfindungen sind Massenempfindungen, weshalb auch geistig und künstlerisch sehr hochstehende Persönlichkeiten nur darum gern ins Kino gehen, um wieder einmal Kollektivempfindungen zu haben, gewissermaßen auf Augenblicke der Masse gleich zu werden."[6] Von Thieß' unverfrorenem Elitebewusstsein einmal abgesehen, scheinen die Erfahrungen des Autors zutreffend. Hans Siemsen schilderte zur gleichen Zeit ein persönliches Erlebnis, das im Ausschnitt zeigt, in welchem Maß dem Lichtspiel gelang, wovon alle Massentheaterutopien geträumt hatten. Siemsen traf nach einem Kinobesuch sein Dienstmädchen, welches den gleichen Film wie er besucht hatte: „Ich wusste nicht recht, was ich ihr eigentlich sagen sollte, und wir waren beide ein bißchen verlegen. Aber irgendein Gefühl von Freundschaft, von menschlicher Kameradschaft hatte uns für einen Moment zusammengebracht."[7] Es hieße das Medium überschätzen, wollte man nun das Bild der vom Filmband umschlungenen Millionen malen; Siemsens und seines Dienstmädchens Verlegenheit ist ebenso symptomatisch wie das vorangegangene Gemeinschaftsgefühl. Dennoch belegen die Tatsachen, und nicht zuletzt der jahrelange, erfolgreiche propagandistische Einsatz des Films im Dritten Reich, welche Bedeutung der Film als Massenerlebnis hatte. Über den Einsatz Massenmedium hinaus übertrug der Faschismus Wirkungsweisen in die Realität des Films. Um was es dabei ging, erhellen Ausführungen in einer Untersuchung aus dem Jahr 1922 zur Wirkung des Films: „Das Lichtspiel ist Gefühlskunst, keine Gedankenkunst. Wer ins Lichtspiel geht, will nicht denken, sondern fühlend erleben … Lichtspiel ist: Gefühl durch Geste … Hauptsache ist und bleibt die seelische Ergriffenheit der Zuschauer."[8] Die Verstandesfeindlichkeit der faschistischen Ideologie ist ebenso bekannt wie der Erfolg, den das von Gefühlswerten bestimmte öffentliche Agieren der Machthaber und die jeglicher Gedankenkunst entgegengesetzten Massenveranstaltungen hatten. Mit anderen Worten: Im Dritten Reich wurde das öffentliche Leben nach den Gesetzen des Films inszeniert, oder, wie Siegfried Kracauer 1947 lapidar-zutreffend zum faschistischen Deutschland formulierte: „Alles war wie im Film."[9]

Siegfried Kracauer war es auch, der in seinen Filmtheorien dargelegt hat, wie im Lichtspiel kollektive psychische Dispositionen sich abbilde(te)n. Seine „psychologische Geschichte des deutschen Films" weist – bei allen Irrtümern und Einseitigkeiten – überzeugend nach, dass die Erschütterungen der deutschen Gesellschaft in Themen, Personifikationen, Mythen und Gegenwartsbildern des Films ihren Niederschlag fanden. Der deutsche Film der zwanziger Jahre, so lassen sich Kracauers Ausführungen vielleicht zusammenfassen, bietet insgesamt das Psychogramm einer traumatisierten Gesellschaft, die von Hoffnung und Resignation, Wirklichkeitsflucht und Widerstand zerrissen wurde.

Die Eigenschaft des Films, kollektive „psychische Dispositionen" (Kracauer) widerzuspiegeln, war bereits 1923 bemerkt worden. In einer Filmkritik heißt es: „Was hier der Puppenspieler tut (in A. Robinsons ‚Schatten' 1923; D. B.): auf magische Art die inneren Seelenkräfte seines Publikums hervorzulocken und sie ihm anschaulich wirksam in ihrer vollen Konsequenz vor Augen zu stellen – das ist es letzten Endes auch, worauf der Zauber des Films beruht."[10]

Internationales Ansehen errang der deutsche Film durch seine ausdrucksstarken Filmarchitekturen. „Grieshuus bedeutet einen Mauerkreis von Steinen, der Müde Tod eine Mauer ohne Ende, Tartüffe eine Treppe … und Der letzte Mann eine Drehtür mit Mauern und Fenstern. Die Metaphysik des Dekors ist ein Geheimnis des deutschen Films."[11] Robert Herlth, gesuchter Filmarchitekt und ein profunder Kenner der Filmgeschichte, verfasste 1937 für *‚Wasmuths Lexikon der Baukunst'* einen Artikel über Filmarchitektur, in dem die fundamentale Verwandtschaft der NS-Baukunst mit den Scheinbauten des Films kenntlich wird. Herlth beschreibt: „Grundriss, Aufriss und Schnitt richten sich nicht nach statischen, sondern nach optischen und anderen nur filmischen Gesetzen, wie Spielhandlung, Beleuchtung"[12]. Der absolute Vorrang des optischen Eindrucks zählte zu den Grundgesetzen der Baukunst im Dritten Reich. (Besonders deutlich wird dies in der Gepflogenheit, an Hochbauten, Autobahnbrücken und anderen technischen Bauwerken die industriellen Konstruktionen unter handwerklich gearbeiteter Werksteinverkleidung verschwinden zu lassen.) Nicht wie ein Bauwerk konstruiert war, ob seine Räume sinnvoll aufgeteilt und genutzt waren, stand im Vordergrund, sondern wie es aussah, welche Fassade es präsentierte, womit die Wände verkleidet waren usw. Kurz: welchen Eindruck es machte. Somit übernahmen NS-Architekturen die Aufgabe, welche Herlth zur wichtigsten von Filmbauten zählt: sie waren nicht „nebensächliche(r) Hintergrund, sondern die bildliche Untermauerung der Szene.“[13] Wie eine solche Bedingungen erfüllende Filmarchitektur wahrgenommen wurde, ist ebenfalls bei Herlth präzise erläutert: „Dem Laien fehlt für die Filmarchitektur sogar der Begriff. Er vermutet kaum eine künstlich aufgebaute Umwelt, weil er mit dem Begriff der Fotografie den der Naturaufnahme verbindet. Er nimmt außerdem – da die Aufmerksamkeit nur der Spielhandlung gilt – das rein Bildliche unbewusst wahr.“[14] Die Ausführungen erweisen sich in mehrfacher Weise für die Betrachtung von NS-Bauten aufschlussreich. Die Unfähigkeit des Zuschauers, im Film zwischen scheinbarer und wirklicher Architektur zu trennen, so lässt sich folgern, begünstigte die Bildung von Leitbildern, die sich auf die Bauwelt außerhalb des Kinos bezogen: Was im Film als tatsächlich gebaut erscheint, kann problemlos Existenzberechtigung in der Wirklichkeit fordern. Architektur, welche unbewusst wahrgenommen wird – zudem, wenn sie wie die Filmarchitektur gerade dadurch entscheidend zum Erlebnis beiträgt –, ist prädestiniert für Stimmungsarchitektur. Wenn Herlth betont, dass die Filmarchitektur ihre Wirkung im Zusammenhang mit vor und in ihr ablaufenden Handlungen entfaltet, ist ein weiteres Grundgesetz faschistischer Baukunst angesprochen: Die Bauten im Dritten Reich gewannen ihr eigentliches Leben, wenn sie ihre Hauptaufgabe erfüllten, Mittelpunkt oder Rahmen von Zeremonien, Versammlungen oder Massenveranstaltungen zu sein.

Die geschilderten identischen Rahmenbedingungen von Film-und NS-Architekturen erzeugten nicht nur grundsätzliche Ähnlichkeiten, unter ihrem Einfluss entstanden zuweilen kaum unterscheidbare bauliche Realisationen derselben Bedürfnisse. Was die Leinwand vorgeprägt hatte, machte die Baukunst im Dritten Reich zur architektonischen Wirklichkeit.

Seh-Schule für Bau-Bedeutung

DER EXPRESSIONISTISCHE FILM

Der Blick für die Suggestivkraft von Bauwerken schärfte sich am expressionistischen Film, der um 1920 kurzfristig das deutsche Film: schaffen dominierte. Was hier vorgeführt wurde, waren Gesamtkunstwerke aus Menschen, Kostümen, Requisiten und Bauten. Nichts blieb bloße Staffage, jedes Detail wurde zum Symbol, steigerte die Bedeutung. Die Bauten im expressionistischen Film – die Filmtheoretikerin Lotte H. Eisner vor allem hat dies ausführlich geschildert – errangen die Aussagekraft von Lebewesen, die Architektur geriet zur Gegenstandsmimik. Das *‚Cabinet des Dr. Caligari'* (Robert Wiene; Bauten Hermann Warm; Walter Reimann, Walter Röhrig), 1920 entstanden, wurde beinah ausschließlich zwischen bemalten Leinwänden gedreht. Die Personen bewegen sich in einer Welt, die, aus dem Lot geraten, mit verrückten Perspektiven, mit Zacken, Schrägen und Brüchen die seelische Zerrissenheit der Handelnden widerspiegelt. „Überall hat man den Film gegeben, wegen der expressionistischen Dekoration und Treppen. In New York hieß es: Die Deutschen sind wegen des verlorenen Krieges verrückt geworden"[15], erinnerte sich 1958 der Darsteller des Caligari, Werner Krauss. Krauss' knapper Stil fördert beiläufig zutage, worum es bei den Bauten des expressionistischen Films ging: um Grundformen, die sich, dämonisiert wie sie waren, dem Betrachter als Metaphern bedeutungsvoller Handlung einprägten.

Hans Poelzig stellte sich zur Verfügung, als im gleichen Jahr Paul Wegener eine zweite Fassung seines bereits 1916 erfolgreichen *‚Golem'* Films anfertigte. Poelzigs *‚Prager Getto'* erreicht bestürzende Aussagekraft. Seine gekrümmten Mauern und steil-schiefen, sich duckenden oder überneigenden Giebel (ein leider nur im Film erhaltenes Denkmal expressionistischer Architektur) geben den Inbegriff bedrohlicher Altstadtatmosphäre. Im düsteren Zwang der Gassen rasten die in Panik geratenen Gettobewohner, von den Bauten kanalisiert und im Zaum gehalten wie Sturmfluten von Dämmen. Das Entsetzen in den Gesichtern der Tobenden ist dasselbe wie auf den Fassaden; die gewölbte Studierstube des Rabbi Löw vereinigt in sich alles atmosphärisch Düstere, was je in gotische Gruften und Räume geheimnist worden war.

Friedrich Wilhelm Murnau lenkte 1921/22 in *‚Nosferatu'* (Bauten Albin Grau) den Blick auf reale Bauten. Unter seiner Führung konnte das Publikum erkennen, welchen Zauber Gassen, Häuser und Kirchen nicht nur auf dramatischen Gemälden, sondern schon durch ihr eigenes Dasein entfalten konnten.

Abb. 115: Hans Poelzig, Bauten zu „Der Golem, wie er in die Welt kam", 1920

Murnau hatte in Lübeck gedreht. Sein Film zeigt eine zuvor unbekannte Stadt. Das gotische Haus, welches der Dämon Nosferatu bezieht, wird vor

den Augen des Zuschauers zu einem endlos hohen Turm der Macht; die romantisch-pittoresken Salzspeicher, eine Touristenattraktion erster Güte, entpuppen sich in Murnaus magischer Beleuchtung als steingewordenes Grauen. Im expressionistischen Film gelang, was – vorläufig noch – in den realen Stimmungsarchitekturen hinter Alltagszwängen und -funktionen verschwand: die Architektur hatte Sprechen gelernt.

Betrachtet man die Statistiken der in den Jahren zwischen 1919 und 1933 erfolgreichen Filme, fällt die Vielzahl der sogenannten Historienfilme auf. Siegfried Kracauer und Lotte H. Eisner betonen, dass gerade im Milieu dieser Filme die Bildersprache des deutschen Films ihre eindringlichsten Ergebnisse lieferte. In diesem Genre, so Siegfried Kracauer, wurde „die ‚bessere Zukunft' als Rückkehr in die gute alte Zeit entworfen"[16]. Die bereits hierin deutlichen Bezüge auf das verzerrte Weltbild der von den Faschisten verfochtenen „konservativen Revolution" werden überdeutlich, sobald man betrachtet; in welche Filmbilder diese bessere Zukunft umgesetzt wurde. Wieder (wie auf dem Theater) war es das Verhältnis zwischen Individuum und Masse, worum die Phantasie kreiste; wieder wurden archetypische, neu und uralt zugleich erscheinende Bauten bevorzugt, wenn Schauplätze für beider Auseinandersetzungen gesucht wurden.

Auf dem Umweg über die Historie wurde versucht, die Probleme der eigenen Zeit zu bewältigen. Bei den Versuchen, das filmische Geschehen mit ausdrucksstarken Bauten zu stützen, lassen sich drei Hauptlinien ausmachen: In Monumental- und Historienfilmen entwickelten die Massen- und Einzelszenen rahmenden Filmbauten sich rasch von kunsthistorisch einwandfreien Kopien zu stilisiert-zeitlosen, mit Grundformen arbeitenden architektonischen Metaphern. Als Sondergattung präsentierten die um Preußens beziehungsweise Österreichs angeblich große Zeiten kreisenden Filme barock-klassische und klassizistische Architekturen, strenge Symmetrie und ausstellende Interieurs. Die sogenannten Bergfilme schließlich boten – mit scheinbar dokumentarischen Aufnahmen – Gebirgsmassive häufig als von der Natur selbst geschaffene, unerschütterliche Festungen, zeigten Gletscherhöhlen als sakrale, ewige Hallen.

Max Reinhardt – obwohl er selbst zwei Stummfilme gedreht hatte – klagte nicht nur, das Kino habe, im Gegensatz zum Theater, „die ganze Welt im Zuschauerraum"[17], er beschuldigte den Film, „Parasit des Theaters"[18] zu sein. Kaum jemand hatte mehr Recht zu dieser Verbitterung. Für die Reinhardt-Theater, an denen die Massenchoreographie und die stilisierende Baukunst begonnen und zu grandiosen Kunstformen entwickelt worden waren, kam der wachsende Erfolg des Films mit seinen dem Theater überlegenen technischen Möglichkeiten einem lebensgefährlichen Aderlass gleich. Friedrich Wilhelm Murnau, Ludwig Berger, Rudolf Bamberger, Paul Wegener, Erik Charell, Ernst Lubitsch und Ernst Stern, bewährte Reinhardt-Darsteller beziehungsweise -Bühnenbildner, wechselten zum Film und übertrugen die bei Reinhardt erlernten Inszinierungsmittel auf die Kinoleinwand.

Ewige Bauten

HISTORIENFILME

Ernst Lubitsch heimste als erster den Erfolg der bei Reinhardt erlernten Künste ein. *'Madame Dubarry'*, 1919 gedreht, besteht aus Visionen, die den Umsturzängsten weiter Teile der deutschen Gesellschaft packende Bilder boten. Die Revolution, der tagtäglich von Unruhen bestätigte Angsttraum vieler, überflügelt in Lubitschs *'Madame Dubarry'* sämtliche Idyllen, Liebesszenen, Darstellungen des Hof- und Volkslebens. Die Pariser Altstadt, durchflutet von den Massen der Französischen Revolution, die Hysterie aufgepeitschter Menschenmengen und die demgegenüber grenzenlose Einsamkeit des Individuums stellen die eigentlichen Höhepunkte des Films dar. Die Dubarry,

Abb. 116: Kurt Richter, K. Machus, Bauten zu „Madame Dubarry", 1919

Abb. 117: Ernst Stern und Kurt Richter, Bauten zu „Das Weib des Pharao", 1922

zum Tode verurteilt, auf dem Gerüst der Guillotine kniend, trotz des Henkers grenzenlos allein, umbrandet von einem unübersehbaren Meer wogender Menschenleiber, bedroht von gereckten Fäusten, attackiert von Knüppeln und den hasserfüllten Blicken Tausender preisgegeben, bebildert engrammatisch die kollektiven Traumata. Zwanzig Jahre später stellte die braune Wirklichkeit dieser Szene das scheinbar erlösende Gegenbild: die Parteigrößen auf den aufragenden Gerüsten ihrer altarähnlichen Rednerpodeste oder -kanzeln, umtost von begeisternden Zuhörern, oder besser noch: die Parteitagsszenerie. Der Einzelne, geborgen auf dem Kothurn des Postaments, vor ihm das peinlich geordnete Ornament der Masse, regelmäßig gereihte Formationen, die Menge auf Tribünen, deren Brüstung die im Dubarry-Film fehlenden Absperrungen bilden.

‚Anna Boleyn' (1920) nutzte das sorgfältig in Babelsberg nachgebaute London Heinrichs VIII. zu gleichen Zwecken. Immer wieder das vereinsamte bedrohte Individuum, konfrontiert mit der undurchschaubaren, unkontrollierbaren Masse. Architektur blieb in diesen Filmen eher noch unauffällig naturalistisch. Im 1922 gedrehten Monumentalfilm *‚Das Weib des Pharao'* (Bauten Ernst Stern, Kurt Richter) wird die Architektur gleichberechtigter Partner. Ernst Stern zog beim Aufbau seiner altägyptischen Paläste Archäologen und Museumsfachleute zu Rate. Im Endergebnis entstanden trotzdem überwältigend wirkende Kuben, die keiner speziellen Epoche mehr angehören, sondern, die ägyptische Vorgabe nutzend, Einblicke in eine zeitlose, von Macht und Wür-

de, von Staatstreue und Leidenschaften regierte Welt geben. Im ewigkeitsgesättigten Pathos der monolithisch gestalteten Baublöcke mit ihren strengen Vierkantpfeilern, mit gepresst-kantigen Kranzgesimsen, tief eingegrabenen Wandfeldern und schachtartigen Fenstern verbinden sich archaische Urformen mit dem Einheitlichkeitsideal Neuen Bauens. Ernst Sterns Kuben sind das Konzentrat von Bauformen, die, das brüchige Selbstbewusstsein der Gesellschaft am „ewigen Stein" stärkend, von Bruno Tauts Idealrekonstruktion des Jerusalemer Tempels bis zu Fritz Wilms' Kinopalästen reichen. Zugleich kündigt sich in ihnen die Zukunft der deutschen Baukunst an: Ein 1942 für den Kahlenberg bei Wien geplantes Ehrenmal zum Beispiel unterscheidet sich einzig durch das Fehlen der Sphinx von Sterns Ewigkeitsmonumenten; der Mittelbau von Richard Ehrmels 1936 errichteter Halle auf dem Berliner Messegelände vergöttert die Herrschaft des Kubus mit ebenso zeitlos-drohendem Gestus wie in Lubitschs Altägypten. In der Pylonenwucht von Albert Speers Nürnberger Luitpoldhalle und den vor und in ihr zelebrierten Empfängen trug sich nun realiter zu, was Kurt Pinthus der Scheinwelt Lubitschs als Neigung zur Verherrlichung nationalistischer Großmannssucht vorwarf.

Pinthus identifizierte Lubitschs Ägypten als maskiertes Berlin, geprägt von den Sehnsüchten nach kaiserlichem Glanz. Als „berlinisch im guten wie im bösen Sinn" entschlüsselte er die „von oben aufgenommenen pompösen Empfänge, Aufzüge, anrückenden Heeresmassen, Schlachten, Durcheinanderrasen des Volks; alles wunderbar exakt gemacht, tadellos klappend, verblüffend … Haben Sie, Meister Lubitsch, … den Ehrgeiz, der Ludendorff des Films zu werden? Bedenken Sie, welches Unheil Ludendorff erzeugte, weil er allzusehr der Regie der Massen vertraute.[19] Die enge Wechselwirkung zwischen den Massenszenen und den mächtigen Bauten des berlinischen Altägypten sparte Pinthus aus. Andere sahen schärfer. Herbert Ihering, Theater- und Filmkritiker der Epoche, hatte bereits 1920 die Bedeutung der Filmarchitektur erkannt. An Robert Wienes ‚Die Nacht der Königin Isabeau' monierte

Abb. 118: Entwurf für ein Denkmal des Großdeutschen Reiches auf dem Kahlenberg bei Wien, 1941

er, der Streifen sei unter anderem deshalb misslungen, weil „hier Dekoration nicht Architektur geworden“[20] sei.

1920 wiederum hatte Lubitsch einen der spektakulärsten Bühnenerfolge Max Reinhardts verfilmt, die Massenpantomime *‚Sumurun‘* (Bauten Kurt Richter, Ernö Metzmer). Als „Max Reinhardt des Films“[21] rief ihn prompt der Kritiker des *Berliner Tageblatts*, Fritz Engel, aus. Die Massenszenen waren von der gewohnten Qualität, flutend-ungeordnete und formiert-ornamentale Gruppen bestimmen den Handlungsablauf. Die Architektur – Phantasiepaläste, die das Bagdad des 9. Jahrhunderts vorstellen sollen – zeigt unter der Tarnkappe des Märchens das bauliche Ideal einer nach Ewigkeitswerten suchenden Gesellschaft. Der Palast des Scheichs, als Hauptschauplatz eine Mischung aus Tajd-Mahal und Filmpalast, verbirgt unter seiner vordergründigen Kitschpostkarten-Exotik die Grundlagen der späteren Baukunst: Die Basis aller pseudo-orientalischen Pracht stellt strengste Symmetrie. Ein mauerbewehrter Hof von den Ausmaßen eines Aufmarschplatzes öffnet durch einen breiten, auf Mitte gesetzten und von Löwenfiguren nach dem Vorbild altägyptischer Widderalleen flankierten Durchlass den Blick auf die prachtvolle Residenz des Scheichs. Der Palast selbst erhebt sich auf einem hohen, kahlen Sockel; eine majestätisch ausladende Freitreppe leitet zum dröhnenden Mittelbau,

Abb. 119: Albert Speer, umgebaute Luitpoldhalle auf dem Reichsparteitagsgelände in Nürnberg, 1935

dem ebenso wie zwei spiegelbildlich gleichen Seitentrakten eine umlaufende Entrade vorgelagert ist. Die untergeordneten Bauteile – für die historischen Vorbilder genauso undenkbar wie für die gründerzeitlichen Ausstellungshallen, denen Lubitschs Palast ebenfalls einen Teil seiner plakativen Würde verdankt, ... zeigen sich in ihrer ornamentlosen Strenge als nachlässig kaschierte Varianten der Neuen Sachlichkeit und nehmen zugleich als Bestandteile des Traumpalasts das stumpfe, fortifikatorische Residenzpathos der Ministeriums- und Parteibauten im Dritten Reich vorweg.

Aus der Masse der in den folgenden Jahren gedrehten Historienfilme ragen zwei Filme heraus, in denen Lubitschs Monumentalarchitekturen ebenbürtige Nachfolge fanden. *‚Lucrezia Borgia'* (Bauten R. Neppach, R. Höfer), 1922 von Richard Oswald in marmorspiegelnden Riesenhallen – klirrendkalten Kathedralen von Macht und Schicksal – und vor hermetisch abgeriegelten, festungsartigen Stadtpalästen gedreht, und Richard Eichbergs in Treppen, Pfeilern und Raumfluchten schwelgende *‚Monna Vanna'* (1922; Bauten Kurt Richter, Jacques Rotmil, Walter Böhm) galten als Glanzleistungen des Gesamtkunstwerks Film: „Hier wird Schicksal fühlbar, Schicksal von dir und mir, von gestern, heute, morgen. Und in dieser menschlichen Neutralisierung liegt vielleicht Oswalds größter Verdienst"[22], lautet die aufschlussreiche Kritik der Filmzeitschrift Kinematograph zu Oswalds ‚Lucrezia Borgia'.

Klassische Ordnung

PREUSSENFILME UND IHR GEFOLGE

Mit den ab 1922 in Serie gehenden *‚Fridericus Rex'*-Filmen (Regisseure A. v. Czerepy, W. Prager) glitt der deutsche Historienfilm auf das Niveau völkisch-nationalistischer Stimmungsmache ab. Wie die Kritik betonte, spielte Otto Gebühr nicht Friedrich den Großen, als glaubwürdige Verkörperung aller dem Preußenkönig beigelegten Klischees *war* er für die Zeitgenossen schlicht ihr Fridericus Rex. Zur Lebenswahrheit trugen nicht nur die tatsächlich frappante Ähnlichkeit des Schauspielers mit dem historischen Vorbild bei, sondern die aktuellen Anleihen bei zeitgenössischen Leitfiguren der konservativen Bevölkerungsschichten. Bewundernswert durch Unbeugsamkeit, liebenswert durch musische Neigungen erschien vielen im glorifizierenden Rückblick auch der abgedankte Wilhelm II.; der bald darauf zum Reichspräsidenten gewählte Paul Hindenburg personifizierte das militärisch-redliche Preußentum ebenso wie der erste Kaiser des zweiten deutschen Kaiserreichs, Wilhelm I. Alle Herrscherlegenden standen in Fridericus Rex lebensvoll-erschütternd vor den Augen des ergriffenen Publikums. Die preußischen Regimenter des Films, die Langen Kerls usw. paradierten nicht nur als lebendig gemachte Geschichte, sondern als leibhaftig gewordene Sehnsucht vieler nach einem wieder wehrhaft-tüchtigen Deutschen Reich. Vergeblich erinnerte Kurt Tucholsky an die „Potsdorfer Prügeltradition"; der Erfolg dieses „Rückfalls einer Unteroffiziersnation" war durch keinerlei Appell an die Vernunft aufzuhalten; „sie sitzen alle stramm und können nichts dafür, und freun sich übern König und über Gebühr" reimte resignierend Tucholsky nach einem Filmbesuch.[23] Nachdruck verlieh der stürmisch begrüßten filmischen „Rückkehr in die besseren alten Zeiten" die Baukunst: Während ringsum zum lauthals geäußerten Kummer der Denkmalpflege Schlösser und Palais verrotteten, zeigten die Originalaufnahmen der *‚Fridericus Rex'*-Filme ungestörte Pracht, entstand in den Ufa-Ateliers tadellose preußische Klassik, deren Strenge, Nüchternheit und großartige Symmetrie den „Preußischen Stil" Möller van den Brucks besser als jedes reale Beispiel repräsentierte.

Bei Atelieraufnahmen wurden Adolph Menzels Gemälde nachgestellt, die während des zweiten Kaiserreichs durch vordergründige historische Treue mit impressionistisch-atmosphärischem Zauber dem friderizianischen Zeitalter Glanzlichter aufgesetzt hatten. So gewann zum Beispiel der Speisesaal von Sanssouci, von Menzel bereits in eine flimmernd-märchenhafte, zwischen Heroik und Intimität schwebende Atmosphäre getaucht, im Film geradezu bannende Ausdruckskraft. Erst als gefilmter, stimmungsvoll ausgeleuchteter (Schein)-Raum, bestätigt vom (Schein-)Leben der darin agierenden preußischen Größen wurde letztlich der klassisch-strenge preußische Raum aus Möller van den Brucks Phantasie zur Wirklichkeit und zum architektonischen Leitbild. Speers denkmalhaft inszenierter Runder Saal in der Neuen Reichskanzlei, dem Eindruck machen höchstes Gebot war (zumal kaschiert werden sollte, dass die Rundung einem notgedrungenen Knick der Raumfolge entsprungen war), verdankt ein Gutteil seines ostentativen, zwischen Geschichte und Gegenwart schwankenden Preußentums den allgegenwärtigen filmischen Vorbildern.

Zwei der 1923 meistbesuchten Filme offerierten popularisierte Hofkunst. Für *‚Der verlorene Schuh'*, ein mit romantischen Motiven arbeitendes Märchen, und die am englischen Hof des 18. Jahrhunderts angesiedelte, melancholisch-bissige Komödie *‚Ein Glas Wasser'* ließ der Regisseur Ludwig Berger seinen Bruder Rudolf Bamberger Barockschlösser und -säle errichten, die hinter plakativer Formenfreude und Verspieltheit Raum gaben für streng symmetrische Schaubilder eines gängige Vorstellungen bestätigenden Absolutismus. Paul Rotha bezeichnete in seiner Filmgeschichte 1930 eben diese peinlich geordnete absolutistische Bauwelt als die Achse beider Filme: „Türen, Fenster und Alleen befanden sich stets in der Mitte der Leinwand, während die übrige Komposition sich um sie herum bewegte."[24]

Ludwig Berger blieb dem attraktiven absolutistischen Milieu treu. In den Jahren 1927 und 1928 stellte er mit Filmen über das tragische Leben der Preußenkönigin Luise, die bereits während der Gründerjahre zum süßlichen Idealbild von Mutterschaft und weiblich-einfühlsamem Heldentum stilisiert worden war, dem Fridericus Rex eine nicht minder erfolgreiche Leitfigur legendärer deutscher Größe zur Seite. Die Güter, Schlösser und Säle, mit denen er seine Königin umgeben ließ, blieben, was Roland Schacht bereits dem englischen Hof in *‚Ein Glas Wasser'* zum Vorwurf gemacht hatte, „sorgfältig präparierter Anschauungsunterricht"[25]. *‚Ein Walzertraum'* (1925) und *‚Walzerkrieg'* (1933) glorifizierten operettenselig das k. u. k. Wien samt seinen opulenten Bauten (Rudolf Bamberger). 1927, auch hier mit Filmarchitekturen Rudolf Bambergers, bot *‚Der Meister von Nürnberg'* als modest-romantische Abwandlung der Wagner-Oper mittelalterlich-eindrucksvolles Ambiente.

Rudolf Bamberger nutzte, als er eigene Filme drehte, seine Fähigkeiten als Filmarchitekt. Bambergers Dom-Filme, *‚Die steinernen Wunder von Naumburg'* (1932), *‚Über uns der (Mainzer) Dom'* und *‚Eine Symphonie in Stein'* (Straßburger Münster), beide 1934, lieferten in ihrer Eindringlichkeit fast gewalttätig packende Erlebnis-Ansichten historischer Baukunst.

Der Held und seine Welt

BERGFILME

Ein spezifisch deutsches Filmgenre entstand mit den sogenannten Bergfilmen. Heroenkult, betrieben im Vergöttern der mit allgewaltigen Naturkräften ringenden Bergführer, trivialisierte Weltfluchtmotive der deutschen Romantik wie der Jugendbewegung. Die Bergwelt als Symbol unerbittlichen Schicksals kennzeichnet jenseits des imponierenden Umgangs mit Naturaufnahmen die Filme als Vorhut des Bergkults im Dritten Reich.

Unter der Leitung von Arnold Fanck bescherte, wie Siegfried Kracauer schreibt, „jedes Jahr ein neues Drama in den Bergen"[26]. Ab 1921 lesen sich die Titel wie das Inhaltsverzeichnis einer Sammlung völkischer Epen: von *‚Im Kampf mit den Bergen'* (1921) über *‚Berg des Schicksals'* (1924) bis zu *‚Der heilige Berg'* (1926) steigerten Fancks Filme sich vom schlichten Verherrlichen der Bergwelt zu (platten) Menschheitsdramen, in denen die sich türmenden Felsmassive zu faszinierenden Analogien menschlicher Handlungen, zu Metaphern ewiger Gesetze und Abhängigkeiten der Menschen anwuchsen. Kracauer charakterisiert die Filme als Ausgeburten der Weitsicht von Personen, die „kaum einfache Sportler oder leidenschaftliche Liebhaber des Panoramas … (waren, sondern) … Gläubige, die die Riten eines Gottesdienstes vollzogen … einen heroischen Idealismus."[27]

In *‚Der heilige Berg'* (Bauten Leopold Blonder, Karl Böhm) begnügte Fanck sich nicht mehr mit der Montage atemberaubender Dokumentaraufnahmen. Nun stützten zusätzlich Architekturen die Botschaft der Helden. Zum Zentrum des Geschehens wird ein Eisdom, in welchen sich ein Liebespaar träumt (den weiblichen Part gab, in ihrer ersten Filmrolle, Leni Riefenstahl). Winzig klein stehen beide inmitten einer unendlich hohen und weiten Halle mit himmelanstrebenden durchscheinenden Pfeilern, weitgespannten, kristallin-glitzernden Gewölben, von denen funkelnd-filigrane Eiszapfen herabhängen. Auf der spiegelnden Ebene eines sich ins Unendliche dehnenden Plateaus ragt über einem kunstvoll-schlichten, getreppten Postament ein vierseitig glatter Altarblock, bekrönt von einem gralshaft strahlenden Pokal. Gleich übermenschlich hohen Stützen eines Altarbaldachins umstehen gleißende Pfeiler den heiligen Bezirk der Bergwelt.

Die Parallelen dieser Filmarchitektur zu den Visionen expressionistischen Bauens sind offenkundig. Die Fassaden der Bergdome – gläserne Fabelwesen zwischen englischer Kathedralgotik und den glühenden Idealdomen Caspar David Friedrichs oder Karl Friedrich Schinkels – erinnern an die kristallinen Alpenstadt-Utopien Bruno Tauts oder an seinen Entwurf für die Kathedrale der *‚Jungfrau von Orleans'* in Reinhardts Großem Schauspielhaus. Die Halle im Bergfilm schwebt zwischen dem Eindruck des aus diamantenen Wänden gebildeten Gralstempels und Wassili Luckhardts Kultbau-Entwurf. Die Eisstalaktiten des selbstleuchtenden Gewölbes schließlich lassen an Poelzigs Hängekuppel im Großen Schauspielhaus Berlin denken. Eingebettet in den mythisierenden Berg- und Schicksalskult, als visionäres Ziel einer Idealwelt neuzeitlich-germanischer Recken lässt sich dieser Bergdom als ein weiterer Vorbote des mehrfach erwähnten Lichtdoms identifizieren. Der englische Botschafter Neville Henderson berichtet, noch im Rückblick entzückt, von Speers Lichtdom, er habe sich unter dem flirrenden Gewölbe der Scheinwerferstrahlen gefühlt wie „in einer Kathedrale aus Eis"[28].

Er unterlag dem gleichen Zauber einer Traumarchitektur, gegen den 1926 bereits die Kritiker des *‚Heiligen Berges'* angeschrieben hatten: „Überraschend ist jedenfalls die faustdicke Fidus-Stimmung, die aufdringliche Propaganda für Höhenmenschen und Edelblond"[29], urteilte Axel Eggebrecht in der Weltbühne. „Hier wird der schamloseste Mißbrauch mit den wunderbaren Möglichkeiten der Lichtbildkunst getrieben, der je da war ... Alles ... wird ... durch die Raffke-Idee eines künstlichen Eisdoms banalisiert."[30] Es war, wie spätestens die begeisterte Reaktion auf Speers Lichtdom zeigte, gerade diese Raffke-Ideen innewohnende, umweglos auf ihr Ziel losmarschierende Mischung aus Raffinement und Simplizität, welcher *‚Der heilige Berg'* seinen Publikumserfolg verdankte – und woraus der Lichtdom seine Zauberkraft zog.

1932 gab Leni Riefenstahl mit dem Film *‚Das Blaue Licht'* ihr Debüt als Regisseurin. Auch hier figuriert der mineralische Glanz von Kristallen – in Form einer mit Bergkristallen gefüllten, selbstleuchtenden (Kult-)Höhle – als völkisch gefirnistes Symbol von Ewigkeit, Reinheit und Schicksal. Wie auf dem Reichsparteitagsgelände, dem die Riefenstahl mit ihrem *‚Triumph des Willens'* ein filmisches Denkmal schuf, Treppen, Schanzen, Postamente und Steinplatten die steinern-ewige Basis des Lichtdomes abgeben, so bilden im *‚Blauen Licht'* die Hänge, Schrägen und Halden des Gebirges (gleichsam der Rohzustand des faschistischen Werksteinfetischismus) die unerschütterlichen Fundamente des selbstleuchtenden Gipfels.

Abb. 120: Leopold Blonder und Karl Böhm, Bauten zu „Der Heilige Berg", 1926

Ordnung und Chaos

FRITZ LANGS FILME UND DAS DRITTE REICH

Ihren Zenit erreichten die bisher geschilderten Tendenzen von Menschen- und Architekturdarstellung in den deutschen Filmen Fritz Langs. Als Lang, unmittelbar nachdem Goebbels ihm die Führung des deutschen Films angetragen hatte, 1933 emigrierte, hinterließ er ein Werk, dessen Vielfalt spannende Abenteuer- und Zukunftsfilme genauso umfasste wie Kriminal- und Historienfilme. Bei aller Verschiedenheit der Themen zeichnet sämtliche Werke Langs ein untrügliches Gespür für die Ängste, Träume und Sehnsüchte der Gesellschaft aus. Die Bilder seiner Filme, ob aktuell-reißerisches Zeitstück oder historisches Drama, kleideten die Zeitstimmung in Formen von emblematischer Kraft, in denen, unabhängig vom jeweiligen Anlass, Archetypen menschlicher Zustände erschienen.

Die Hochachtung der Nationalsozialisten verdankte Fritz Lang seinen Film-Epen. *‚Der Müde Tod'* (1921) und vor allem der zweiteilige Nibelungen-Film (1924) galten ihnen als unübertreffliche Schilderungen des „deutschen Menschen" und seiner Welt. Diese Filme sind es auch, in denen sich Bilder

Abb. 121: Walter Röhrig, Hermann Warm u. Robert Herlth, Bauten zur Venedig-Episode in „Der müde Tod", 1921

Abb. 122: Die Mauer in „Der müde Tod", 1921

von Bauten und Menschen finden, welche unverkennbar anregend auf die Regisseure des öffentlichen Lebens und vor allem auf die Architekten im Dritten Reich wirkten.

„Ein deutsches Volkslied" untertitelten Fritz Lang und seine Frau Thea von Harbou, die Drehbuchautorin vieler Lang-Filme, ihre Geschichte vom *‚Müden Tod'*. Den Anspruch auf Allgemeinverständlichkeit im Untertitel lösten Bilder ein, die, ohne sich anzubiedern, tatsächlich schlicht-eindrucksvoll wie romantische Märchenillustrationen in einzelnen Sequenzen die auf Allgemeingültigkeit pochende Eindringlichkeit von Mementomori-Darstellungen errangen. Zuvor war dies nur spätmittelalterlichen Totentanz-Darstellungen oder den Zeichnungen Max Klingers und Arnold Böcklins gelungen.

Eine im Deutschland der Romantik spielende Rahmenhandlung fasst im *‚Müden Tod'* drei Episoden ein, in denen Fritz Lang, Epochen und Schauplätze durcheinanderwirbelnd, alle Spielarten der Filmkunst vom Historien-, Märchen- und Abenteuerfilm bis hin zum Monumentalstreifen souverän handhabt. Die Botschaft jeder Episode lautet: Unsere Zeit ist den gleichen Grundgesetzen unterworfen wie jede andere; das Los des Menschen, egal in welchen Zeiten und Räumen es sich ereignet, welche Kostüme die Handelnden tragen und mit welchen Gegenständen auch immer sie sich umgeben, bleibt ewig vorbestimmt und unabänderlich.

Intimität und Monumentalität, sorgfältig gegeneinander abgewogen, sind die Grundprinzipien der Darstellung. Fritz Lang, selbst Maler und Architekt, ließ von den Filmarchitekten Robert Herlth, Walter Röhrig und Herrmann Warm Bauten errichten – eine deutsche Kleinstadtidylle, das alte Bagdad, Renaissance-Venedig und ein legendäres Peking – die auf den ersten Blick keinen Gemeinplatz vom Aussehen der jeweiligen Orte auslassen. Bagdad bietet geradezu die Quintessenz einer Ansichtskarten-Alhambra, Venedigs Paläste spreizen sich wie auf raffinierten Reiseprospekten, die Welt des alten China ist so eingängig chinesisch wie billiges China-Porzellan. Die Bildtitel der einzelnen Episoden bringen das Prinzip zum Vorschein, das diese Welten derart fremd und vertraut zugleich erscheinen lässt: Spielt die Handlung in Venedig, blickt man auf Frakturen mit ausschweifenden Unterzügen nach Art humanistischer Handschriften; Bagdad präsentiert seine Zeilen mit typisch arabischer Strichführung, Punkten und Wellenlinien; die chinesischen Mitteilungen sind konturiert mit den charakteristischen Tuschbalken und -streifen, die Romantik bedient sich altdeutsch-gebrochener Buchstaben. Dennoch sind alle Schriften selbstverständlich mühelos lesbares Deutsch. Mit anderen Worten: die Kulturen und Zeiten, reduziert auf sofort wiedererkennbare Kernformen, sind insgesamt dem zeitgenössischen Auffassungsvermögen unterstellt, werden den eigenen, allgemein verständlichen Formen anverwandelt.

Eingestreut in die Bildfolgen sind Szenen, die alle eben erläuterte Plakativität hinter sich lassen und, aus dem erzählerischen Zusammenhang beinahe ausgelöst, zu bedeutungsschweren Sinnbildern aus Menschen und Bauten werden. Reinhardts Mustern verpflichtet, verwendet Fritz Lang dabei die bekannten, auf Grundformen und -bedeutungen verknappten Motive der Bühne: So hasten während des venezianischen Karnevals – eine Allegorie des Lebens – Menschenmengen in richtungslosem Auf und Ab über Treppenfluchten; so schreitet die von den Geschehnissen immer wieder überwältigte Hauptdarstellerin, von dämonischen Schatten gejagt oder in fluoreszierenden Lichtnimben verschwindend, über steile Stiegen. In der romantischen Sphäre genügen flackernde Riesenkerzen und einige hochstrebende Bündelpfeiler, um eine die gesamte Menschheitsgeschichte in sich bergende mythische Kathedrale zu imaginieren: das Urbild des Sakralraums schlechthin.

Eine zyklopische Mauer hält im buchstäblichen wie im übertragenen Sinn den Film und seine Botschaften zusammen. Sie umschließt nicht nur einen Friedhof und damit zugleich das imaginäre Reich des Todes, sondern hinter ihr sind auch die ewig gleichen Schicksale der Menschen gefangen, an ihr zerbricht jedes individuelle Aufbegehren. So wird im Lauf des Geschehens aus ihren scheinbar unendlich hohen und breiten Quaderschichten, ihrer jeden Widerstand abweisenden Undurchdringlichkeit ein Symbol ewigen Gleichmaßes, das Sinnbild eines Reiches von ewiger Dauer. Im *‚Müden Tod'* wird ausgesprochen, was die Bastionen zum Beispiel der Nationaldenkmäler oder die Quaderflächen des Neoklassizismus andeuteten und was wenige Jahre später der Werksteinkult des Dritten Reiches propagierte. Wer den *‚Müden Tod'* gesehen hatte, konnte nach 1933 mühelos entziffern, worum es bei den Mauermassen des Olympiageländes und seiner Türme, worum es in Nürnberg oder bei den Ordensburgen ging.

„Es hieß, von Grund auf bis auf das Menschenmaterial die Welt eines Jahrhunderts zu schaffen, in dem der Uranfang, die Mythe, das Märchen, Erinnerung an den Beginn des Menschengeschehens mit der auch uns vertrauten Feierlichkeit früher Dome sich paaren sollten."[31] Mit diesen bedeutungstriefenden Worten erläuterte Thea von Harbou in einem Kommentarband, der den Premierengästen überreicht wurde, um was es in *‚Die Nibelungen'* ging. 1933 noch versicherte Goebbels in einer Rede, wie vollkommen diese bis auf das Menschenmaterial (!) durchstilisierte Welt den Bedürfnissen der Zeit entsprach. *‚Die Nibelungen'* sei „so modern, so zeitnah, so aktuell gestaltet … dass … auch die Kämpfer der nationalsozialistischen Bewegung innerlich erschüttert"[32] gewesen seien.

Obwohl die Wertschätzung der Nationalsozialisten und die völkisch-mystisch raunenden Töne der Thea von Harbou keinen Zweifel über die (spätere) Verwertung lassen, ist der Film alles andere als ein eindeutig nationalistisches Machwerk. Ohne dem Gemeinplatz von der Autonomie der Kunst das Wort reden zu wollen, muss zunächst einmal gesagt werden, dass die überragende Qualität der Nibelungen-Filme auf dem souveränen Einsatz aller Mittel beruht, die dem Film der zwanziger Jahre zur Verfügung standen. Die Vorbilder der Bühne und der bildenden Kunst samt den Errungenschaften des Films selbst wurden wohl in keinem anderen Filmwerk dermaßen nahtlos zusammengefügt und gesteigert.

Abb. 123: Otto Hunte, Erich Kettelhut u. Karl Vollbrecht, Krimhild als Lichtgestalt „Die Nibelungen. Siegfried", 1924

Abb. 124: Otto Hunte, Erich Kettelhut u. Karl Vollbrecht, Treppe vor Etzels Gästehaus in „Die Nibelungen. Kriemhilds Rache", 1924

Die Motive, derer Fritz Lang sich zur Darstellung des Epos bediente, fügen wie in einem kunstgeschichtlichen Kaleidoskop stimmungsträchtige Modelle der Kunst des 19. Jahrhunderts und des Fin de siècle zusammen. Vor allem Romantik und Symbolismus entnimmt Lang zum Teil detailgetreue Zitate. So adaptiert gleich das erste Bild, ein weiter Blick über die gebirgige Heimat Siegfrieds, ein romantisches Leitmotiv: Caspar David Friedrichs berühmte *‚Landschaft mit dem Regenbogen'*. Der Wald, den der Held auf seinem Weg nach Worms durchreitet – Lotte H. Eisner weist auf die Verwandtschaft mit Arnold Böcklins *‚Schweigen im Walde'* hin[33] – ist ein Abkömmling der spätromantischen Rübezahlwelt Ludwig Richters. Er ist aber auch mit Reinhardts in die Theatergeschichte eingegangenen Wald aus dem *‚Sommernachtstraum'* verwandt. Siegfried stirbt an einer Quelle, deren Blumenwiesen und Birken Heinrich Vogelers Jugendstil-Idyllen entnommen sind; bekränzte nackte Kinder umtanzen im zweiten Teil des Epos – *‚Kriemhilds Rache'* – einen Baum, als seien sie Bestandteil einer lebendig gewordenen Traumlandschaft des frühen Hans Thoma; Mime der Schmied samt seinen (beinahe) bocksbeinigen Gefährten entstammt den Naturgestalten der Fabelwelt Böcklins; Kriemhild als selbstversunken-unnahbare Rächerin erinnert an Franz von Stucks *‚Pallas Athene'* oder Gustave Moreaus *‚Salambo'*, so wie der mit einer auf vier Kronen angewachsenen Tiara behelmte Etzel eine Variante des Herodes in Moreaus Bild *‚Die Erscheinung'* ist.

Diese in geduldig langgedehnten Einstellungen nach Art monumentaler Fresken präsentierten Leitmotive sind in ein Netzwerk sorgsam vereinfachter historischer Verweise eingebettet: germanische Flechtornamente, byzanthinisch-romanischer Bauschmuck, Hauben und Gewänder nach dem Muster der Manessischen Handschrift verbinden sich diskret mit modisch-aktuellen Einsprengseln zu einer uralt und neu zugleich erscheinenden Welt. So vereinen sich in den Webteppichen der geduldigen Königswitwe Ute germanische Tierornamente und Runen mit den kunsthandwerklichen Erzeugnissen der Worpsweder Künstlerkolonie, erinnert das Portal der archaischen Siegfriedsgruft an die expressionistischen Kirchenportale Dominikus Böhms und Martin Webers;

wirkt der Treppenaufgang an Etzels urzeitlich-vegetabilem Gästehaus als Variante des Eingangs zu Mendelsohns Potsdamer Einsteinturm; sind einzelne Partien der Wormser Burg von der neusachlich-kühlen Reduktion geprägt, die die Großstadtszenerien George Grosz' oder Christian Schads aufweisen.

Die neuesten Errungenschaften der Kameraführung, Beleuchtung und Maske werden genutzt, um die den Vorlagen innewohnende Faszinationskraft zuzuspitzen, um ein die Filme durchdringendes Symbol-System zu schaffen. Langs Lob für seinen Kameramann Claus Hoffmann verdeutlicht, wozu der bis heute bewunderte technische Aufwand diente: Er habe gewusst, so Lang, dass alles, was er sich „vom Bildhaften der Nibelungen … erträumte", Hoffmanns ausgeklügelte „Licht- und Schattengebung wahrmachen würde", dass mit Hilfe der Kamera aus Gesichtern, Personen und Gegenständen Bedeutungsträger von eindringlicher Wirkung entstehen könnten, denn Hoffmann wisse genau, wie „durch ein Licht im Augenwinkel, einen Schatten auf der Stirn … der seelische Gehalt einer ganzen Szene offenbar wird"[34].

Licht teilt denn auch, christliche Mythologien und zeitgenössischen Obskuratismus verbindend, die Welt der Nibelungen in einander bekämpfende Regionen von Hell und Dunkel, Gut und Böse, von Heilsgestalten und Dämonen. Siegfried, Kriemhild und ihre jüngeren Brüder beispielsweise agieren von durchscheinenden Nimben umhüllt und in selbstleuchtend weiße Gewänder gekleidet als Lichtgestalten, in denen sich die Erscheinung frühchristlich-charismatischer Sendboten mit den Lichtgestalten Fidus' mischt. Hagen, durch die besessene Liebe zu seinem König und dem Burgunderreich Tod und Verderben auslösend, gleicht einem Luzifer, dessen Erscheinung nicht einen Moment die Schönheit und Würde des stolzen, gefallenen Erzengels abhanden kommt. Als personifizierte hoheitsvolle Düsternis, einschüchternd-bewundernswert wie Barbarossa – Monumente des 19. Jahrhunderts, schleppt er förmlich eine Welt von Schatten durch das Geschehen.

Abb. 125: Ansprache Hitlers auf dem Maifeld 1937

Wie selbst während der schwersten Vergehen die Welt der Nibelungen strahlend hell bleibt, so verharrt das Reich des barbarischen Herrschers Etzel und seiner Hunnen auch in anrührend-folkloristischen Passagen in grauschattiger Dunkelheit. Kriemhild, die madonnenhafte Leitfigur der Eingangsszenen, wandelt sich hier zum erbarmungslosen Abbild von Vergeltung. Fahlweiß das zuvor leuchtende Gesicht, verfolgt sie, gehüllt in nachtschwarze Gewänder, den Untergang ihres Volks; eine Plastik zwischen Moreaus orientalischen Rachegöttinnen, den anmaßend-übermächtigen Germania-Figuren der Gründerjahre und der damals berühmtesten gotischen Skulptur, der „Uta von Naumburg".

Zwischen diese Hell-Dunkel-Zonen schieben sich Sphären suggestiven Dämmers. Isenland, das Reich Brunhilds, flirrt schemenhaft unter spektralen Lichtbrücken und -bögen, der erste Blick auf die Burg der Nibelungen zeigt den Bau mattglühend auf steilen Felsen, in Lichtnimben eingehüllt wie in kostbare Gaze-Schleier. Das Reich des Zwergenkönigs Alberichs zwischen

Abb. 126: Otto Hunte, Erich Kettelhut und Karl Vollbrecht, Siegfrieds Ritt durch den Wald, „Die Nibelungen. Siegfried", 1924

Abb. 127: Heinrich Tessenow, Wettbewerbsentwurf für die Ehrenhalle im KdF-Seebad auf Rügen, 1936

Dämonen- und Märchenland schwebend, glost geheimnisvoll durch wallende Nebel. Von Weihrauchschwaden durchzogen dämmert der Nibelungendom, apokalyptisches Halbdunkel erfüllt Siegfrieds Gruft.

Die zum Teil direkt aus Langs Filmen übernommene Lichtsymbolik im Dritten Reich und deren Popularität belegen[35], dass Langs Symbolsprache nicht nur ein allgemeines Bedürfnis getroffen, sondern auch allgemeinverbindliche Ausdrucksformen dafür geprägt hatte. Nach 1933 jedoch blieb die Personen, Bauten und Ereignisse zur Allegorie stilisierende Technik nicht auf den medialen Bereich beschränkt. Hitler erschien nicht nur in Leni Riefenstahls Film als lichtglänzender messianischer Sendbote der Vorsehung. Wie den übrigen Mitgliedern der faschistischen Führung verhalfen Scheinwerfer und Dekorationen bei wichtigen öffentlichen Auftritten den Beteiligten zu allegorischem Charakter. Albert Speer berichtet in seinen Erinnerungen ausführlich über die Bemühungen, Redner der Massenkundgebungen zu Lichtgestalten zu inszenieren; Neville Henderson spricht davon, dass ihm die dämmrigen Säle der Führungsunterkunft während des Reichsparteitags vorgekommen seien wie perfekt gestaltete Kulissen aus Wallensteins Lager usw.[36]

Auch die Tonnen von Gips, woraus Fritz Lang den deutschen Wald formen ließ, sind wie die auf dem Filmgelände ausgestreuten Wagenladungen von Salz, die Winterlandschaften vortäuschten, alles andere als geschickt

Abb. 128: Empfang in Gunthers Thronsaal, Menschen als Architektur

kaschierte Notlösungen. Lang nutzt im Gegenteil die Möglichkeiten des Materials, um bewusst unnatürliche Szenerien zu schaffen. Die Riesenstämme im Reich der Nibelungen vereinigen sich, trotz Laub und Farn, zu einem steinernen Wald, der, fest und unzerstörbar gleich der Burg von Worms oder den Pfeilerwäldern der späteren Ehrenhallen, zum Abbild einer formierten Welt wird, wie sie Elias Canetti beschrieben hat: „In keinem modernen Land der Welt ist das Waldgefühl so lebendig geblieben wie in Deutschland … Im tropischen Wald verliert sich das Auge in der Nähe, es ist eine chaotische und ungegliederte Masse … Der Wald der gemäßigten Zone hat seinen anschaulichen Rhythmus … Der einzelne Baum aber ist größer als der einzelne Mensch und wächst immer weiter ins Reckenhafte. Seine Standhaftigkeit hat viel von derselben Tugend des Kriegers. Heer und Wald waren für den Deutschen, ohne dass er sich darüber im klaren war, auf jede Weise zusammengeflossen."[37]

Wenn auch das Urteil Canettis in dieser rigiden Ausschließlichkeit zu hoch gegriffen sein mag, im Wald der Nibelungen findet es seinen Kronzeugen, sobald Siegfried den Hof des burgundischen Königs betritt. In scheinbar endlosen Reihen stehen dort die Krieger, versteinert wie Minuten zuvor die erstarrten Stämme des Waldes.

Lebendige Natur, wie ein im Burggarten von Worms blühender Baum oder die Frühlingsblüten der Hunnensteppe, ist in der Welt des Lang'schen Epos Fremdkörper – Träume, die wenig später zunichte werden. Ein einziges Mal scheint tatsächlich die Szene erfüllt von atmendem Leben; dies jedoch nur, um das Pathos eines Todeskults zu steigern: Siegfried wird inmitten einer von Blumen überquellenden Wiese von Hagens Speer getroffen, um dann einen sorgfältig inszenierten Operntod zu sterben.

Dass man, wie eingangs erwähnt, den Königsplatz zugunsten würdevollen Ewigkeitspathos von allem „peinlich-kleinlichen Grünzeug" befreite, wirft ein ebenso bezeichnendes Licht auf die in den *‚Nibelungen'* präformierte Lust an lebenslos-ewigen Welten aus Stein wie das obsessive Pflastern der Aufmarschplätze, Gauforen und Kundgebungsorte auf das Dritte Reich.

Abb. 129: Wachen vor dem Haupteingang Voßstraße an der Neuen Reichskanzlei Berlin

Versteinert wie Kriemhild während der Orgie ihrer Rache, sind im Grunde alle Menschen des Nibelungenreiches, ob Erlöser oder Verräter. Handlungen – von wenigen Ausnahmen wie Siegfrieds Kampf mit dem Drachen abgesehen – vollziehen sich wie in Trance, gemessen, verlangsamt bis zum Stillstand. Gleich Figuren vor den Stellwänden oder in den Nischen eines Museums leben die Nibelungen in den Fensternischen, vor den Wänden oder auf den Söllern ihres Palastes das Dasein in sich ruhender Archetypen von Heldentum und Opfer, Pflicht und Liebe. Formationen wie aus Felsen gehauen, das dem erstarrten Individuum gegenübergestellte Ornament der Masse, bilden das Grundmuster der Nibelungenheere.

Lebend verkörpert die Walküre Brunhild, was sich in einer Szene der Alberich-Episode zum Sinnbild des Films und seiner Botschaft verdichtet. Als künftige Herrscherin betritt sie das mit einem Drachenboot erreichte Land

Abb. 130: Walter und Johannes Krüger, Hindenburggruft im „Reichsehrenmal" Tannenberg, Foto vor 1938

der Burgunder nicht über einen Landungssteg, sie schreitet über die Menschenarchitektur des bewegungslos im Wasser stehenden Gefolges; Schild und Schulter der Krieger stehen ihr als Brücke zur Verfügung. Von Siegfrieds und Gunthers Täuschungsmanöver bis zur Selbstvernichtung aufgepeitscht, präsentiert sie, isoliert auf einem Thron, ein zur Totenmaske erstarrtes Gesicht. In beiden Szenen wird damit variiert, was die Eingangssequenzen des Films an Grundsätzlichem vorausschicken: Angekettet an ihr Schicksal, den Nibelungenhort, dessen riesige Schale sie auf ihren Schultern tragen müssen, werden die Gehilfen des Alberich zu Stein verwandelt.

Somit ist im Film vorweggenommen, was in der Realität des Dritten Reiches zur Gewohnheit werden sollte. Die Parallelen laufen über den zu kleinbürgerlichem Bierernst travestierten Nibelungen-Habitus der Parteiführer, die mit „steinernem Gesicht" und „eherner Haltung" Paraden abnahmen oder Empfängen vorstanden, bis zu den Massenformationen der Parteitage und anderer Aufmärsche.

Die Wachtposten vor der Neuen Reichskanzlei zeigen starre Nibelungengröße, lebende Abbilder der steinernen Wachen vor Hindenburgs Gruft im Tannenberg-Ehrenmal. Arnold Brekers 1940 gefeiertes Relief „Kameraden" hält in obligater Klassik den Gipfel eines nekrophilen Ewigkeitspathos, den im Nibelungenfilm die Schlusssequenz erreicht: Hagen, den verletzten, geliebten Gunther in den Armen haltend und ungebeugt angesichts des sich ringsum vollziehenden Untergangs, scheint wie das Vorspiel zu Brekers Blut und Dreck leugnender Apotheose des von jeher heldenhaften Kriegstodes. Stein gewordene Varianten des Trivialmythos vom ewig gültigen Mannesschicksal.

„Was versteht ihr schon von der Seele der Deutschen?" wird der verständnislos starrende Hunnenkönig gefragt, als, überwältigt vom ameisenhaft wimmelnden Leben der Hunnenmassen, die Nibelungen ihren Heldentod sterben. Im geradezu genüsslich ausgedehnten kollektiven Tod findet die steinerne Welt Vollendung und Erlösung. Als bestürzend buchstabengetreues lebendes Bild der später propagierten Blut- und-Boden-Manifeste präsentiert Kriemhild am Ende des tödlichen Kampfes einen Beutel mit Erde, die sie an Siegfrieds Sterbeort aus dem gefrorenen Boden gekratzt hatte. Die Erde, der einzig unerstarrte Rest der Nibelungenwelt, ist nun dazu bestimmt, das Blut des sterbenden Hagen zu trinken. „Blut schreit nach Blut", hatte Thea von Harbou dem Zuschauer, wo immer möglich, mit ihren Bildtiteln aufdrängen lassen. Allein die Blutsfahne der Faschisten war ihrem Gespür für die aktuellen Surrogate aus Mythos und völkischem Ehrenkodex entgangen.

Der Stein ist das Leitthema des Langschen Epos. Nicht die Geschichte der Nibelungen wird gezeigt, sondern – trotz der lebenden Bilder – deren Denkmal. „Sie kleben am Gemälde, Herr Lang"[38], warf anlässlich der Premiere von *‚Metropolis'* (1927) die *Filmwoche* dem Regisseur vor. Lang aber klebte nicht – und vor allem in *‚Die Nibelungen'* nicht – am Gemälde, sondern lebte mit und in bildhaft inszenierter Architektur. *‚Siegfrieds Tod'* und *‚Kriemhilds Rache'*, die beiden Teile der *‚Nibelungen'*, sind bestimmt von Baukunst. Als kunstvoll bearbeiteter Stein, als Architektur, findet die Botschaft der *‚Nibelungen'* zu eindringlicher Form.

Drei architektonische Leitmotive gliedern den Ablauf des Geschehens: Burg, Gruft und Sakralraum. Ihre Gestalt setzt sich aus wenigen Grundformen zusammen, Kuben, Zylinder, Bögen, Pfeiler, Treppen und Podeste, angeordnet nach streng symmetrischen Regeln.

Burgen

Bereits zu Beginn des Films wird die Festung als Inbegriff des burgundischen Reiches und seiner Kultur vorgeführt. Lang lässt die Burg von Worms als riesiges Rund von himmelstürmenden Mauern und Türmen direkt aus steilen Felsen aufwachsen. Castel del Monte, die Bismarck-Türme, das Tannenberg-Ehrenmal, allesamt der Suggestivität von Böcklins *‚Toteninsel'* unterstellt, sind hier vereint, wie die später berühmten Glockentürme des Olympia-Geländes oder das Freikorps-Ehrenmal auf dem schlesischen Annaberg.

Brunhilds Burg auf Isenland, auch sie eine Emanation des Gipfels, der sie trägt, bietet sich als dekorlose, glorifiziert-geheimnisvolle Variante der Wartburg dar. So wie ihre dramatisierte Verknappung auf Turm und Palast die Grundformen der Ordensburgen Vogelsang und Sonthofen vorwegnimmt, erscheinen ihre Brüstungen und Terrassen, von wo aus Nibelungen und Brunhilds Gefolge den Wettstreit zwischen Königin und König verfolgen, wie Präliminarien der Tribünen und Schanzen von Gefolgschaftsplätzen unter freiem Himmel oder den Bühnenbauten der Thingspielstätten.

Der zweite Teil des Film-Epos hat die Königshalle Etzels zum Mittelpunkt. Was den aufgesteilten Burgen in Worms und Isenland die Höhen des Gebirges, deren unzerstörbare Härte sie fortsetzen, ist der kompakt-niedrigen Kubik der Halle die Erde, aus der sie gewachsen scheint. Auch hier ist die Verwandtschaft mit Bauten der Jahrhundertwende und Archetypen unübersehbar. Die leicht nach oben sich verjüngende Form, das hermetisch verschlossene Massiv des Baukörpers, der einzig durch ein monströses breitgelagertes Rundportal sich nach außen erschließende Baublock rekapitulieren

Abb. 131: Die Wormser Burg aus: „Die Nibelungen. Siegfried"

die Sockelarchitekturen von Nationaldenkmälern oder Mausoleumsarchitekturen. So wie die Nibelungenburg auf staufische Urbilder, greift die Halle auf den altägyptischen Tempel zurück. Über die im Gesamteindruck offenkundige Ähnlichkeit mit den breitgelagerten Gefolgschaftshallen in ländlichen Bezirken hinaus wird Etzels Halle in ihrer Eigenschaft als Grabkammer derer, die in ihr kämpfend zugrunde gehen, zum versteckten Vorbild einer Architekturgattung, die im Totenkult des deutschen Faschismus makabre Triumphe feierte. Wilhelm Kreis' Entwurf für ein Ehrenmal der Panzerdivisionen in Afrika ist hierin ebenso aufgehoben wie die zahllosen Entwürfe für die Kriegsdenkmale in München, Trier oder anderen deutschen Städten.

Sakralräume

Zu Sakralräumen gestaltet Lang alle Innenschauplätze, sobald das Geschehen von den (seltenen) intimeren Szenen zu demonstrativen Handlungsakten übergeht. Der Wormser Dom, Szene für die Trauung der Herrscherpaare und Siegfrieds Aufbahrung, ist der einzig ausdrückliche Kirchenraum. Riesige quadratische Bodenplatten, im Halbdunkel glosende Wände und Pfeiler, ein mächtiges, mit streng geometrisch-rechtwinkligen Mustern gefülltes Radfenster, umlaufende Steinbänke und ein zentraler Altarblock über kantigen Podien

Abb. 132: Otto Hunte, Erich Kettelhut und Karl Vollbrecht, Gunthers Thronsaal in Worms, „Die Nibelungen. Siegfried“, 1924

Abb. 133: Otto Hunte, Erich Kettelhut u. Karl Vollbrecht, Die Treppe vor dem Dom in Worms, „Die Nibelungen. Siegfried", 1924

genügen, um zeitlose Atmosphäre zu schaffen. Diese den Ehrenhallen von Völkerschlachtsdenkmal und den Kyffhäuserbauten abgesehene suggestive Leere, ihre steinerne Symmetrie und Zeitlosigkeit bestimmen auch die übrigen Säle und Hallen des Nibelungenfilms.

Gunthers Thronsaal, eine entradenflankierte Halle mit einer geradwandig geschlossenen, erhöhten Apsis, von der links und rechts zwei über Treppen zu erreichende Rundbogenöffnungen abgehen, erscheint damit als profaniertes Kirchenschiff wie die dem gleichen Muster verpflichtete Halle Brunhilds oder das zum Staatsraum avancierte „Wohnzimmer" des Burgunderkönigs und seiner Sippe. Zahlreiche Ausstellungs-, Gefolgschafts- und Ehrenhallen nehmen diesen Typus im Dritten Reich wieder auf.

Zum eigentlichen Sakralraum wird die gigantische Freitreppe des Doms. Hinterfangen von einem Portal, worin romanisch-byzanthinische Ornamente sich von den Speyrer oder Bamberger Vorbildern zur Bombastik der Ehrenportale an Nationaldenkmäler emanzipiert haben, wird sie zum suggestiven Rahmen einer Staatszeremonie – des Kirchganges der beiden Königinnen, der im Streit, dem schicksalhaften Höhe- und Wendepunkt der Wormser Episoden endet. Als Symbol von Macht und Ehre, als architektonisches Sinnbild menschlicher Würde und ewiger Gesetze („Das Wort Schreiten gibt es im Amerikanischen nicht"[39], äußerte sich Fritz Lang im amerikanischen Exil), gewinnt die Treppe eine Bedeutung, vor deren Ausstrahlung der Dom selbst zum unbedeutenden Anhängsel wird.

In *‚Kriemhilds Rache'* erscheint die Treppe vor Etzels Parast versetzt. Übersät mit den Leichnamen der gefallenen Burgunder, wird sie hier zum Opferaltar. Sie gibt unfreiwillig das Muster ab für Architekturbilder, die wenige Jahre später H. Böhme zum Ruhm der in faschistischen Diensten mißbrauchten Feldherrnhalle besang: „Altar sind nun der Feldherrnhalle Stufen",

Abb. 134: Ausstellungshalle im Deutschen Pavillon auf der Pariser Weltausstellung 1937 (Modell), Innenausstattung Woldemar Brinkmann

hieß es im Rückblick auf den 9. November 1923, und, die Zukunft der deutschen Baukunst charakterisierend: „Wir bauen des Reiches ewige Feldherrnhallen."[40]

Grüfte

Als Grüfte erscheinen viele Innenräume des Films. So die von lastenden Balkendecken förmlich erdrückten Zimmer der Einzelpersonen, wo schwerwiegende Entscheidungen getroffen und Pläne geschmiedet werden; die von dem ahnungslos strahlenden Siegfried durchwanderten Zwergenhöhlen oder die engen unterirdischen Gänge, in denen der tödliche Kampf zwischen Etzels

Abb. 135: Wilhelm Kreis, Gruft mit Ehrenmal unter der Soldatenhalle in Berlin, 1938 (Modell)

und Gunthers Gefolge ausbricht. Ein Grabgewölbe ist eigentlich der Raum, worin Kriemhild den Nibelungenhort aufbewahrt, welchen Hagen dann im Rhein versenkt. Dessen Ufer säumen splitternde Eisschollen, die wiederum Caspar David Friedrichs Gemälde ‚Gescheiterte Hoffnung' abbilden.

All diese Räume aber sind Vorbereitung beziehungsweise Nachklang des Raums, in welchem die Architektur des Epos zu sich selbst findet: Siegfrieds Gruft. Lang zeigt sie als tonnengewölbten Raum, in dessen Mitte sich über drei regelmäßig abgestuften Podien ein aus einem mächtigen Steinblock gemeißelter Sarkophag erhebt: das Urbild der Gruft, der Prototyp zeitgenössischer Kriegergedenkstätten und – blickt man auf Kreis' dramatisch inszenierte Riesenkrypta der geplanten Berliner Soldatenhalle – ein Traumbild faschistischer Nekrophilie.

Abb. 136: Otto Hunte, Erich Kettelhut u. Karl Vollbrecht, Siegfrieds Gruft, „Die Nibelungen. Kriemhilds Rache"

Die Parallelen bleiben nicht auf die äußere Form beschränkt. Siegfrieds Gruft nämlich, so zeigt eine Sequenz des Films, liegt nicht etwa verborgen in den Untergeschossen des Doms, sondern öffnet sich mit einem weiten Bogentor auf einen der Burghöfe. Sie ist Tag für Tag umlagert von Trauernden, denen Kriemhild wieder und wieder Treue zur Person des Toten und Willen zur Rache einschärft. Somit ist Siegfrieds Gruft, gleichsam im öffentlichen Raum mahnend, die Vorform der – nun gewölbelosen – Gruften auf dem Münchener Königsplatz, deren ewige Wache (der Marburger Kunsthistoriker

Abb. 137: Walter u. Johannes Krüger, Gruft im Braunschweiger Dom, 1936-38, Foto 1939

Abb. 138: Walter Köhler, Skizze zur Platzgestaltung um den Dom zu Worms, 1936

Hans Joachim Kunst hat das ausführlich abgehandelt)[41] totenkultisch-integraler Bestandteil des öffentlichen Lebens im Dritten Reich wurde.

Formgetreue Nachfolge, dies sei noch nachgetragen, hätten Langs Architekturen in Neubauten rings um den echten Wormser Dom finden sollen. 1937 stellte die Deutsche Bauzeitung neu zu gestaltende Plätze im Dombereich vor. Ihre begrenzenden Mauern und Türme weisen im Versuch, römische und staufische Baumotive wiederzubeleben, verblüffende Ähnlichkeiten mit den *‚Nibelungen'*-Bauten auf. In Kaiserslautern wurde 1936 aus verschwindend geringen Resten der ausgegrabenen staufischen Kaiserpfalz das Idealbild einer kaiserlichen Residenz rekonstruiert, deren gepflasterte Höfe, Terrassen und Freitreppen kaum von denen Huntes, Kettelhuts und Vollbrechts zu unterscheiden sind. In Braunschweig schließlich wurde der zum Nationalheiligtum erklärte Dom 1936-39 umgestaltet. Die wiederhergestellte Romanik des Langhauses atmet, bei aller historischen Treue der Restauratorenarbeit, Nibelungenluft; Form, Beleuchtung und Sarkophag der neu angelegten Gruft Heinrichs des Löwen (Architekten: Walter und Johannes Krüger) nehmen in der Gesamterscheinung das feierliche Pathos des Siegfried-Mausoleums auf.

„Ein geschlagenes Volk dichtet seinen kriegerischen Helden einen Epos in Bildern … das ist eine Tat. Fritz Lang schuf sie, und ein ganzes Volk steht ihm zur Seite … Wir brauchen wieder Helden"[42], tönte 1924 nach der Premiere *‚Die Filmwoche'*. „Wir haben wieder Helden" verkündete während des Dritten Reiches beinahe jeder Neubau. Fritz Lang aber hatte damit nichts zu tun, so wenig wie die unter ihrem Schicksal leidenden, ausgelieferten Helden seines Epos. Hinter dem Rücken Langs und der Botschaft seines Films wurden der Mythos und seine Bilder zum Bedeutungsträger faschistischer Weitsicht, fand die Architektur der Lang'schen Nibelungenwelt Eingang in das reale Bauen.

„Einen Hauch Ewigkeit"[43] hatte der Regisseur seinen Filmarchitekturen abgefordert und damit dem Formenapparat der Baukunst im Dritten Reich Vorgaben geliefert. Was Lang Mittel zur Distanzierung war, wodurch seine Filme als Ratgeber beileibe nicht als Lehrmeister der Realität hätten wirken sollen, erklärten die neuen Machthaber zur Verdopplung der Wirklichkeit: „Das Erwachen jedes einzelnen zum nationalen Wollen" hieß es 1933 in einem die Wiederaufführung von ‚Siegfrieds Tod' kommentierenden Essay, „bringt auch seine (des Nibelungenfilms) Wiederauferstehung ... eine Umgebung monumentaler Bauten einfachster Form ... Und trotz des großen Abstands erkennen wir ... dass wir von gleicher Art und gleichen Stammes sind."[44]

„Man darf fast hoffen, es könnten sich aus dieser plötzlichen und fast eigenwilligen, beinahe zwangsläufigen Sonderentwicklung einige Dinge herausheben, die jenseits der Filmbedürfnisse von bedeutsamem Wert für die gegenwärtig sich vollziehende Neugeburt der Baukunst bleiben könnten"[45], war 1920 in Wasmuths Monatsheften für Baukunst geschrieben worden. Die Hoffnung hatte sich erfüllt. Als Medium, welches wie kaum ein anderes den Ängsten und Sehnsüchten des Publikums Gestalt verlieh, lieferte der Film

Abb. 139: Ziegler/Peter/Jung, Die rekonstruierte Kaiserpfalz in Kaiserslautern, 1936

nicht nur Menschentypen und Handlungsweisen, in denen sich die zeitgenössischen Vorstellungen und Phantasien unzensiert manifestieren konnten, sondern auch Architekturen, die deren adäquate Rahmen stellten.

Die im Film perfektionierte Vereinfachung der Formensprache, der suggestive Einsatz atmosphäreschaffender Hilfsmittel taten ein übriges, Bauten, egal welcher Epochen und Stile, zu scheinbar zeitlos gültigen Metaphern von gesellschaftlichen Zuständen werden zu lassen. Bild und Bedeutung der Filmbauten schoben sich gleichsam wie ein Filter zwischen die reale Architektur und deren Rezipienten. Erst mit der massenhaften Verbreitung durch den Film wurde Stimmungsarchitektur für jedermann verständlich, war die Basis geschaffen für die Baukunst im Dritten Reich. Mit ihren Bauten, worin „die Wirklichkeit eingespannt wurde, sich selbst vorzutäuschen"', krönte sie einen Prozess, den Helmut Färber in seiner Untersuchung über „Baukunst und Film" 1977 als Grundzug des Baugeschehens von Industriegesellschaften westlicher Prägung erläutert: „Die industrielle Welt ... setzt an die Stelle eines Inhalts dessen Mitteilungsform, an die Stelle einer Wirklichkeit deren Abbild."[46]

„Im Film", schrieb der Filmregisseur und -theoretiker Urban Gad, „muss die Stube des Armen noch ärmer, die Umgebung eines Reichen noch üppiger aussehen als in Wirklichkeit ... Das Ziel des Films ist nicht Wahrheit, sondern Wahrscheinlichkeit."[47] Für Gültigkeit und Brauchbarkeit dieser These hatte der deutsche Film während der zwanziger Jahre glänzende Beweise vorgelegt. Selbst belangloseste Streifen gewannen durch die Filmarchitektur, durch das sorgfältige Arrangieren von Innenräumen und Requisiten Ausstrahlung. „Wir haben", stellte Fritz Lang 1925 selbstkritisch zur Situation des deutschen Films fest, „Architekten, der ganze Rest ist hoffnungslos schlecht."[48] Und: „Noch niemals hat eine Zeit so gut über sich Bescheid gewusst, wenn Bescheid wissen heißt: ein Bild von den Dingen haben, das ihnen im Sinn der Photographie ähnlich ist"[49], beurteilte Siegfried Kracauer in einem *‚Die Photographie‘* betitelten Essay 1927 die allgemeine Bild-Lust. Die lebenden Fotografien des Films, die von ihnen übermittelten Baukünste wurden ein Teil dieses Bescheidwissens, oder anders: Erst mit dem Film wurde jedermann deutlich, wie die „Umgebung des Reichen" (scheinbar) bis in alle Einzelheiten aussah; wie eine Architektur beschaffen sein musste, worin sich Schicksale entschieden, Geschichte gemacht und Feierliches vollzogen wurde.

Im Film selbst sank mit der Einführung von Tonsystemen die Intensität der Gegenstands- und Architektursprache rapide ab. „Der technische Zugewinn durch die Tonplatte brachte einen künstlerischen Rückschritt um zehn Jahre. Die universale stumme Filmkunst fiel zurück in Provinztheatergebaren"[50], erinnert sich Latte H. Eisner, die während jener Jahre zur renommierten deutschen Filmkritikerin geworden war. Dem Substanzverlust an Gegenstandsmimik im Film korrespondierte wenige Jahre später im realen Bauen der geradezu inflationäre Zuwachs an sorgsam inszenierten Bild-Bauten, denen die Sehschule des Stummfilms den Boden bereitet hatte. Nicht nur in Leni Riefenstahls (heute noch oder wieder) bewunderten Propagandafilmen, deren wechselseitig sich steigerndes Ineinander von Bauwerk und Mensch den Filmen Fritz Langs abgeschaut ist, erscheint Architektur den Gesetzen der Filmkunst unterworfen. Die neuerrichteten Bauten selbst folgen den filmi-

Abb. 140: Das 1937-39 umgestaltete Langhaus des Braunschweiger Doms

schen Wahrscheinlichkeits-Grundsätzen. Erbaut als „zum sichtbaren Zeichen gewordene(r) Ordnungswillen“[51], wie Hitler im Gespräch erläuterte, war es ihre Pflicht, das Dritte Reich als ewiges, Deutschland als übermächtig usw. im überredenden Sinn von Filmarchitektur „wahrscheinlich“ zu machen.

Wenn die Machthaber, um dieses Ziel zu erreichen, „das Gewaltigste, was es seit den Riesenbauten Ägyptens und Babylons gegeben hat ... die heiligen Bauten und Wahrzeichen einer neuen Hochkultur“[52] errichten ließen, konnten sie auf ein Publikum zählen, welches, durch den Film sachverständig gemacht, die Botschaften dieser angeblichen neuen Hochkultur zu lesen verstand. Architektonische Hinweise auf altägyptische, babylonische oder germanische Großreiche und die Inanspruchnahme deren angeblicher Überlegenheit sowie die Inanspruchnahme gleicher Nobilität durch das neue Reich wurden ebenso verstanden, machten die Behauptungen des Systems ebenso wahrscheinlich wie die klassisch-preußischen Repliken oder die Symbolik kristalliner Lichtdome, angestrahlter Bauten etc. Bauten im Neuen Reich, vom Führerpalast bis zu biedermeierlichen Siedlungshäusern, vorbereitet durch den Gewöhnungseffekt der Filmarchitektur und ihrer Botschaften, wurden somit zu steinernen Beglaubigungsurkunden der Täuschungs- und Selbsttäuschungsmanöver des Nationalsozialismus.

Hermann Giesler, der Architekt des Weimarer Parteiforums und an-derer Großbauten im Dritten Reich, verfasste 1940 eine überschwängliche Würdigung der Neuen Reichskanzlei, in welcher das inszenatorisch-filmische Element der neuen Baukunst auf den Punkt genau beschrieben wird. Giesler lobt die Innenräume des Staatsbaus (Angela Schönberger hat vor einigen Jahren klargemacht, dass kaum ein Raum darin anderen als darstellenden Zwecken diente), als beschriebe er Aussehen und Wirkung der Nibelungen-Säle. Er schreibt: „In diesen Sälen und Hallen ... wird der Besucher vom Schlendern oder Gehen zum Schreiten gezwungen. Es ist schlechthin die Wiedergeburt von Hoheit und Größe, die sich hier manifestiert ... So wurde Speer einer geschichtlichen Aufgabe gerecht: Deutschland ist zu einer Großmacht geworden; aus diesem Gefühl heraus ... ist die Neue Reichskanzlei gestaltet.“[53]

Anmerkungen

1 Eberhard Spreng: Zur geschichtlichen Entwicklung von Filmtechnik und Filmgestaltung, mit einer vergleichenden Untersuchung der Gestaltungsmerkmale der Fritz Lang-Filme (Magisterarbeit, FU Berlin) 1981, S. 25

2 Veit Harlan; zit. nach: Erwin Leiser: „Deutschland, erwache" – Propaganda im Film des Dritten Reiches, Hamburg 1968, S. 117

3 Fritz Hippier: Grundsätzliches zum heutigen Filmschaffen, in: ders.: Betrachtungen zum Filmschaffen, Berlin 1943, S. 14

4 Ludendorff; zit. nach: J. Toeplitz: Geschichte des Films, Bd. 1, München 1978, S. 140

5 Alexander von Gleichen-Russwurm: Kino und Weltgeschichte, in: R. Pabst: Das deutsche Lichtspieltheater in Vergangenheit, Gegenwart und Zukunft, Berlin 1926, S. 3

6 Frank Thieß: Kino (1925); zit. nach: Fritz Güttinger: Der Stummfilm im Zitat der Zeit, Frankfurt am Main 1984, S. 95 272

7 Hans Siemsen: Charlie Chaplin (1924); zit. nach: F. Güttinger, a. a.O., S. 88

8 Walter Bloem d.J.: Seele des Lichtspiels; zit. nach: F. Güttinger, a. a. 0., S. 78

9 Siegfried Kracauer: Von Caligari zu Hitler – Eine psychologische Geschichte des deutschen Films (1947), Frankfurt am Main 1979, S. 352

10 Roland Schacht, 1923; zit. nach: Ilona Brennicke; Joe Hembus: Klassiker des deutschen Stummfilms 1910-1930, München 1983, S. 16

11 Henri Langlois: Robert Herlth, in: Filmarchitektur, hg. von Deutsches Institut für Film und Fernsehen, München 1965, S. 20

12 Robert Herlth: Filmarchitektur, in: Wasmuths Lexikon der Baukunst, V, Berlin 1937, S. 195

13 R. Herlth, a. a. 0., S. 194

14 R. Herlth, a. a. 0., S. 194

15 Werner Krauss: Das Schauspiel meines Lebens, 1958; zit. nach: 1. Brennicke, J. Hembus, a. a. 0., S. 54

16 S. Kracauer, a. a. 0., S. 102

17 Max Reinhardt 1927 im „Berliner Tageblatt"; zit. nach: Heinrich Huesmann: Welttheater Reinhardt-Bauten, Spielstätten, Inszenierungen, München 1983, S. 33

18 Max Reinhardt 1924 in New York; zit. nach: H. Huesmann, a. a. 0., S. 33

19 Kurt Pinthus: Das Tage-Buch, 1922; zit. nach: 1. Brennicke, J. Hembus, a. a. 0., S. 86

20 Herbert Ihering, in: Berliner Börsen-Courier 1920; zit. nach: 1. Brennicke; J. Hembus, a. a. 0., S. 209

21 Fritz Engel; zit. nach: 1. Brennicke, J. Hembus, a. a. 0., S. 61

22 N. N.: Der Kinematograph, 1922; zit. nach: 1. Brennicke, J. Hembus, a. a. 0., S. 204

23 Theobald Tiger (Kurt Tucholsky) in der „Weltbühne), 1922; zit. nach: 1. Brennicke, J. Hembus, a. a. 0., S. 249

24 Paul Rotha: The film till now, London 1930, S. 199 (Übersetzung nach S. Kracauer, a. a. 0.)

25 Roland Schacht in der „Weltbühne), 1923; zit. nach: 1. Brennicke, J. Hembus, a. a. 0., S. 188

26 S. Kracauer, a. a. 0., S. 119

27 S. Kracauer, a. a. 0., S. 120

28 Neville Henderson: Failure of a Mission. Berlin 1937-39, London 1940, S.71

29 Axel Eggebrecht in der „Weltbühne", 1926; zit. nach: 1. Brennicke,J. Hembus, a. a. 0., S. 191

30 A. Eggebrecht, a. a. 0., S. 191

31 Thea v. Harbou: Vom Nibelungenfilm und seinem Entstehen, in: Presseheft Die Nibelungen, o. S.

32 Goebbels am 28.3.1933 vor Vertretern der Filmindustrie; zit. nach: E. Leiser: „Deutschland, erwache!" Propaganda im Film des Dritten Reiches, Reinbek bei Hamburg 21978.

33 Lotte H. Eisner: Die dämonische Leinwand, Frankfurt am Main 1980, S. 158

34 Fritz Lang; zit. nach: 1. Brennicke, J. Hembus, a. a. 0., S. 109

35 Vgl. S. Kracauer; a. a. 0., S. 103 und E. Leiser, a. a. 0., S. 30ff

36 Neville Henderson, a.a. 0., S. 4 Albert Speer: Erinnerungen, Frankfurt am Main, Berlin, Wien 1969, S. 40f

37 Elias Canetti: Masse und Macht, 1. Band (1960), Regensburg 1976, S. 190

38 P. Ickes, in: Die Filmwoche, 3/1927; zit. nach: J. Toeplitz: Geschichte des Films, Bd. 1, München 1976, S. 426

39 Fritz Lang; zit. nach: P. W. Jansen, W. Schütte (Hg.): Fritz Lang, München/Wien 1976, S. 56 (ohne Angabe der Herkunft)

40 H. Böhme: Kantate zum 9. November (1934); zit. nach: K. Vondung: Magie und Manipulation – Ideologischer Kult und politische Religion des Nationalsozialismus, Göttingen 1971, S. 160

41 Hans Joachim Kunst: Architektur und Macht – Überlegungen zur NS-Architektur, in: Mitteilungen, Kommentare, Berichte der Philipps-Universität Marburg, 3/1971

42 Die Filmwoche, 1924; zit. nach: I. Brennicke, J. Hembus, a. a. 0., S. 112

43 Wörtlich: „Denn diesen Bauten, die für den Augenblick geschaffen werden, muss ein Hauch Ewigkeit anhaften, gleichviel ob sie prunkend oder primitiv, monumental oder zierlich sind." (F. Lang: Moderne Filmregie, in: Die Filmbühne, 1/1927)

44 v. Onik: Rückkehr der Nibelungen, in: Feuilletons für Siegfrieds Tod, Ber-lin 1933,0; S.

45 Heinrich de Fries: Raumgestaltung im Film, in: Wasmuths Monatshefte für Baukunst, 3-4/1920/21, S. 63

46 Helmut Färber: Baukunst und Film – Aus der Geschichte des Sehens, München 1977, S. 22

47 Urban Gad: Der Film, Berlin 1920, S. 8

48 Zit. nach: Enno Patalas, in: Fritz Lang: Fritz Lang, München 1976, S. 94

49 S. Kracauer: Die Photographie (1927), in: Das Ornament der Masse, Frankfurt am Main 1977, S. 33

50 Lotte H. Eisner: Ich hatte einst ein schönes Vaterland – Memoiren, Heidelberg 1984, S. 155

51 Hitler im Gespräch, 1940; zit. nach: Adelbert Reif: Albert Speer. Technik und Macht, Frankfurt am Main, Berlin, Wien 1981, S. 29

52 Hitler, a. a. 0., S. 29 53 Hermann Giesler: Die Neue Reichskanzlei an der Voßstraße in Berlin, in: Der Baumeister, 2/1940, S. 39

53 Hermann Giesler: Die Neue Reichskanzlei an der Voßstraße in Berlin, in: Der Baumeister, 2/1940, S. 39

ORDENSBURGEN

Das Leben ein Schweben

ORDENSBURGEN

„Flieger, grüß mir die Sonne". Noch heute genügt die Titelzeile dieses Lieds, um einen Konzertsaal zum Kochen zu bringen. Die meisten Hörer werden den Song mit der Deutschrock-Band „Extrabreit" verbinden, die ihn 1980 und erneut 1990 in die Hitparaden brachte. Ältere dürften auch das Original kennen und schätzen, das Hans Albers 1932 in dem Film „F.P.1 antwortet nicht" sang. Der Film, heute etikettiert als Prototyp der „Sience Fiction Thriller", war damals, gedreht in einer deutschen, einer französischen und einer englischen Fassung, ein internationaler Erfolg. Doch in Deutschland lockten er und Hans Albers, der Inbegriff des Überfliegers, so viele Menschen in die Kinos wie nirgendwo sonst (für Frankreich hatte Charles Boyer, für England und Amerika Conrad Veidt die Rolle übernommen). Denn im Unterbewusstsein der Deutschen drängte alles zu Bildern der Entrückung und modernen Himmelsfahrten: Fesselballons, Zeppeline, Flugzeuge und Raketen zählten unter die populärsten Motive im Film, Comic, Abenteuerroman und Schlager; Flieger, vom Kriegspiloten bis zum Lianenschweber Tarzan, ebenso Bergsteiger, allen voran (der noch heute populäre) Luis Trenker, waren die beliebtesten Helden.

Mit fiktiven Höhenräuschen kompensierte die Majorität die politischen, wirtschaftlichen und sozialen Bruchlandungen der Weimarer Republik, vom verlorenen Ersten Weltkrieg und dem Versailler Vertrag bis hin zu den verheerenden Schlägen der Weltwirtschaftskrise, die alle Träume, die während der kurzen Konsolidierungsphase der zwanziger Jahre aufgeblüht waren, zunichte machte. „Wenn ich ein Vöglein wär'", hatte die Romantik gesungen. Ihr musikalischer Reflex auf die bedrückenden Verhältnisse der Restauration von 1815 erneuerte sich knapp 120 Jahre später in Hans Albers' zeitgemäß technikverliebtem Fluglied: „Dein Leben, das ist ein Schweben, durch die Ferne, die keiner bewohnt."

Abb. 141: Filmplakat1932

Was der Schauspieler auf der Leinwand simulierte, vollzog, bejubelt von den Massen, der ehemalige Militärpilot Richard Euringer gelegentlich noch im wahren Leben. Die kühnsten realen Höhenflüge aber sahen die Deutschen von einem weiblichen Viergespann: Die Pilotinnen Elly Beinhorn, Beate Uhse, Hanna Reitsch und Melitta Gräfin Schenk von Stauffenberg waren 1932 so populär wie Filmstars. Es gehört zu den Sonderbarkeiten der Geschichte des NS-Regimes, dass sie als Frauen, die „ihren Mann" standen, unwissentlich und unwillentlich nicht nur den Weg für Leni Riefenstahl zur Leibregisseurin Hitlers ebneten, sondern zu Galionsfiguren wurden, die es der Diktatur erleichterten, Frauen je nach Bedarf als „Ersatzmänner" zu nutzen oder an Heim, Herd und die „Geburtenfront" zurückzuschicken.

Fritz Lang, begabt mit einem seismographischen Gespür für kollektive Stimmungen, setzte 1929 den enormen weiblichen Anteil an Deutschlands Flugträumen mit seiner Produktion „Frau im Mond" ins Bild. Neben dem Publikumsliebling Willy Fritsch als Ingenieur und „Flugwerftbesitzer" präsentierte er die Schauspielerin Gerda Maurus als Astronomiestudentin und Astronautin Friede Velten, der die erste Mondlandung gelingt. In einer Nebenrolle war Berlins Theaterstar Tilla Durieux zu sehen, die schon vor dem Ersten Weltkrieg die Deutschen mit der Teilnahme an halsbrecherischen Ballon- und Probeflügen erstaunt hatte. Die eigentliche Sensation des Lang-Films aber war eine Mond-Rakete, entworfen von Willy Ley, dem Autor mehrerer Fachbücher über Raumfahrt und Hermann Oberth, einem Pionier der Raketenforschung. „Es ist nicht ‚Kintopp', was hier gespielt wird", schrieb Ley im Programmheft der Uraufführung des Films (der auch Albert Einstein beiwohnte), „sondern es ist eine, wenn auch praktisch noch nicht vollkommen erreichte, Wahrheit."[1] Wie recht Willy Ley hatte, erwies sich 14 Jahre später, als Hitlers „Geheimwaffe" in Produktion ging: Die ersten V2 Raketen, gebaut von Wernher von Brauns Team, dem Hermann Oberth angehörte, glichen aufs Haar Langs Mondgefährt.

Als einer der letzten in Babelsberg produzierten Stummfilme verlor „Frau im Mond" trotz seiner grandiosen Techniktricks das Wettrennen mit den gleichzeitig startenden Tonfilmen. An seiner Statt wurde drei Jahre später Hans Albers' mitreißend tönender Fliegerfilm zum Sensationserfolg. Das Titellied, das Walter Reisch den Deutschen förmlich aus den und auf die Seelen geschrieben hatte, ist eine Fluchtphantasie par excellence. Sie ersetzte – wie schon Langs Rakete, die nach dem Vornamen der weiblichen Hauptfigur absichtsvoll doppeldeutig „Friede" hieß – die militanten selbstmörderischen Utopien, die zwischen 1910 und 1920 in den Texten, Bildern und Bauten der italienischen Futuristen die Hauptrolle gespielt hatten. Sie, die Urheber der modernen Flugträume, huldigten Heldentoden, Deutschland bevorzugte kurzzeitig zivile und kosmopolitische Motive wie die Rolle des Hans Albers, der in „F.P.1 antwortet nicht" einen „Weltpiloten" spielt, der eine künstliche Stadt im Ozean, die allen Kontinenten zur Verfügung steht, vor einem Terroranschlag rettet.

Die Zeit der „Friedensraketen" und Weltpiloten war bekanntlich nur von kurzer Dauer. Bald schon nahm das „Dritte Reich" statt unbewohnter Fernen dichtbevölkerte Länder ins Visier, die angeflogen werden sollten, um dem „Volk ohne Raum" neue Siedlungsgebiete zu erobern: 1933, im selben Jahr, in dem Erich Kästners „Das fliegende Klassenzimmer" mit der kindgemäßen Vision eines Völkerbunds in den Kinos startete, avancierte Richard Euringer, 1929 erfolgreich mit seinem technik- und autoritätshörigen Roman „Fliegerschule 4", durch ein „Hörspielwerk" namens „Deutsche Passion" zum angeblichen Volksdichter. Die völkische Kolportage, der Goebbels ein Jahr später einen „Staatspreis" zusprach, wurde am Gründonnerstag 1933, den das Propagandaministerium zum „Tag der Nation" ausgerufen hatte, auf allen deutschen Rundfunksendern gleichzeitig uraufgeführt.

In der „Passion" bildeten Flüge und Höhendrang lediglich atmosphärische Hintergründe. Es blieb Leni Riefenstahl vorbehalten, im selben Jahr die

Flugmetaphern in bestechende allgemeinverständliche Bilder umzusetzen, die bald auch ihren Weg in die Architektur finden sollten: Riefenstahls 1933 gedrehter erster Propagandafilm „Sieg des Glaubens" zeigt Hitler, der mit einer Heinkel HE 70 zum Reichsparteitag in Nürnberg einfliegt. Mit subtilen Bezügen auf die christliche Ikonographie der Wiederkehr Christi als Weltenrichter lässt sie „den Führer" durch bombastische Wolkenberge und Gloriolen aus Sonnenstrahlen nach unten gleiten, wo seine Ankunft enthusiastisch gefeiert wird. Mit dieser messianisch aufgeladenen Epiphanie, die sich 1936 im zweiten Parteitagsfilm „Triumph des Willens" wiederholt, war ein „Urbild" installiert, dessen Magie sich in den Fotografien, Filmen und Bildbänden wiederholte, die Hitler als entrückten Besitzer des „Berghofs" auf dem Obersalzberg bei Berchtesgaden präsentierten.

Zu den wichtigsten Ausstattungsstücken des Anwesens, das Hitler 1933 ausbauen und 1936 mit einer „Kleinen Reichskanzlei" erweitern ließ, (Architekten Alois Degano und Roderich Fick), zählte das „Panoramafenster" der Wohnhalle. Mit versenkbaren Riesenscheiben technologisch auf dem neuesten Stand (und damit Beweis der angeblichen weltweiten technischen Überlegenheit des „Dritten Reichs"), war es der wirksame Hintergrund für Wochenschaufilme und Heinrich Hoffmanns berühmte Fotografien, die den Diktator vor dem Alpenpanorama zur wolkenumflossenen Lichtgestalt stilisierten, die gottgleich in einem modernen Walhall das Reich im buchstäblichen wie übertragenen Sinne „von oben regiert".

Dieser Darstellungsform des „Übermenschentums" in Gipfelsphären hatte die Malerei des 19. und frühen 20. Jahrhunderts, von Caspar David Friedrichs zu Volksbildern gewordenen Gemälden „Wanderer über dem Nebelmeer" (1818) und „Kreuz im Gebirge" (1808) bis hin zu Ferdinand Hodlers „Blick in die Unendlichkeit" (1916) oder Fidus' in Massendrucken verbreitetem „Lichtgebet" (1922), allgemein bekannte und beliebte Vorlagen geliefert. Gebündelt und endgültig massenwirksam wurde sie durch ein deutsches Filmgenre, in dem Leni Riefenstahl das Rüstzeug ihrer späteren Propagandafilme erworben hatte: die auch international erfolgreichen sogenannten „Bergfilme".

Im Jahr 1926, nach kurzer erfolgreicher Tätigkeit als Ausdruckstänzerin, war Leni Riefenstahl von dem ehemaligen Bergsteiger und Geologe Arnold Fanck (neben Luis Trenker Erfinder des Bergfilms) die weibliche Hauptrolle in der Produktion „Der heilige Berg" übertragen worden. In ihr, wie in allen Bergfilmen, war der heldische Kampf des Menschen mit den Naturgewalten das auf sämtliche Lebenssituationen übertragbare, Höhen- und Führerkult vereinende Leitmotiv. Mal als Opfer, mal als Verführerin oder Erlöserin, kletterte und tanzte, glitt, sprang und flog Leni Riefenstahl bis 1932 durch insgesamt sechs Bergfilme, deren erfolgreichster (nicht zuletzt durch die dramatische Musik des später als „entartet" diffamierten Paul Hindemith) 1929 Arnold Fancks „Die weiße Hölle vom Piz Palü" wurde.

Zur Faszination dieser Streifen gehörten Sequenzen, in denen die Kamera Alpengipfel wie kühne, von Menschenhand geschaffene Bergfestungen und Paläste wirken ließ. Dies optische Doppelspiel gipfelte im Bergfilm „Das blaue Licht", in dem die Riefenstahl 1931 neben der Hauptrolle auch die Co-Regie übernahm. Der Film erweist sich heute als Inspirationsquelle eines der

Abb. 142: Fidus, Lichtgebet, zeitgenössische Postkarte

wichtigsten Architekturmotive des Bauens im „Dritten Reich“: Ursprungsort nämlich des titelgebenden magischen Lichts ist eine selbstleuchtende Gipfelgrotte, gestaltet als spätexpressionistische Synthese aus Kathedrale und Tropfsteinhöhle, gelegen auf dem fiktiven „Monte Cristallo“. Das Gebilde, in dem Leni Riefenstahl als elfenhafte „Junta“ Verzückungen erlebt, die sie über die „dumpfe Masse Mensch“ in den Tälern hinausheben, ist die Vorwegnahme von Albert Speers Lichtdom sowie der zahllosen, mittels Lichteffekten inszenierten „kristallinen“ Ehrenmale und Feierstätten des NS-Regimes.

Auch den Todes- und Opferkult der Diktatur hatten der „Monte Cristallo" und seine gleisende Riesengrotte vorgeformt: Wie 1937 Albert Speers als „Kristall" gefeierter Deutscher Pavillon der Pariser Weltausstellung als verschlüsselter antikisierender Opferaltar oder als leuchtende Totenstele vor den Augen der Weltöffentlichkeit stand, hatte sich 1931 der „Monte Cristallo", auf dem Junta nach der Zerstörung der kristallinen Grotte in den Tod stürzt, dem Publikum als Chiffre für Höhendrang und Selbstaufopferung eingeprägt.

Ganz im Sinne von Siegfried Kracauers „Die Nazis fälschten die Realität wie Potemkin; statt der Pappe benutzten sie jedoch das Leben selbst"[2], überhöhten die Bergfilme, was wenig später Dokumentarfilme und Wochenschauen über die realen Expeditionen deutscher Bergsteiger berichteten: „Im Kampf um den Berg zeigen sich die vornehmsten Mannestugenden: Einordnung in die soldatische Gemeinschaft und selbstlose Hingabe. Die Eroberung des Gipfels wird zum Ruhme Deutschlands erwartet."[3] Mit diesen Worten verabschiedete „Reichssportführer" Hans von Tschammer und Osten 1934 in München öffentlich die Teilnehmer der „Nanga-Parbat-Expedition" in den Himalaya. Selbst das Scheitern des wahnwitzigen Unternehmens, das zwei Bergsteiger das Leben kostete, münzte das Regime für seine Zwecke um. Wochenschaufilme, die mit gestochen scharfen Bildern erste erfolgreiche Etappen zeigten, bevor mit gedämpfter Stimme vom Sterben „der Helden" die Rede war, endeten mit der Feststellung: „Deutsch sein heißt, zum Sterben bereit sein."[4]

Wie zum Beweis kamen 1936 zwei in Berchtesgaden stationierte Gebirgsjäger bei dem Versuch, gemeinsam mit einer österreichischen Seilschaft erstmals die Eigernordwand zu bezwingen, zu Tode. Die Tragödie kommentierte der Vorgesetzte der beiden Toten mit den Sätzen: „Die tapferen Gebirgsjäger brachten ein Opfer für Deutschlands Ehre und für das Ansehen seiner Wehrmacht. Ein Ansporn und Vorbild für junge Soldaten."[5]

Im Juli 1938 bezwang der Bergsteiger Alois Heckmair gemeinsam mit seinem Freund Ludwig Vörg die Eigernordwand. Heckmair war ein ausgeprägter Individualist, den selbst eine (in allen deutschen Kinos gezeigte) Audienz bei Hitler nicht den Zwecken des NS-Regimes geneigt machte. So wurde er als Alpin-Ausbilder an die Ordensburg Sonthofen abgeschoben – und damit unfreiwillig doch noch zum Propagandisten des Dritten Reichs. Denn der Ruhm Heckmairs strahlte über auf die Architektur, die laut Propaganda das Wesen der realen „Helden der Berge" in Bauwerke übertrug. So wie Alois Heckmair im wahren Leben vollbracht hatte, was Hans Albers, Luis Trenker oder die Riefenstahl auf der Kinoleinwand zu tun vorgegeben hatten, übertrugen die Ordensburgen den „Monte Cristallo" und all jene phantastischen Bergfestungen, zu denen die Kameramänner der Bergfilme die Felsmassive der Alpen stilisiert hatten, in eine gebaute Wirklichkeit.

Eine feste Burg ist unser Tod – Vogelsangs Dynamik

Drei Ordensburgen, initiiert von Robert Ley, wurden zwischen 1934 und 1936 (die Rekordbauzeit war fingiert, realiter zogen die Bauarbeiten sich bis in die ersten Kriegsjahre hin) errichtet: Vogelsang, Sonthofen und Krössinsee. Die geringe Zahl aber steht in keinem Verhältnis zur Wirkung dieser Architekturensembles. Wieder und wieder reproduziert, erschienen die Ordensburgen der Bevölkerung schließlich als allgegenwärtige bauliche Insignien dessen, was das Dritte Reich von sich selbst behauptete.

Zwei Hauptziele strebte die Diktatur mit den Ordensburgen an: die Herausbildung von Führungseliten und die emblematische architektonische Selbstdarstellung des „Dritten Reichs“. Ersteres (Vogelsang: „Rassische Philosophie der Neuen Ordnung“, Krössinsee: „Charakterliche Bildung“, Sonthofen: „Verwaltungs-, Militäraufgaben und Diplomatie“) gelang, wie die häufig wechselnden Programme und Lehrpläne und Lehrkörper bezeugen, nur unvollkommen. Umso erfolgreicher war die Baukunst. Denn mit Vogelsang, Sonthofen und Krössinsee glückte es den nationalsozialistischen Architekten so perfekt wie bei wenig anderen ihrer Architekturen, die beiden eigentlich unvereinbaren Grundeigenschaften, die das Regime sich selbst zuschrieb, zu überzeugender Einheit zu verschmelzen: Die Ordensburgen erschienen konservativ und modern zugleich, waren sichtlich Meisterleistungen der neuesten (Bau-)Technik ebenso wie traditioneller handwerklicher Bauweisen, wirkten gleichermaßen uralt und sensationell neu.

Schon die (1935 festgelegte) Benennung schließt diese eigentlich widersinnige Doppelnatur perfekt zusammen: Unter dem Begriff Ordensburg assoziierte jedermann die geschichtsträchtige Burgenarchitektur Deutschlands, allen voran die des Deutschen Ordens „im Osten“. Nicht zufällig plante Clemens Klotz, der Architekt von Vogelsang und Krössinsee, im Auftrag Leys direkt neben der spätmittelalterlichen Marienburg – der berühmtesten, jedem Schulkind geläufigen Anlage des Deutschen Ordens – eine vierte Ordensburg. Ausweis des überzeitlichen „deutschen Drangs nach Osten“, sollte sie als modernes Pendant das „Eroberertum“ ihrer älteren Schwester symbolisch erneuern und bekräftigen.

Anders als bei diesem Nebeneinander von historischem und modernem Bau mussten die Solitäre Vogelsang, Sonthofen und Krössinsee historisch und modern zugleich erscheinen. Schützenhilfe bei dieser „Quadratur des Krei-

Abb. 143: Ordensburg Vogelsang 2007

Abb. 144: Wartburg Eisenach 2006

ses“ leistete ab 1936 der Bau des „Westwalls“, der die jahrtausendealte Praxis der architektonischen Grenzsicherung in den atemberaubend dynamischen Formen den neuesten Wehr- und Bautechniken Gestalt verlieh. Als Vorposten des Westwalls und Nahtstelle zwischen geschichtsgebundener und hochmoderner Militärbaukunst entwickelten die Ordensburgen eine ausgeklügelte Ikonographie des Vagen, in der die militanten, aber auch die todessüchtigen Grundzüge der NS-Ideologie ihren vielleicht überzeugendsten Ausdruck gewannen.

Das bestgelungene Ergebnis lieferte die Ordensburg Vogelsang in der Eifel. Gedacht als erste Etappe einer vierjährigen Ausbildung, die die „Junker“ genannten Absolventen je ein Jahr auf die Ordensburgen führen sollte, wurde die Anlage im Mai 1936 in Betrieb genommen. Auf dem Berg Erpenscheid nahe der Ortschaft Gemünden und oberhalb der Urftalsperre mit einem ausgedehntem Stausee gelegen, bot sie sich schon im sorgfältig inszenierten Fernblick als Inbegriff von Erhabenheit, den sich kein Kameramann und Fotograf entgehen ließ. Aus gutem Grund, denn die Silhouette Vogelsangs erschloss wie ein Siegelbild den zweifachen Bedeutungsgehalt der Ordensburg: Auf den ersten Blick konnte sie dank ihres Hauptturms und der angrenzenden Wälle als Filiation historischer Burgen identifiziert werden, um im selben Moment durch ihre auffallend schnittigen Umrisse auch als hochmoderne Wehranlage und ab 1938 als ein von 16 Bunkern umgebener Höhepunkt des „Westwalls“ zu erscheinen.

Clemens Klotz, sonst, (wie etwa in dem Kraft-durch-Freude-Koloss Prora auf Rügen oder dem unrealisierten Frankfurter „Haus des Deutschen Handwerks"), eher ein Dompteur plump starrer Baumassen, gelang es, das Ensemble wie ein auf der Stelle vibrierendes Bautenkonglomerat zu gestalten, das die Hebungen und Senkungen der Berglandschaft fortführt. Der Architekt muss die Architekturphantasien der italienischen Futuristen sowie die Skizzen des frühen Expressionismus und des organischen Bauens gekannt haben. Denn ohne Marinettis „Wir wollen preisen die angriffslustige Bewegung, Schönheit gibt es nur noch im Kampf"[6], und ohne Erich Mendelsohns erste Zeichnungen, die Flaktürme und Panzerwagen zum Vorbild haben, oder die aufschießenden Turmgebilde der Gebrüder Luckhardt und Hugo Härings, die gleichfalls auf Kriegseindrücken fußen, sind Vogelsangs rasante, unterschwellig drohende Konturen undenkbar.

Als historisierendes Gegengewicht, das Vogelsang zum plakativen Doppelwesen aus Geschichte und Gegenwart machte, wählte Klotz ein jedem damaligen Deutschen geläufiges Wahrzeichen als Vorbild – die Wartburg bei Eisenach. Wie auf Eisenachs Burgberg überragt auch auf dem Erpenscheid ein vierkantiger Bergfried (realiter ein Wasserturm aus Beton) die geschwungenen Horizontalen der Zentralburg, in Vogelsang wie auf der Wartburg schließt sich direkt an diese dramatische Senkrechte ein langgezogener Palas an, der geschmeidig den Höhenlinien des Bergrückens folgt.

Ein entscheidender Unterschied zwischen Vogelsang und Wartburg rückte den NS-Komplex in überzeitliche Dimensionen: Anders als die Wart-

Abb. 145: Ordensburg Vogelsang, 2011

burg, an der nur Turm und Palas unverputzte Bruchsteinmauern zeigen, während die übrigen Bauten Putz und Sichtfachwerk aufweisen, bietet Vogelsang ausnahmslos steinsichtige Wände, die dem natürlichen Fels zu entwachsen scheinen. Damit wiederum erinnert die Ordensburg vage an die von den Nazis bewunderten, griechisch-archaischen Höhenburgen, etwa die mykenischen Anlagen Tiryns und Mykene. In diesem Changieren zwischen den Zeiten und Stilen gewann manipulative Gestalt, was Robert Ley beim ersten Spatenstich proklamiert hatte: Vogelsang wirkte wie ein „Fundament für die Ewigkeit."[7]

Überall in der Ordensburg trifft man auf Motive, die das Bedeutungsspektrum der Architektur in die Vergangenheit ebenso wie in die Zukunft weiten. So gibt sich das militärisch völlig bedeutungslose, weit vor der eigentlichen Burg gelegene Eingangstor Vogelsangs wie ein „germanisch" überformter, in ein monumentales Wachhaus integrierter Triumphbogen der Karolingerzeit. Auf Anregung Hitlers wurden, ein weiterer Beweis des collageartigen Vorgehens, nach dessen Besuch im Jahr 1937 funktionslose dorische Säulen eingestellt, deren Eleganz grotesk von der Wucht des eigentlichen Baukörpers abstícht.

Mit derselben Unbekümmertheit um chronologische oder stilistische Geschlossenheit hatte Clemens Klotz dem Torhaus zwei schnittige Vierkanttürme angefügt, deren Umrisse an Antonio Sant'Elias fiebrige Turmskizzen erinnern. Ihre wahre Bestimmung ist die wirkungssteigernder Passepartouts für zwei Monumentalreliefs von Willy Meller. Eines, am Westurm, trägt den Titel

Abb. 146: Clemens Klotz, Ordensburg Vogelsang, Adlerhof 1936

Abb. 147: Ordensburg Vogelsang, Thingstätte, darunter Sportplätze sowie Turn- und Schwimmhallen

„Ordensritter" und zeigt einen herrisch aufgerichteten Reiter mit Harnisch, Schwert und wehendem Mantel. Am Ostturm ist in heroischer Nacktheit ein fackelschwingender „Junker" zu sehen. Beide Berittene verweisen trotz ihres gänzlich anderen Stils für den damaligen Betrachter deutlich auf den gotischen „Bamberger Reiter", jenes bis heute unidentifizierte Standbild, das die NS-Propaganda zum eroberungswilligen „Reiter gen Osten" stilisierte.

Der erste Höhepunkt jedes Vogelsang-Aufenthalts war der „Adlerhof". Axial formiert, mit zwei markigen steinernen Reichsadlern sowie einer kompakten Brunnenschale auf der Mittelachse, wird er von eingeschossigen Anbauten dreiseitig gerahmt, deren steile, tiefgezogene Satteldächer und gedrungene Proportionen die Hofstätten germanischer Stammesfürsten oder mittelalterliche Burghöfe assoziieren lassen. Ebenfalls auf der Mittelachse öffnet sich dieser Ehren- und Empfangshof auf einen großzügigen Söller, von wo aus man unter einem markigen offen Dachstuhl aus Eichenholz hinunter zum Appellplatz schaut, auf dem unterhalb des Söllers symmetrische Treppenaufgänge samt Podest eine Art Führertribüne bilden.

Hinter dem Appellplatz, weiterhin die Mittelachse respektierend, breiteten sich die fächerförmig nach unten gestaffelten Mannschafts- und Kameradschaftshäuser aus, die, ein Abbild der militärischen Hierarchie, am halbkreisförmigen „Thing-Platz" endeten. Er, wie die „Thingstätten" überall im Reich, war die feierlich-pompöse Adaption antiker Theater und leitete seinerseits über zu den von einer Schwimmhalle abgeschlossenen Sportanlagen, deren Grundriss dem Circus Maximus entlehnt ist. Der Stausee samt den dahinter aufsteigenden Eifelbergen bildete den idealen, dramatisch erhebenden Hintergrund des Ganzen.

„Ihr seid die Fackelträger der Nation. Ihr tragt das Licht des Geistes voran im Kampf für Adolf Hitler" steht eingemeißelt rings um den fümf Meter hohen, steinernen „Fackelträger" Willy Mellers zu lesen, der die „Thingstätte" dominiert. Aus Muschelkalk gefertigt, ist er samt einer ebenfalls mit Muschelkalk bekleideten Rückwand eingelassen in einen katafalkartigen, nach oben

Abb. 148: Georg Sluyterman von Langeweyde, Holzschnitt

sich verjüngenden Block aus schartigen Bruchsteinen. Als „Feuermal" sorgte dieses markante Großgebilde bei nächtlichen Veranstaltungen mit lodernden Flammen für die gewünschte, feierlich düstere (Opfer-)Stimmung.

Der übrige Bildschmuck der Freigelände kam ohne den (auf die Freilichtspiele bezogenen) Hinweis des „Fackelträgers" auf Geistiges aus. Umso wirksamer suggerierte diese „Kunst am Bau" das Leitbild vom durchtrainierten und opferbereiten deutschen „Herrenmenschen" des „Neuen Reichs", dessen Ursprünge laut NS-Ideologie über das Mittelalter bis ins Germanentum zurückreichen sollten. So endeten die Gebälke der hölzernen Wandelgänge in „germanischen" geschnitzten Drachenköpfen, waren Außen- und Innenleuchten als urtümliche Feuerschalen oder spätmittelalterliche Laternen gestaltet, gab es überall betont rustikale Balkendecken und boten die Amtsstuben und Gästezimmer Vertäfelungen, Einbauschränke und Intarsienbilder, die sie den Wohnstuben auf den allgemein beliebten und bekannten Holzschnitten und Kupferstichen Dürers und Altdorfers anglichen.

Als Gegenakzent der Moderne fügte Clemens Klotz den Ensembles demonstrativ zeitgenössische Baumotive ein. So bestanden die Obergeschosse der Kameradschafts- und Mannschaftshäuser in spannungsvollem Kontrast zu ihren wuchtigen steinernen Erdgeschossen aus leichten Holzkonstruktionen, bei denen selbst die Ecken nicht gemauert waren, sondern, statisch wagemutig, von über Eck gestellten Fenstern markiert wurden – ein Signum der Fagus-Werke und des Dessauer Bauhauses, das von dort in den zwanziger Jahren den modernen Massenwohnungsbau der Weimarer Republik erobert hatte. Auch die markante „Burgschänke" Vogelsangs, flüchtig betrachtet ein architektonischer Zwitter aus Bergbauernhof und mittelalterlichem Vogthaus, zeigt bei näherem Hinsehen Modernität – ihre geböschten Terrassenmauern und vitalistisch gerundeten Außentreppen zeigen einen disziplinierten Expressionismus.

Symptomatisch für die durchgängige Bipolarität Vogelsangs ist ein Gedenkblatt von Georg Sluyterman von Langeweyde. Als Holzschnitt angefertigt, unverkennbar inspiriert von Dürers berühmtem Kupferstich „Ritter, Tod und Teufel", zeigt es einen gerüsteten Ordensritter zu Pferd, neben dem auf gleicher Höhe ein Junker mit Hakenkreuzbinde reitet. Beider „arische" Profile, von der Mittagssonne mit Gloriolen umgeben, überragen die zwischen Gotik und Futurismus oszillierende Silhouette Vogelsangs, die gemeinsam mit einem dramatisch aufreißenden Wolkenhimmel den bedeutungsschwangeren Hintergrund bildet. „Geht in den Fußstapfen, wo schon eurer Väter Tugend ging! Wie wollt ihr hochsteigen, wenn nicht eurer Väter Wille mit euch steigt?" klärt ein Schriftzug am unteren Bildrand über den Sinngehalt der Darstellung auf. Die mangelhafte Grammatik ist der einzige unfreiwillige Hinweis auf den dürftigen geistigen Hintergrund dieses Blatts. Ansonsten ist es ein Meisterwerk der Verführungs- und Selbstverführungskunst der Diktatur, das in seiner altertümlichen Form dem selben Höhenrausch huldigt wie die Flugträume der Junkers-Werke, der Luftwaffe und der von sich selbst berauschten Massen.

Trotz Ungeschicklichkeiten im Detail verfehlte die allumfassende Inszenierung auf Vogelsang ihre Wirkung nicht. Der deutlichste Beweis sind die häufigen Besuche von Parteigrößen, die immer wieder die Gelegenheit nutzten, sich der Öffentlichkeit vor der Kulisse der Ordensburg zu präsentieren. Nicht zufällig bevorzugte die Prominenz neben dem Adlerhof das überdimensionale „Sportlerrelief" Willy Mellers an der Rückwand der Ehrentribüne als Kulisse. Dessen heroische Nacktenriege, die gerahmt wird von symmetrischen feierlichen Treppenrampen und der als halbrunde, fensterlose Bastion gestalteten Bühnenwand, gleicht im Gesamteindruck verblüffend den Krieger-Ehrenmalen, die Wilhelm Kreis und sein Büro in den vierziger Jahren für die zehntausende gefallenen deutschen Soldaten entwerfen sollten.

Diskreter spann ein Wandrelief Mellers über dem Kamin des „Kleinen Esssaals" der „Burgschänke" den Opferfaden weiter: Unter dem Titel „Die wilde Jagd" waren Hörner blasende und Waffen schwingende Reiter wiedergegeben, die sich auf panisch galoppierenden Pferden krümmten. Als populäres Volksmärchen mit Wurzeln im germanischen Mythos eignete sich das Motiv ideal für die Stimmungsmache der Ordensburgen: Fesselnde Fiktion gefallener Helden, die selbst nach dem Tod nicht vom Kampf lassen können, appellierten diese Jägergespenster diskret aber eindringlich an die NS-Junker, es ihnen gleichzutun.

Im Sportlerrelief, der Wilden Jagd und dem Fackelträger wurde die Pflicht zu Opfer- und Todesbereitschaft eher verhalten vorgetragen. Bei der

Ausgestaltung des Hauptversammlungsraums im Palas, dem „Gemeinschaftshaus" Vogelsangs, war sie das ausdrückliche Leitmotiv. Der Saal, alltags als Schulungsraum genutzt, wandelte sich bei Bedarf zur pathetischen Ehren- und Festhalle. Deshalb beauftragte man 1936 den Kirchenmaler Peter Hecker mit Entwürfen für zwei großformatige Gobelins. Ihr Thema: „Siegfrieds Tod" und „Der Kampf in Etzels Saal" – zwei Schlüsselszenen heroischen Sterbens, die seit Fritz Langs beiden Nibelungen-Filmen (die 1933 eine erfolgreiche Wiederaufführung erlebt hatten) jedem Deutschen als Inbegriff heldischen Lebens und Sterbens vor Augen standen.

Die Gobelins, deren Ausdruckskraft die Grenze zwischen Realität und Fiktion hätte verschwimmen lassen, blieben aus unbekannten Gründe auf dem Entwurfspapier. Der Höhepunkt des Ausstattungsprogramms dagegen wurde schon wenige Monate nach der Inbetriebnahme Vogelsangs Wirklichkeit. Im Frühherbst 1936 traf Willy Mellers hölzerne Monumentalplastik „Der Deutsche Mensch" auf der Ordensburg ein, die den Schulungsraum zum mystisch-kultisches Zentrum der Anlagen erheben sollte. Die Architektur war perfekt auf die wirkungsvolle Präsentation der Riesenstatue abgestimmt: Der langgestreckte Raum wirkte dank seiner stämmigen Proportionen, dämmrigen Nischen und seines drückend schweren, offenen Dachgebälks wie eine Mischung aus Kirchenschiff, Meistersingersaal und Wallhall; Lichteffekte erzeugten bei Bedarf eine Atmosphäre, die „Etzels Saal" in Langs „Kriemhilds Rache" aufleben ließ.

Blickfang des Saals war die von einem Rundbogen durchbrochene östliche Stirnwand. Wie im Allerheiligsten des salomonischen Tempels (für die diesbezüglich offenkundig ahnungslosen NS-Inszenatoren eigentlich eine haarsträubende Vorstellung) verbarg alltags ein schwerer bodenlanger Vorhang den Bogen. Geöffnet, gab er den Blick frei in eine viereckige Kultnische, die in den „Bergfried" eingebunden war. In ihr, gleich dem Götterbild in der antiken Tempelcella oder dem Hauptaltar in Kirchenchören, präsentierte sich, geheimnisvoll hinterleuchtet, der „Deutsche Mensch" – ein nackter Mann, der dem Betrachter den „Hitlergruß" entbietet.

Zu den künstlerischen Schwächen der Riesenplastik – mangelhaft proportionierter Körper, ungelenkes beidbeiniges Standmotiv – zählte auch die auf drei klobigen Balkenköpfen aufliegende, bohlenartige Holzkonsole, auf welcher der Koloss wie ein dilettantischer Akrobat Halt zu suchen schien. Auf ihrer Vorderseite trug sie die Inschrift „Hier". Es ist die Schlüsselformel des Opferkults, den die Inszenierung der Nische verewigte: „Hier" antworteten nämlich, stellvertretend für die Toten, jährlich am 9. November Bataillonsführer während der nächtlichen Gedenkfeiern, die an den Sarkophagen in den „Ehrentempeln" der „Blutzeugen der Bewegung" auf dem Münchner Königsplatz zelebriert wurden. Folgerichtig standen in Vogelsang auf der Rückwand der Nische die Namen der 16 Mitverschwörer Hitlers und Ludendorffs zu lesen, die beim „Marsch auf die Münchner Feldherrnhalle" 1923 erschossen worden waren. Ergänzend waren in der Bogenlaibung Horst Wessel und Leo Schlageter verewigt. Fahnenschmuck und Totenkränze taten ein Übriges, um das Raumgebilde zum Gesamtkunstwerk einer „arisierten" Kathedrale des Rassen- und Todeskults zu machen.

Dass Vogelsang heute eine der gelungensten Stimmungsarchitekturen des „Dritten Reichs" genannt werden muss, geschieht groteskerweise quasi

Abb. 149: Willy Meller, Sportlerrelief Vogelsang, weitgehend zerstört

gegen den Willen der Diktatur. Aus ihrer Sicht nämlich blieb die Anlage ein Torso. Ihr fehlte die architektonische Krönung – das sogenannte „Haus des Wissens“, das als Nachfahre des „Leuchtturms und der Bibliothek von Alexandria“ oder neubabylonischer „Zikkurat der Bücher“ oberhalb der Kernburg hätte entstehen sollen. Schon der Vergleich mit den antiken Weltwundern belegt, dass das Projekt der letzten Phase des „Bauens im Neuen Reich“ angehört, während der alle Beteiligten sich in wahnwitzige Dimensionen und unverblümten platten Historismus verstiegen: Auf einer Grundfläche von 100 x 300 Metern plante Clemens Klotz 1940 (etwa zur selben Zeit zeichnete er erste Skizzen für die „Ordensburg Kasimierz“ an der Weichsel in Polen) einen zyklopischen Kubus, dessen Schauseite ein gedrungenes, an Sarkophage erinnerndes Vestibül mit drei mittigen, tief verschatteten Portalen sowie zwei flankierenden Reliefs nackter Heroen vorgelagert werden sollte.

Über drei von monotonen Pfeilerbataillonen gegliederten Geschossen und einem als breitwandige Attika wirkenden vierten sah Klotz einen einbogigen Triumphbogen mit Reichsadler vor, der auf einem inneren und höheren zweiten Kubus hätte stehen sollen. Über diesem ließ er einen dritten, stirnseitig befensterten Kubus aufsteigen, dessen Großform antike Altäre oder Sarkophage beschwört. Deutlicher noch als die Aufbauten der Thingstätte von Vogelsang gleicht damit das „Haus des Wissens“ den Krieger-Ehrenmalen, an denen Kreis‘ Stab zeichnete, als man 1941 den Grundstein dieser Bibliothek legte.

Sie gedieh nie über die Fundamente hinaus. Diese sind heute noch zu besichtigen. Man steht vor gewaltigen Gebilden aus bröckelndem Beton. So wird offenbar, dass Vogelsangs suggestive Erscheinung undenkbar ist ohne die bautechnischen Errungenschaften der Moderne. Für Vogelsang bedeuteten sie die Möglichkeit, ein Ensemble zu schaffen, in dem sich, (wohlgemerkt ohne das banal historistische„Haus des Wissens"), manifestierte, was Marinettis futuristisches Manifest behauptet hatte: „Wir stehen auf dem äußersten Vorgebirge der Jahrhunderte!"[8]

Siehst Du im Osten das Morgenrot? – der Adlerhorst Sonthofen

Ordensburgen sind perfekte Stimmungsarchitektur, geschult an grandiosen Vorbildern aus Film und Bühne. Doch ohne Beton und Stahl hätte keine von ihnen entstehen können. Das gilt insbesondere für die Ordensburg Sonthofen im Allgäu. Errichtet auf statisch kompliziertem Terrain, einer Moräne, verdankt sie ihren Bestand modernen Bautechnologien und Konstruktionsmethoden. Um die knappen Fristen der befohlenen Bauzeitrekorde einzuhalten, ließ ihr Architekt Hermann Giesler statt tiefgründiger Fundamente mehrstöckige Keller anzulegen, die nicht auf tragende Steinschichten angewiesen waren, sondern sich mit tragfähigen Erdlagen begnügen konnten. Dass die tragenden Teile der Bauten größtenteils aus Stahl-Beton-Skeletten konstruiert wurden, die man mit Werkstein verblendete, versteht sich fast von selbst.

Anders als Clemens Klotz wählte Giesler keine Burgenarchitektur zum Vorbild, sondern orientierte sich offenkundig an romanischen Westwerken und Wehrkirchen: Sonthofen wird bestimmt von einem kolossalen turmartigen Hauptbau (seit seiner Fertigstellung 1937 offiziell „Palas" tituliert), der je nach Standort des Betrachters wie ein niedersächsischer oder Tiroler romanischer Dom anmutet, dessen bollwerkartige Doppeltürme unter einem Dach vereint sind, oder wie ein schroffer Donjon, dessen Kapelle den eigentlichen Bau knapp überragt. Die sakrale Aura unterstreichen türkis patinierte, kupfergedeckte Satteldächer und zwei über Eck angebrachte Turmuhren.

Abb 150: Hermann Giesler, Ordensburg Sonthofen, 1936

Festungsartig wie Vogelsang wirkt Sonthofen nur von seiner stadtauswärts gelegenen Stirn- und Langseite her. Dort schirmen hochragende Wallmauern, vereinzelt unterbrochen von vorspringenden „Wachtürmen", die Anlage gegen außen ab. An der gegenüber gelegenen Seite treppt sich das Ensemble auf offenen, alpenländisch gestauchten Arkadenfolgen ab. Mit Ausnahme des Palas nutzen die Bauten in Sonthofen – Gesamtlänge 160 Meter – als langgestreckte, von Fensterbändern gerasterte Zeilen die Muster des zeitgenössischen, hier leicht folkloristisch verbrämten Massenwohnungsbaus. Wirksames Gegenmittel zu dieser auffällig zivilen und modernen Bauform waren hofseitige, „germanisch-gotische" Laubengänge und Loggien aus Holz sowie wuchtige steinerne Erdgeschossarkaden, deren gewölbte Abfolgen Kreuzgänge und damit ordenskonforme klösterliche Abgeschiedenheit evozieren.

An exponierten Stellen fügte Giesler geschichtsträchtige architektonische Versatzstücke ein – figürlich beschnitzte oder von Runen überzogene Balken, metallene Wasserspeier, die in Löwenköpfen enden, bronzebeschlagene Portale für die Ehrenhallen und Kommandeursstuben, die an die romanischen und karolingischen Türflügel in Aachen oder Hildesheim erinnern, dazu sorgfältig gemeißelte steinerne Fensterlaibungen als Zitate der „Deutschen Renaissance" oder einen gotisierenden Steinerker, der das berühmte „Goldene Dachl" in Innsbruck zum Vorbild hat.

Vollends historisierend ging der Architekt bei der Gestaltung des „Landsknechtzimmers" vor, dessen „altdeutsch" vertäfelte Wände eine Serie von Intarsienbildern zeigen, die als eine Art Ahnengalerie des NS-Junkertums namentlich gekennzeichnete, grimmige Landsknechtführer präsentieren. Ebenso verbreitete der sogenannte „Fuchsbau" im Untergeschoss des „Musiksaals" die von jeder Moderne ungetrübte Atmosphäre einer Burgmannenschänke. Steinsichtige stämmige Vierkantpfeiler und gedrungene Kreuzgratgewölbe erzeugten eine gleichsam wehrtüchtige Geborgenheit, wie sie zuvor Fritz Langs „Wormser Nibelungenfeste" mit ihren Gefolgschaftshallen, Rittersälen und Krypten geboten hatte. Größeren Eindruck machte nur noch der 1937 eröffnete Speisesaal des Palas, über dem sich, wie immer wieder betont wurde, die größte Holzkassettendecke Europas ausbreitete.

Am 23. Oktober 1937, zur Einweihung des zweiten Bauabschnitts, erklang erstmals das Glockenspiel der Ordensburg. Kurz zuvor waren dessen 16 Bronzeglocken eingetroffen, eine jede verziert mit Hoheitszeichen der NSDAP und dem Namen eines der „16 Blutzeugen" samt Geburts- und Sterbedatum. Das erste Lied, das fortan jeden Morgen gespielt werden sollte, war die 1931 entstandene NS-Hymne „Siehst du im Osten das Morgenrot?", deren furchtbare Schlusszeilen „Für Hitler, für Freiheit, für Arbeit, für Brot. Deutschland erwache, Juda den Tod" jeder „Volksgenosse" im Ohr hatte.

Wie in Vogelsang das pathetische „Hier" an der Konsole von Mellers „Deutschem Menschen", ließen in Sonthofen die Glocken mit den 16 Namen der „Blutzeugen" die „mahnenden Stimmen der Toten" sich lautstark in die Welt der Lebenden einmischen. Sonthofens Botschaft aber konnte auf ein besonders bereitwilliges Massenpublikum rechnen. Denn als „Allgäu-Festung" verwirklichte diese Ordensburg, was in den erfolgreichen Bergfilmen die Massen ergriffen und begeistert hatte: Überreich mit dauerhaften Pathosformeln der Filmkulissen ausgestattet, entfaltete die Anlage vor ihrer Alpenkulisse den lockenden Nimbus einer von „Herrenmenschen" bewohnten Bergfestung, die, wahr gewordene Vision der Bergfilme, im buchstäblichen wie übertragenen Sinne auf den Gipfeln des „Dritten Reichs" thronte.

Hochmeister Marinetti – das Doppelwesen Krössinsee

Die dritte Ordensburg, Krössinsee, in Pommern nahe der Stadt Falkenburg (Zlocieniec) an dem gleichnamigen See gelegen, blieb deutlich unfertig. Ist das der Grund, weshalb sie auch die verwirrendste unter diesen dreien ist ist? Selbst wenn man berücksichtigt, dass Krössinsee 1944 umfangreichere Schäden als Vogelsang und Sonthofen erlitt, bleibt diese Ordensburg ein Ensemble, dessen organisch lockere Gruppierung man nicht nur zerstörungsbedingter Auslichtung zuschreibt, sondern unwillkürlich dem Dynamismus des italienischen Faschismus zuordnet:

Das Hauptmerkmal Krössinsees, zwei aus der pommerschen Ebene förmlich aufschnellende, riesige Türme, scheint wie eine wahr gewordene Architekturvision Sant'Elias. Beide Türme sind Vierkante, deren untere Hälften sich leicht nach oben verjüngen, und die an ihren jeweiligen Schmalseiten rasiermesserscharf eingeschnittene, durchlaufende Fensterschlitze aufweisen. Unbefangen betrachtet drängt die Großform einem den Eindruck jener aggressiven, zwischen Tötungswaffe, elektrisch aufgeladener Hinrichtungsstätte, Fabrik und Palast unterscheidenden Bau-Utopien auf, die Marinetti im Wort und Sant'Elia im Bild beschworen.

Trotz ihres dunkelroten Ziegelsteins haben Krössinsees Türme nichts zu tun mit den massigen Wehrtürmen der gotischen Ordenburgen im Osten, die aus der Sicht der NS-Ideologie Vorbild für die neue Anlage hätten sein müssen: Als historische Inspirationsquellen könnten allenfalls die Ecktürme

römisch-antiker und staufischer Kastelle in Frage kommen. Doch auch dem widerspricht die rasante Kontur der beiden geschmeidigen Riesen. So bleibt vorläufig nichts als die Vermutung, dass es sich bei Krössinsee um einen versehentlichen Futurismus oder einen wider Willen entstandenen handelt. Das bestätigt ein Blick auf die 1939 angefertigten, endgültigen Pläne und Modelle von Clemens Klotz. Auf ihnen ist zu erkennen, dass er vier statt zwei Türmen plante, die einen megalomanen Mittelbau mit Satteldach umrahmen sollten. Dieser wiederum ist unverkennbar ein modern ausgenüchterter, in Riesendimensionen getriebener Nachbau des 1400 entstandenen, gotischen Hochmeisterpalasts der Marienburg. Hätte Klotz seinen Nachbau vollendet, wären die „Sant'Elia-Türme" schlagartig zu nur noch unterschwellig modernen Zitaten der schlanken Ziegeltürme und Fialen der historischen Marienburg und damit zu Musterbeispielen der bipolaren NS-Staatsarchitektur geworden.

Überhaupt ist Krössinsee ein Ensemble des „hätte": Denn so, wie die NS-Variante des gotischen Hochmeisterpalasts die Ordensburg zur Manifestation des „wiedererwachten Drangs nach Osten" gemacht hätte, hätte sie in ihrer 1934 geplanten ursprünglichen Form den Wohnzeilen geglichen, die Giuseppe Terragni 1926 in Como unter dem Titel „Novocomum" als Prototyp der neuen faschistischen Architektur Mussolini-Italiens errichtet hatte. Gleichwohl „arisierte" Clemens Klotz den Rationalismus Terragnis und machte wirkungsvolle völkische Stimmungsträger aus Krössinsees Zeilenbauten. Die heimischen Bautraditionen aufgreifend, ließ er die eingeschossigen Unterkünfte aus Ziegelsteinen errichten, mit Reet decken und ihnen Stirnlauben auf hölzernen Stützen anfügen. Damit erhielt das Ensemble die Anmutung germanischer Wehrgehöfte, so wie das zweigeschossige Kommandanten-

Abb. 151: ehemalige Ordensburg Krössinsee, Fernsicht 2012

Abb. 152: Marienburg 2010

haus trotz eines expressionistisch halbrunden Anbaus auch als neuzeitliche Variante der Halle eines Stammesfürsten angesehen werden konnte. Dem gleichen Muster folgten das Gemeinschaftshaus, die Schulungshalle und die Kommandantur,

Für die obligatorischen Kultstätten seiner Ordensburg kreierte Klotz besonders sonderbare und doch suggestive Gestaltungsmodi: Die Ehrenhalle von Krössinsee, plaziert auf einem dramatischen hohen Stufensockel, ließ er als eine Art germanischen, rundum offenen Parthenon aufführen. Vierzehn dickleibige, aus Findlingen gemauerte Säulen an einer und sechzehn an der anderen Langseite, sowie je eine Säule an den Stirnseiten trugen ein reetgedecktes Satteldach auf einer derben hölzernen Attika. In der ringsum gepflasterten Halle wurde ein zwei Meter hoher, steinerner Reichsadler mit Hakenkreuz aufgestellt. Sein Standort war nahe an die 16 Säulen der einen Längswand gerückt: Diese trugen in halber Höhe Fackelhalter, in die die Namen der sechzehn „Blutzeugen" graviert waren.

Auch Krössinsee hatte Aufgaben für den Bildhauer Willy Meller: Auf dem Sportplatz sollte ein nackter Bronzegigant mit Schwert und Eichenlaubbüschel stehen. Zur Ausführung kam nur der mächtige travertinverkleidete Sockel, auf dem in einem umlaufenden Relief nackte Athleten einer griechisch gewandeten Frau zustreben, die Siegeskränze bereithält. Ebenfalls von Meller stammt ein Relief im Eingangsbereich der Kommandantur, das ohne „germanisierende" Überarbeitung auf die griechische Antike verweist. Es besteht aus speckig poliertem Granit und ahmt die Reiterfriese des Parthenon nach. Einziger Verweis auf das NS-Junkertum sind Fackeln, die Mellers Reiter in ihren geballten Fäusten halten.

Nur einmal riskierte Clemens Klotz – wenn ihm denn seine Affinität zu Terragni und Sant'Elia bewusst gewesen sein sollte – einen deutlichen Verweis auf Italien: 1935 war sein „Runder Turm" vollendet, der als Wasserspeicher und Wachposten diente, aber mit einem dynamischen oberen Einschnitt, einem begleitenden grazilen Vierkant, vor allem aber einer expressiv mit dem oberen Schaftrand verklammerten Fahnenstange wie ein Ausrufezeichen des „Razionalismo" auftrumpfte. Der Turm wurde um 1939 für den künftigen „Hochmeisterpalast" abgerissen. Von da an wahrte nur noch die gleich zu Beginn aller Bauarbeiten sorgfältig gestaltete „Thing-Stätte" die Erinnerung an moderne Dynamik.

Im Zentrum der Ordensburg plaziert, durch Granitplatten als symbolischer Gemeinschaftsort herausgehoben, reichte die Freilichtbühne mit ihren schnittigen und dennoch weihevoll ruhigen Rampen und Podesten, einer halbrunden Bühnenwand und den altarartig aufgemauerten Wangen der amphitheatralischen Sitzreihen an die Suggestion der „Dietrich-Eckhart-Bühne" in Berlin heran, die Werner March im Olympia-Jahr 1936 nach Plänen von Konrad Robert Heidenreich als Inkunabel des gleichermaßen traditionsbewussten und zukunftsfreudigen „Neuen Deutschen Bauens" geschaffen hatte.

Abb. 153: Ordensburg Krössinsee, heute (nichtöffentliche) Kaserne

Heimat Deine Sterne – vom Junkerflug zur Bruchlandung

1941, während in Krössinsee die letzten Baugerüste aufgerichtet wurden, wurde in Berlin Heinz Rühmanns Film „Quax der Bruchpilot" uraufgeführt. Wagehalsige Flugszenen überkreuzten sich mit turbulenten komischen Szenen, die Rühmann als Piloten wider Willen zeigen, einen Tollpatsch namens Otto Groschenbügel, der als kleiner Angestellter eines Reisebüros in einem Preisausschreiben die Ausbildung zum Sportpiloten gewinnt, die er, eigentlich ein Angsthase, wegen Disziplinlosigkeit und Aufschneiderei zunächst abbrechen muss, dann aber, getrieben von schlechtem Gewissen und der

Abb. 154: Clemens Klotz, Ordensburg Krössinsee, 1937

Furcht, von seinen ahnungslosen Mitbürgern als Prahlhans entlarvt zu werden, erfolgreich abschließt. Am Ende arbeitet Quax als souveräner Fluglehrer an der Fliegerschule „Bergried".

Gedreht wurde unter anderem auf Deutschlands höchstgelegenem Flughafen Kempten-Durach im Allgäu. Grundlage des Drehbuchs waren die gleichnamigen, 1928 erstmals publizierten Spottverse des Luftwaffenhauptmanns Hermann Grote. Mit dem Film, den der begeisterte Hitler sich mehrmals im „Führerhauptquartier" privat vorführen ließ, wurde auch der Schlager „Heimat deine Sterne" zu einem Riesenerfolg, wie der Film selbst ein getarnter Lobgesang auf die Überlegenheit der Luftwaffe, deren Nachwuchsmangel „Quax der Bruchpilot" abhelfen sollte.

Dass nicht allzu weit von Kempten die Ordensburg Sonthofen lag, dürfte fast jedem Filmbesucher geläufig gewesen sein. Ebenso, dass die Ordensburg, wie alle anderen Ordensburgen auch, nicht nur ein Zentrum der Tradition, sondern auch der Modernität des „Dritten Reichs" darstellte, wo die alte und die neue Welt eins wurden. Und so, wie das traditionsreiche Reiten, eine Generation zuvor noch das Privileg gebürtiger Junker, nun zum Pflichtfach der NS-Junker zählte, gehörten auch zu jeder Ordensburg hochmoderne Fuhrparks, Tankstellen und Motorwerkstätten. Ihnen allen voran zählte die Fliegerei zum modernen Profil der neuen Junkerelite: Vogelsang, Krössinsee und Sonthofen erhielten eigene (Militär)Flugplätze.

Dass und wie dieser Spitzenplatz auf dem Feld der technischen Neuerungen mit der Rückwärtsgewandtheit des „Tausendjährigen Reichs" verbunden wurde, bezeugt ein Triptychon von Hans Schmitz-Wiedenbrück, das man 1941, im Jahr des „Bruchpiloten", auf der jährlichen „Großen Deutschen Kunstausstellung" im Münchner „Haus der Deutschen Kunst" als „eines der stärksten Bilder der Ausstellung"[9] feierte. Unter dem schlichten Titel „Arbeiter, Bauern und Soldaten" sind auf dem rechten Flügel ein Bauer mit einem Bullen, auf dem linken zwei Bergleute in einem Stollen und auf der Mitteltafel, dem Bedeutungszentrum, drei Soldaten dargestellt. In keilförmiger Aufstellung, einer frontalen Angriffsformation, die auf die antiken „Tyrannenmörder" der griechischen Bildhauer Kritios und Nesiotes zurückgeht, stehen rechts ein Infanterist, links ein Marinesoldat und in der Mitte, einen Fußbreit vor den beiden anderen und auf der Spitze eines angedeuteten steilen Hügels oder Felsens, den er im Sturm genommen zu haben scheint, ein Soldat der Luftwaffe, der Vertreter des modernsten und offensivsten Waffensystems.

Die räumliche Spitzenstellung des Piloten wird von einer allegorischen untermauert. Denn anders als die übrigen Dargestellten, von den Bergleuten mit antiquierten Spitzhacken (anstelle von Presslufthämmern) über den Bauern mit einem altertümlichen Treibstock bis zu Infanterist und Marinesoldat, deren Karabiner und Bajonett „altgediente" Waffen sind, zeigt der Pilot mit seiner Uniform und einem umgeschnallten Fallschirm den neuesten Typus Wehrtüchtigkeit. Dass er zugleich eingebunden ist in die Ewigkeit des „Dritten Reichs", suggeriert die Bildform: Selbst unkundigen Betrachtern war das Triptychon als jahrhundertealte, respektheischende Würdeformel der Kirche vertraut. So wird die hierarchische nationalsozialistische Ordnung der Gesellschaft und des Militärs in ewige und unantastbare Sphären erhoben, und der Kriegerpilot zum neuesten und wichtigsten Helden.

Nicht anders funktionierte die Architektur der Ordensburgen mit ihrem Amalgam aus Denkmal und Neubau, Geschichte, Gegenwart und Zukunft, alten und neuen Pathosformeln. So wie Schmitz-Wiedenbrücks Pilot seinen aktuellen Vorrang mit einem aggressiven Ausfallschritt präsentiert, den er von Helden der grauen Vorzeit übernommen hat, boten sich die Ordensburgen als Wiedergänger des Mittelalters dar, in denen sich zugleich Marinettis ultramoderne und doch zeitlose „Schönheit der ewigen allgegenwärtigen Geschwindigkeit"[10] manifestierte.

Von Ewigkeit zu Ewigkeit – Der Trifels als Weihestätte und Ordensburg

In der Thingstätte von Krössinsee hatte Hitler bei der Einweihung am 24. April 1934 in bemerkenswerter Offenheit, gewohntem Pathos und vertraut stümperhafter Grammatik dargelegt, worum es bei der Schulung der Junker und der Architektur der Ordensburgen ging: „Hier soll gebildet werden ein Führerkorps, (...) das gelehrt wurde, wie man ein Volk psychologisch zu behandeln hat."[11] Im Zuge dieser Psychologisierung griffen die Anmutungsqualitäten der Ordenburgen auch auf ihre historischen Vorbilder über. Im Klartext: Parallel zum Bau der Ordensburgen stieg die Zahl der Restaurierungen an Denkmälern, die einen wichtigen Platz im nationalsozialistischen Welt- und Selbstbild einnahmen: Am nördlichen Langhaus des („Nibelungen"-)Doms zu Worms entstand eine Art Freilichtbühne, die als Zwitter aus Burghof und Thingstätte gestaltet wurde. Die Dome von Braunschweig und Quedlinburg wurden zu Nationaldomen umgestaltet, deren neue Krypten und Chöre in freischöpferischer Neoromanik Zwillinge der NS-Weihestätten und Ehrenmäler in München, Berlin und Nürnberg waren. In Kaiserslautern schälte man

Abb. 155: Burg Trifels, 2006

die spärlichen Reste der staufischen „Barbarossa-Pfalz“ aus späteren Überbauungen und integrierte sie in einen feierlich-pompösen Aufmarschplatz.

Aus der Perspektive der Ordensburgen ist die umfassende Restaurierung des Trifels, der ehemaligen staufischen Reichs- und Grenzfeste, gelegen auf einem Steilfelsen zwischen Pfälzer Wald und Vogesen in (nicht realiter, aber für das innere Auge der Nationalsozialisten) Sichtweite des Westwalls, die aufschlussreichste Baumaßnahme. Die 1081 erstmals erwähnte Höhenburg, zwischen 1125 und 1298 mehrmals offizieller Aufbewahrungsort der Reichskleinodien, war 1602 nach einem Blitzschlag ausgebrannt. Seit dem 18. Jahrhundert als Steinbruch missbraucht, wurden ihre letzten Reste im Zuge der Spätromantik ab 1841 gesichert. Für die Nationalsozialisten bedeutsam war der Trifels als Gefängnis des englischen Königs Richard Löwenherz, der dort 1193 mehrere Monate gefangen saß. Dies, und die (mit dem Kyffhäuser konkurrierende) Sage, dass Kaiser Barbarossa (in älteren Versionen Friedrich II.) im Trifels seiner glorreichen Rückkehr entgegenschlafe, vor allem aber die Geschichte der Burg als Bollwerk gegen den „Erbfeind“ Frankreich, führte 1937 dazu, dass der bayerische Ministerpräsident Ludwig Siebert den Architekten und Landeskonservator Rudolf Esterer mit dem Ausbau der Anlage zur „nationalen Weihestätte“ beauftragte.

Esterer hatte schon vor 1933 die Maxime vom „Schöpfer Denkmalpflege“ in Umlauf gebracht, mit der er sich von Georg Dehios damals allgemein verbindlichen Grundsätzen „konservieren, nicht restaurieren“ löste. Auftrieb dürften ihm die erregten öffentlichen Debatten gegeben haben, die sich zwischen 1924 und 1930 an der Burgruine Starkenburg bei Heppenheim entzündet hatten. Erbaut als Schutzburg des mittelalterlichen Reichsklosters Lorsch, war die Anlage 1765 aufgegeben worden und verfallen. Im Zug von Wiederaufbauplänen sprengte man 1924 gegen den Widerstand der Denkmalpflege den zentralen Bergfried. Der offizielle Grund war Einsturzgefahr, der wirkliche die Absicht, für ein geplantes neues Burgensemble mehr Hofraum zu gewinnen. Folgerichtig entstand bis 1930 am Westrand des Komplexes ein neuer Bergfried. Als weithin sichtbare Landmarke und mit seinem modern verknappten Umriss regte er viele der auf Türme fixierten Architekten der NS-Zeit an.

Auch Rudolf Esterer träumte von Türmen. Vom NS-Regime mit allen Befugnissen ausgestattet, baute er ab 1938 den verschwundenen Palas des Trifels, die Reste des Bergfrieds und die eines runden Brunnenturms zu einem beeindruckenden Monument aus. Vorbild waren ihm staufische Reichsburgen in Italien. Für unverkennbares „Deutschtum“ sorgte der ortsspezifische Rotsandstein, den Ester nach dem originalen historischen Befund in der Umgebung brechen und als staufisches Buckelquaderwerk behauen ließ.

Als 1943 die Bauarbeiten infolge des Kriegs eingestellt werden mussten, war der rechteckige wuchtige Bergfried im unteren Teil restauriert und gesichert. Einige wenige Fensterluken verstärkten sein trutziges Aussehen. Sie, sowie der halbrunde, originale, aber großzügig ergänzte Kapellenerker verliehen dem mächtigen Gebilde die erwünschte kaiserliche Majestät. Vollends schwelgerisch war der Architekt bei der Gestaltung des Palas vorgegangen. Er hatte ihn direkt mit dem Bergfried verbunden und auf dem halbwegs erhaltenen, gewölbten Untergeschoss in atemberaubender Steilheit bis auf zwei Drittel der

Abb. 156: Burg Trifels, Rittersaal, 2006

Turmhöhe aufmauern lassen. Effektvoll verteilte frühgotische Biforien und ein pompöser staufischer Rundbogenfries taten ein Übriges, das Erscheinungsbild zur überwältigenden Epiphanie eines Staufertums von NS-Gnaden werden zu lassen. Ebenso auffällig aber ist die Ähnlichkeit zwischen dem Trifels-Palas und dem der Ordensburg Sonthofen. Es ist fraglich, ob die Forderung der Bauherren nach einer „nationalen" (also zeitgenössischen) Weihestätte Rudolf Esterer auf Sonthofen aufmerksam werden ließ. Unverkennbar aber ist, dass sein Trifels dem gleichen Höhenrausch entsprungen ist wie diese.

Was das Äußere des Palas versprach, hielt und steigerte sein Inneres. Es ist bestimmt vom hallenden, über zwei Stockwerke reichenden „Kaisersaal", den Rudolf Esterer als feierlich dräuende Collage aus Architekturmotiven des Speyerer und Wormser Doms, der Kaiserpfalz in Gelnhausen und süditalienischen Stauferburgen zusammensetzte. Dass auch er nicht unbeeindruckt von Fritz Langs Raumschöpfungen geblieben sein dürfte, bezeugt vor allem die theatralische steinerne Treppe, die, in staufischen Originalbauten unbekannt, bühnenwirksam aus dem Saal in eine umlaufende Bogengalerie führt.

Auf kompakten Vierkantpfeilern ruhende, schwer lastende Bogenkonstruktionen, dazu Kreuzgrat- und Kreuzrippengewölbe und offene Balkendecken, Radleuchter nach Aachener Vorbild und durchgehende (ahistorische) Steinsichtigkeit: Es bedurfte keiner Reichsadler mit Hakenkreuzen, um diese feierliche Halle jedermann als gleichsam geschichtlich legitimierte „Weihestätte des Dritten Reichs" erkennen zu lassen, auf deren festlichen Treppen ein Barbarossa ebenso hätte schreiten können wie die Schauspieler Theodor Loss und Hans Adalbert Schlettow als König Gunther und Hagen von Tronje – oder „der Führer" als ebenbürtig illusionärer Nachfolger respektive Kollege. So schuf Esterer in seinem Drang, als Denkmalpfleger auch Schöpfer zu sein, ein Ensemble, das Kronzeuge ist für Siegfried Kracauers Formel vom Wechselspiel zwischen Film und Bau, realen Baumeistern und Filmarchitekten: „Die Fassaden und Räume des Architekten waren nicht nur Hintergründe, sondern Hieroglyphen. Sie drückten die Struktur der Seele in Raumverhältnissen aus."[12]

Heute ist der Trifels, den Rudolf Esterer zwischen 1954 und 1965 in der 1938 geplanten Form vollendete, mit jährlich 100.000 Besuchern nach dem Hambacher Schloss die zweithäufigst besichtigte Burg von Rheinland Pfalz. Die anfänglichen Bedenken bei der Wiederaufnahme der Bauarbeiten sind vergessen. Sie waren laut geworden, nachdem Esterer 1951 bis 1953 in der zerstörten Münchner Residenz den Herkulessaal gebaut hatte. Selbst extrem konservative Publizisten hatten damals gerügt, dass er diesem Konzertsaal mit Axialsymmetrie, rigide pompösen Pfeilerstellungen und einer drückenden mächtigen Kassettendecke den Anstrich einer NS-Feierstätte gegeben habe. Ungerührt davon folgte Esterer ab 1954 am Trifels seinen alten Plänen – und hatte auf Dauer damit Erfolg.

Dieser Erfolg hält bis heute an. Im Staunen der zeitgenössischen Besucher, sei es auf dem Trifels oder vor dem NS-romanischen Chor des Quedlinburger Doms, in Vogelsang oder Sonthofen, klingt die Ergriffenheit nach, die im „Dritten Reich" die „Volksgenossen" beim Anblick dieser Architekturen überkam. So schreibt beispielsweise Hartmut Happel 2005 in seinem gründlichen und lesenswerten Buch über Sonthofen, (heute „Generaloberst-

Beck-Kaserne), die Anlage habe „zweifelsohne ihren besonderen Reiz. Zu erwähnen sind nicht nur der ursprünglich in gold und weiß gehaltene Musiksaal und der darunter liegende Fuchsbau mit seinen herrlichen Gewölben, sondern vor allem die Schnitzereien und Holzarbeiten.“[13] Es wäre töricht, ja ehrenrührig, in diesen und vielen ähnlichen aktuellen Urteilen mehr zu sehen als den Reflex auf die Grobreize der NS-Architektur, die genauere Beobachtung und Nachdenken als raffinierte Kulissenkunst entlarven würden.

Nur unter den Umständen des Dritte Reichs konnte das, was Hitler in seiner Krössinsee-Rede die „psychologische Behandlung des Volkes“ nannte, seine manipulative Kraft ungehemmt entfalten. Dies aber umso stärker: Zwischen 65 und 70 Prozent der „Ordensjunker und Stammführer“ aus Vogelsang, Sonthofen und Krössinsee, so weiß man heute, fielen im Zweiten Weltkrieg oder blieben vermisst. In Hartmut Happels Sonthofen-Buch berichtet ein ehemaliger Schüler des 1937 in der Ordensburg eingerichteten Internats „Adolf-Hitler-Schule“, wie er im April 1945, getreu Goebbels' „Nun Volk, steh auf und Sturm brich los“, erst in Sonthofen und dann in Oberstaufen als Dreizehnjähriger mit Panzerfäusten und Revolvern hantiert habe, um gegen den Rat Erwachsener die „Alpenfestung Sonthofen“ bis „zum letzten Blutstropfen“ zu verteidigen.[14]

Wie so viele war dieser Junge von den Bergfilmen, vor allem aber dem psychologischen Trommelfeuer Sonthofens verblendet worden. Hitlers „In meinen Ordensburgen wird eine Jugend heranwachsen, vor der sich die Welt erschrecken wird“[15], hatte sich also erfüllt. Die „Nibelungentreue“ freilich, die diesen Jungen und viele seiner Mitschüler das Ende des Dritten Reichs wie eine „Götterdämmerung“ wahrnehmen ließ, war das grausige Privileg derer, die als Elite bis zuletzt geschützt und in den Ordensburgen vor der Wirklichkeit abgeschirmt worden waren. Die Zivilbevölkerung in den deutschen Städten dagegen war von den alliierten Bombergeschwadern schon lange eines anderen belehrt worden. Die Fliegerträume waren zerschellt, die V2 kaum mehr als ein Gerücht. So saß man in Bunkern, denen ihre Architekten die Anmutung trutziger Burgen gegeben hatten, hörte Zarah Leander ihr „Davon geht die Welt nicht unter, wenn uns der Schädel auch raucht“ orgeln, oder „Kauf dir einen bunten Luftballon“, das Lied des Revuefilms „Der weiße Traum“, in dem die beliebte Eiskunstläuferin Olly Holzmann im Stalingrad-Winter 1943 noch einmal Höhenflüge beschwor: „Kauf dir einen bunten Luftballon. Nimm in fest in deine Hand. Stell dir vor, er fliegt mit dir davon, in ein fernes Märchenland. Über Wolken, wo die Sonne thront und der blaue Himmel lacht. Bis zum Märchenschloss gleich hinterm Mond, wo ein Prinz dich traumhaft glücklich macht.“ An Ordensburgen und Junker dachte bei diesen Zeilen wohl niemand mehr.

Anmerkungen

1. zit.nach: Günther Dahlke/Günther Karl (Hrsg.), Deutsche Spielfilme von den Anfängen bis 1933; Henschel Verlag, Berlin 1993; S. 193 ff.
2. Siegfried Kracauer; Von Caligari zu Hitler. Eine psychologische Geschichte des deutschen Films; Suhrkamp Verlag, Frankfurt am Main 1979; S. 353
3. zit.nach: Otto Huber; Gipfelstürmer unter dem Hakenkreuz; in: P.M. History 4/2012; S. 21
4. a.a.O.
5. a.a.O.
6. Filippo Tommaso Marinetti; Futuristisches Manifest (1909); zit.nach: Wikipedia; Futurismus
7. zit. nach: Ruth Schmitz-Ehmke; Die ehemalige Ordensburg Vogelsang . Architektur. Bauplastik. Ausstattung. Umnutzung; Wienersche Verlagsgesellschaft, Worms 2008; S. 15
8. F.T.Marinetti; a.a.O.
9. zit.nach: Wikipedia, Hans Schmitz-Wiedenbrück
10. F.T.Marinett; a.a.O.
11. zit.nach: Rolf Sawinski; Die Ordensburg Krössinsee in Pommern. Von der NS-Ordensburg zur polnischen Kaserne; Helios Verlags- und Buchvertriebsgesellschaft; Aachen 2004; S.8
12. S.Kracauer; a.a.O., S. 82
13. Hartmut Happel; Die Allgäuer Ordensburg in Sonthofen; Graphische Betriebe Eberl GmbH; Immenstadt 2005; S. 30
14. Gerhard Graf; Die Alpenfestung; in: H. Happel; Die Allgäuer Ordensburg in Sonthofen; a.a.O.; S.59
15. zit. nach: Hermann Rauschning; Gespräche mit Hitler; Zürich/New York 1940, S. 237

EPILOG

„Spannender als die Wirklichkeit“

EIN SCHLUSSWORT

Wenige Tage nach Eröffnung der Sommer-Olympiade in Los Angeles zeichnete ein Kommentar der *Frankfurter Allgemeinen Zeitung* eine „Olympische Fieberkurve“. Die Geschehnisse im Olympiastadion, so das Fazit, hatten sich binnen weniger Tage, ja Stunden, vom friedlichen Wettkampf der (nicht boykottierenden) Nationen zum Schauspiel einer Nation, zur begeisternd-überwältigenden Selbsthuldigung der omnipotenten Vereinigten Staaten entwickelt. Zum Beweis wurde der sogenannte kleine Mann, das bevorzugte Studienobjekt demoskopischer Umfragen, zitiert. Ein 27jähriger Büroangestellter, referierte der Kommentator, hätte laut Umfrage eines Meinungsforschungsinstituts erklärt: „Es habe ihn während der Eröffnungsfeier erwischt, als der farbige Rafer Johnson die Flamme entzündete und unter den neurömischen Säulen dastand wie einer von den Gladiatoren ... (seither) hätte er keine Minute der Fernsehübertragungen von den Olympischen Spielen versäumt – die Karten seien ihm leider zu teuer.“[1] Zu welchem Ergebnis solche am Schaugepränge der Eröffnungsveranstaltung entzündete, am Medaillensegen sich steigernde Selbstbegeisterung führte, wird ebenfalls beschrieben: „Ich bin gespannt, was sie daraus gemacht haben“, meinte höflich und unbeteiligt eine Angestellte, die einen Informationsstand betreute, kurz vor Beginn der Eröffnungsfeier. Einige Stunden später jubelte sie: „Wir haben es allen gezeigt, wozu wir fähig sind.“[2]

Wie der Büroangestellte und die Dame vom Informationsstand auf die Abschlussfeier der Olympischen Spiele reagierten, ist nicht bekannt. Dass sie die licht- und nebeldurchwallten Riesenbögen des Stadions, die sonor-feierlich tönenden Weihe-Worte des unsichtbaren Stadion-Sprechers, Laserstrahl-Regenbögen usw. als Höhepunkte der grandios-effektvollen Mammut-Show empfunden haben, darf mit Sicherheit angenommen werden.

Es geht hier nicht darum, Neo-Nationalismen in den Vereinigten Staaten aufzuzeigen und zu kritisieren oder, wie in bundesdeutschen Kommentaren post festum ohnehin geschehen, auf die Lächerlichkeit und Monstrosität des in Los Angeles so bierernst betriebenen „There's no business-like show business“ hinzuweisen. Los Angeles 1984 – und dies nicht nur wegen seiner 1932 entstandenen, „neu-römischen“ Säulen und Bögen des Stadions – lieferte einen unmittelbar erleb- und prüfbaren Abglanz dessen, was im Olympia-Berlin des Jahres 1936 in ungleich tiefergehender Ekstase sich ereignete. Vom olympischen Zeremoniell der Spiele – bezeichnenderweise geht das Entzünden der Flamme im griechischen Olympia samt Stafettenlauf auf eine Idee der faschistischen Organisatoren zurück – zu Feierlichkeit und Würde verpflichtet, geben die Ereignisse in Los Angeles sozusagen im Großformat wieder, was sich hierzulande beispielsweise regelmäßig und in den letzten Jahren zunehmend dramatisch-hysterisch in Fußballstadien abspielt. Die Parallelen reichen vom offiziellen Gebot für Nationalspieler, die Landeshymne mitzusingen, bis hin zur Begeisterung für die angeblich eigene Leistungsfähigkeit und Größe, welche bei Enttäuschung – im Gegensatz zu Los Angeles – sich bis zu körperlicher Gewalt steigern kann, mit welcher die vom Massenschauspiel fanatisierten Schlachtenbummler(!) auf Hinweise schwankenden Leistungsvermögens, auf Gefährdung des Selbstwertgefühls reagieren. Haltung und Würde sind auch und gerade bei sportlichen Massenspielen mehr denn je gefragt; während deren Kehrseiten, die massenekstatischen Ausbrüche von Nationalismus und zuweilen Gewalt, verpönt sind und mit hilflosem Unverständnis aufgenommen werden. Diese jedoch zeigen letztlich, was sich in den kanalisierten und kontrollierten Begeisterungsstürmen 1936 verbarg, was Reiz und Erfolg aller faschistischer Massenveranstaltungen ausmachte.

Dass die erwähnten feierlichen Bogenarchitekturen in Los Angeles ausgerechnet zu einem solchen Zeitpunkt die Kulisse abgeben für dergleichen Tendenzen, ist zwar Zufall, aber ein für die Untersuchung von Wechselwirkungen zwischen Architektur und Gesellschaft glücklicher. Zwei Jahre nach den (tragisch endenden) Münchener Olympischen Spielen, deren Willen zu „heiteren Spielen" die „Nomaden-Zelte" der von Behnisch und Partnern entworfenen Stadionbauten beredten Ausdruck verliehen hatten, schien dem Soziologen Henning Eichberg die heutige Distanz zu Form und Wirkung von Massenveranstaltungen offenkundig. In einem Aufsatz über die Thingspiele im Dritten Reich erklärte er: „Da sich im olympischen Ritual diese Elemente – anders als im politischen Bereich – bis zum heutigen Tage erhalten haben, wird am allgemeinen Befremden unserer Zeitgenossen nur um so deutlicher, was uns von jener Epoche trennt."[3] Das Urteil scheint inzwischen überholt.

Es sei nochmals darauf hingewiesen: Die platte Gleichsetzung von Ereignissen aus den Jahren vor und während des Faschismus mit denen unserer Tage – eine bis heute vor allem im politischen Alltag mit verheerenden Folgen ausgiebig geübte, diffamierende Vorgehensweise – soll hier keineswegs Grundlage der Überlegungen sein. Will man jedoch die Erkenntnis ernst nehmen, dass Geschichte, auch Kunstgeschichte, oder im speziellen Fall Baugeschichte, nicht um ihrer selbst willen betrieben werden können, so muss festgestellt werden, dass Parallelen zwischen damals und heute unübersehbar sind. Sie liegen insbesondere auf dem Gebiet einer, wie mir scheint, jenseits von historischer Erfahrung und politischer Vernunft sich durchsetzenden, geradezu reflexhaften Neigung eines Großteils der deutschen Gesellschaft, auf undurchschaubar erscheinende, bedrohlich erlebte Situationen längerfristig mit rückwärtsgewandten Denk-Verhaltens-und Gestaltungsweisen zu reagieren. Der Ruf nach dem starken Mann, nach (Zwangs-)Ordnung ist – trotz neofaschistischer Bewegungen – noch nicht laut geworden; die öffentliche und politische Diskussion – obwohl gern als Weimarer Zersetzungsprozesse wiederholende verleumdet – spricht für stabile demokratische Strukturen. Die Sehnsucht aber nach Geborgenheit, Kontinuität, nach Fixpunkten in einer von Untergangsnachrichten und -visionen geradezu gepeinigten Öffentlichkeit nimmt unverkennbar zu und bringt in ihrem Gefolge Phänomene von Wirklichkeitsflucht hervor. Die Architektur, ein zuverlässiger Anzeiger kollektiver Stimmungen, spricht mit ihren historistischen Tendenzen teilweise deutlich für solche Fluchten ins Gestern.

Die Machthaber im Dritten Reich hatten sich, mitsamt großen Teilen der deutschen Gesellschaft, ausschließlich für Täuschung und Selbsttäuschung entschieden. Joachim Fest, der Architektur von jeder „Mittäterschaft" an Theorie und Praxis des deutschen Faschismus freispricht, hat in seiner Hitler-Biographie eine treffende Formel für die damaligen Vorgänge gefunden. Er charakterisiert Hitlers Selbstdarstellung, seine Handlungen und Auftritte als den manischen Versuch, die angsterregende Wirklichkeit mittels zwangsordnender Mechanismen zu unterjochen: „Daneben offenbart die durchgängige Neigung zum Zeremoniell auch einen angestrengten Stilisierungswillen: den Versuch, dem unruhigen, immer wieder vom Chaos bedrohten Dasein den Triumph der Ordnung vorzuführen. Es sind gleichsam Beschwörungstechniken eines geängstigten Bewußtseins."[4]

Dieser Triumph der Ordnung blieb weder allein Sache Hitlers und seines Gefolges, noch beschränkte er sich auf Denk- oder Verhaltensweisen. Nicht nur beteiligte sich die Mehrzahl des deutschen Volks mehr oder weniger bereitwillig an diesen Beschwörungstechniken, das öffentliche Leben im Dritten Reich kann in allen seinen Erscheinungen als monströse Beschwörungstechnik eines geängstigten kollektiven Bewusstseins bezeichnet werden – und mit ihm vor allem die Architektur, welche diesem Gestalt verlieh beziehungsweise verleihen sollte. Auf die kurze Anfangsphase einer Architektur, die, wie geschildert, in Bauten wie der Berliner Reichsbank, den Berliner Messebauten und selbst in Teilen der Münchener Königsplatzgebäude gradlinig die versteinernden Tendenzen des späten Neuen Bauens vervollkommnet, folgt die zunehmende Neigung für Klassizismen. Sie sind Schinkels oder Gillys Bauten verpflichtet, nehmen die neoklassische Baukunst der ersten Jahrzehnte nach der Jahrhundertwende zu Hilfe und tendieren zu archaisierenden Grobformen. Diesem Amalgam zeigen sich Staatsbauten wie Gebrauchsarchitekturen, Stilanleihen und -varianten unterworfen. Diese Gestaltungsweisen, die Architekturen zu Denkmälern ihrer selbst stilisieren, kulminieren in den während des Zweiten Weltkriegs ausufernden Entwürfen, worin zunehmend wahllos das Arsenal historischer Monumentalbauten von Babyion bis Ninive, von Rom bis Athen geplündert erscheint.

Betrachtet man die Formensprache auf ihre Botschaften hin, so münden die Hauptmotive – Tempel, Burg, Palast, Altar und Katafalk – in zwei Bestimmungs- und Bedeutungszentren: Militär- und Todeskult. Ihnen sind die übrigen wie Sauberkeit, Ordnung, Disziplin etc. untergeordnet.

In einem Aufsatz über „Das Große in der Baukunst", 1944, kurz vor dem Ende des Dritten Reichs, im Baukunst-Teil der Zeitschrift ‚Die Kunst im Deutschen Reich' erschienen, zieht Friedrich Tamms die Bilanz des Bauens im Dritten Reich. Tamms' erfolgreiche Suche nach einem zentralen, die neue Baukunst kennzeichnenden Begriff endet bei der Kategorie des Monumentalen. Das aufschlussreiche Bedeutungspendant dazu lautet Ewigkeit. Alle auch hier behandelten Formen und Funktionen wie Klassik, Romantik, Regionalismus, Symmetrie und Kubik beziehungsweise (Pseudo-)Tradition, Hierarchisierung, Disziplin, Opferbereitschaft, Macht- und Würdendemonstration umlagern gleich Trabanten diese beiden Fixpunkte faschistischer Baukunst. Passagen aus Tamms' Erläuterungen lesen sich geradezu als Kompendium dessen, was zur Hauptaufgabe faschistischer Architektur wurde: „Als klassisches Beispiel stehen die Pyramiden vor uns, Bauwerke von großer Monumentalität und beinahe mathematischer Präzision ... Wie alles Große ist sie (die Form der Pyramiden; D. B.) nicht aus dem Wünschen und Wollen eines einzelnen Menschen entstanden, sondern Ausdruck des seelischen Zustandes eines ganzen Volkes. Sie ist somit ein Signum dieser Einstellung, ein Monument aller und für alle Zeiten ... Wie im Kampf sich die Gestalt des Führers härtet und strafft, um seiner Mannschaft kraft seines Charakters und seiner Haltung Vorbild zu sein und er somit über sie hinausragend etwas Großes verkörpert, wird diese Zeit von ihrer Baukunst erwarten, dass sie von den vielen Möglichkeiten durch Zucht und Haltung diejenigen ausmerzt (!), die, wie auch im Leben, das Vorbild des Führenden beeinträchtigen ... Daher kommt dem Naturstein in diesem Zusammenhang besondere Bedeutung zu. Er ist das Material, das die Natur selbst schuf und das bereits Tausende von Jahren den zerstörenden Kräften der Erde widerstanden hat ... Materie heißt in diesem Zusammenhang: Dauerhaftigkeit, Wille zur Unvergänglichkeit."[5] Betrachtet man von diesem Standpunkt aus noch einmal einzelne Gestaltungsgewohnheiten, erweisen sie sich insgesamt als der großangelegte Versuch, die Umwelt mit Zeichen der Unvergänglichkeit zu übersäen.

Alles Provisorische wird vermieden, insbesondere die Bewegung signalisierenden Formen Neuen Bauens sind verhasst; der Vorzug gilt Dauerhaftigkeit und Ortsbindung ausstrahlender Gestaltung: Werkstein an Stelle von Glas und Stahl, Mosaik an Stelle von Bemalung; Fresken an Stelle transportabler Gemälde; „immergültige" Klassik für Staatsbauten, „immergültige" lokalgebundene Formen für ortsbezogene Projekte. Vom ausstellenden Prinzip der Innenraumgestaltungen, die Interieurs den Anschein (auch im buchstäblichen Sinn) unverrückbarer Ordnung verleihen, bis hin zur archetypisierenden Umformung aller Stiladaptionen reichen die Bemühungen, jeden Bau im Dritten Reich zum Abbild einer Welt werden zu lassen, welche „von je so gewesen, immer so sein wird". Baulich verwirklichte sich somit, was Jean Clair in einem Essay über „Das Dritte Reich als Gesamtkunstwerk des pervertierten Abendlandes" als Kennzeichen des faschistischen Systems bezeichnet: „Die Restauration trachtet danach, sich des Nullpunkts in der Zeit zu bemächtigen: Um Herrscherin über die Zeit zu werden, schafft sie die Zeit ab ..."

Die vorangegangenen Kapitel haben hoffentlich deutlich gemacht, in welchem Maß die Architektur der Nationalsozialisten sich der Bauten von Theater und Film bediente. Diese wiederum entstanden nicht voraussetzungslos, sondern trieben Gestaltungsweisen voran, die seit der Jahrhundertwende das Baugeschehen dominierten: Das Anspruchsniveau, auf welchem die Baukunst um und nach 1900 aufbaute und die ihr eigentümlichen Wirkungen entfaltete, war bestimmt vom Bevorzugen angeblich überzeitlicher, von konkreten Bedeutungen ablenkender Stimmungsformen, gekoppelt mit der sich steigernden Vorliebe für Schauwerte. Architekturen, so könnte man sagen, wurden nicht mehr als vielschichtige, komplizierte Gefüge festgelegter Botschaften gebaut und dementsprechend gelesen oder entziffert, sondern als Gesamterscheinung erlebt beziehungsweise geschaut. Je breiter und damit undurchschaubarer und unberechenbarer zugleich der Rezipientenkreis der Architektur wurde, desto karger – „unkomplizierter" – einerseits geriet die Gestalt von Bauten, desto nachdrücklicher andererseits übermittelten Bauwerke ihre neuen, diffusen Botschaften: Stimmungswerte. Höhepunkte dieser Gestaltungsweisen, welche hier als Ergebnis und Motor einer Ikonographie des Vagen geschildert wurden, bildeten jene Architekturen, welche zu neuen Bauten der Allgemeinheit wurden, nachdem die alten – wie Kathedralen, Schlösser, Rathäuser oder auch öffentliche Plätze – an Bedeutung verloren oder gänzlich abgewirtschaftet hatten. Bahnhöfe, Warenhäuser und selbst Fabriken, Fest- und Ausstellungshallen traten die Nachfolge an; sie entwickelten sich, jenseits der bekannten Funktion als Versuchs- und Paradeobjekte verfeinerter Bautechniken, des modernen Bauens usw., zur Vorhut von Stimmungsarchitektur. Theater und Kino wiederum waren sowohl als Gebäude wie durch die in ihnen gezeigten Inszenierungen diejenigen Bauwerke, deren Zweck beinahe ausschließlich im Übermitteln von Botschaften, im Erzeugen von Stimmungen bestand. Sie bildeten Höhepunkte der neuen Baukunst.

Hugo von Hofmannsthal zog 1919 in einem Max Reinhardt und seinen Bühnen gewidmeten Sammelband ein Resümee, das auch ein bezeichnendes Licht auf die Palette der inzwischen verbreiteten Formen von Stimmungsarchitektur samt den ihr zugrundeliegenden Wahrnehmungsweisen wirft: „Max Reinhardt kam irgendwelchen vitalen Bedürfnissen der Epoche entgegen ... Am deutlichsten liegen diese Zusammenhänge in der Wertung des Visuellen. Die Generation, welche die Epoche trägt, hat sich gegen die frühere umgestellt in Bezug auf den Sinn des Auges. Hier fiel das, was Reinhardt brachte, zusammen mit dem, was viele wünschten und suchten ... Das Reinhardt'sche Unternehmen (setzt) immer wieder das Höhere über dem Chaotischen (durch) ..."[7]

Gestützt und angewiesen auf die allgemeine Wertschätzung des Visuellen, so lässt sich folgern, vollendeten und verfeinerten Theater und Film Darstellungs- und insbesondere Bauformen, die dem Bedürfnis nach Schauwertem Rechnung trugen. Sie boten mit ihren bis zu einer Gegenstandsmimik gesteigerten Inszenierungstechniken geradezu Seh-Schulen der Allgemeinheit. Theater und Film wurden zu Institutionen, welche die Masse im Erkennen und Genießen von Stimmungsarchitekten trainierten. Mit anderen Worten: Erst durch die Gegenstandsmimik, die Bausprache von Theater und Film, wurde jedermann in die Lage versetzt, Architektur als Stimmungs- und Bedeutungsträger ersten Ranges wahrzunehmen. Nicht Moeller v. d. Brucks „Der Preußische Stil" beispielsweise machte klassizistisch-asketische Bauformen als angeblich deutsches Bauen populär, sondern ein Fridericus-Rex-Film. Nicht kunstgeschichtliche Forschung, sondern der Nibelungenfilm prädestinierte staufische Architekturmotive zur allgemein verständlichen Metapher deutscher Tapferkeit und Todesbereitschaft und so fort. Durch Schnitt, besondere Blickwinkel und Darstellungsformen, so formulierte ein Pressekommentar der Ufa, sei Leni Riefenstahls Olympia-Film beinahe „spannender als die Wirklichkeit"[7] geworden. Das Urteil lässt sich umkehren. Tag für Tag wurde während des Dritten Reiches vom Großteil der Bevölkerung die Wirklichkeit durch den Filter von Theater und Film wahrgenommen. Um Menschen und Architekturen legte sich die Gloriole der im Medium vorgeführten Bedeutungen. Obwohl wirklich, wurden sie somit spannender als die Wirklichkeit.

„Wo nicht der einzelne, sondern die Masse sich bewegt, da hört menschliche Regulierung auf, und die Archetypen fangen an zu wirken, wie es auch im Leben des Individuums geschieht, wenn es sich Situationen gegenübersieht, welche mit den ihm bekannten Kategorien nicht mehr zu bewältigen sind“[8], schrieb 1936 C. G. Jung angesichts der Vorgänge im Dritten Reich. Die Baukunst, vorbereitet von Theater und Film, zeichnete und begleitete buchstabengetreu diesen Weg in archetypische Denk- und Verhaltensweisen, lieferte als „Worte in Stein“, Anschauung und Begriff. In ihrer für alle Anforderungen offenen Vagheit untermauerte sie architektonisch die Botschaft faschistischer Ideologie, nach der mit dem Anbruch des Dritten Reiches alle krisenhaften „Situationen“ bewältigt seien. Als eine in erster Linie – und dies vom Staatsbau bis zum schlichten Siedlungshaus – der Öffentlichkeit, der Masse gewidmete Baukunst bot sie nach 1933 zunehmend Archetypisches, setzte, wo immer sie Gelegenheit fand, an die Stelle der Wirklichkeit eine Welt „aus Mythus und Symbol, die die Hoffnungen und Ängste der Menschen in zeremoniellen und liturgischen Formen darstellte“[9]

Im „Staat der Lügner und Versteller, (worin) ... der Mime triumphiert“ (Klaus Mann)[10], formte sich, unmerklich aber konsequent, die gebaute Umwelt zur Riesenbühne. Der verschwenderische Einsatz von Praktikabeln, von Treppen, Podien, Podesten, von Requisiten und Licht, auf dem Theater und im Film perfektioniert, wurde zum Grundzug dieser Baukunst.

Nicht, wie zu vermuten wäre, in den kaum von Satrapenpalästen der filmischen Historienspektakel unterscheidbaren Entwürfen aus der Endphase des NS-Systems vollendete sich die faschistische Architektur, sondern

Abb. 157: Entwurf für einen Bunker, 1939

ORIA
EISE IN DIE VERGANGEN

auf gänzlich anderem Gebiet: Die Bunkerwürfel, welche vor dem Zweiten Weltkrieg und während der Kriegsjahre entstanden, zeigen die Höchst- und Endstufe der Baukunst im Dritten Reich: Kuben, deren scharfkantige Betonmassen in bizarrer Maskerade bis zuletzt durch sparsamste Werksteinapplikationen zu archaischen Kastellen, romanischen Burgen, klassischen Palazzi oder Nationaldenkmälern verwandelt wurden, bilden den grausigen Schlusspunkt der illusionistischen Typenreihe faschistischen Bauens. Flankiert wurde solcherlei „Baukunst“ von den öffentlichen Gedenkfeiern für die Bombenopfer. In den Riesenfahnen und Symbolen, die die Trümmer verbergen sollten, kehrte die Baukunst des Nationalsozialismus zu ihren Anfängen zurück. Hier wie da aber blieb die Maskerade wirkungslos. Die ans Ende dieser Ausführungen gestellte, kurz nach einem Bombenangriff entstandene Fotografie gerät in diesem Zusammenhang zur Metapher des Geschehens: Eine „Reise in die Vergangenheit“ verspricht inmitten von Ruinen ein Filmplakat, während ringsum die tatsächlich versuchte (angebliche) Rückkehr in Trümmer fällt. Beidem kehren die flüchtenden Opfer den Rücken. Die Wirklichkeit überwand, mit furchtbaren Folgen, die Illusionen in Stein.

„Der Nationalsozialismus ist eine Fiebererscheinung des sterbenden deutschen kleinen Mittelstandes; dieser Giftstoff einer Krankheit kann aber Deutschland und Europa auf Jahrzehnte hin verelenden. Zu retten ist diese Klasse nicht; sie kann aber ungeheures Elend bringen in ihrem Todeskampf.“ (Harry Graf Kessler: Tagebücher 1918-1937)

Abb. 158: Der Gloria-Palast in Berlin nach einem Bombenangriff im Herbst 1943

Anmerkungen

1 U. K.: Olympische Fieberkurve, in: Frankfurter Allgemeine Zeitung, 3.8.1984

2 U.K.,a.a.O.

3 Henning Eichberg: Das nationalsozialistische Thingspiel. Massentheater in Faschismus und Arbeiterkultur in: Ästhetik und Kommunikation, 26/ 1976,S. 67

4 Joachim C. Fest: Hitler – Eine Biographie, Bd. 2, Frankfurt am Main, Berlin, Wien 1973, S. 709

5 Friedrich Tamms: Das Große in der Baukunst, in: Die Kunst im Deutschen Reich/Die Baukunst, März 1944, S. 50, 52, 60

6 Jean Clair: Das Dritte Reich als Gesamtkunstwerk des pervertierten Abendlandes, in: Der Hang zum Gesamtkunstwerk. Europäische Utopien seit 1800 (Katalog), Aarau, Frankfurt am Main 1983, S. 102

7 Hugo von Hofmannsthal: Vorrede, in: Ernst Stern, Heinz Herald (Hg.): Reinhardt und seine Bühne, Berlin 1919, S. 7

8 C. G. Jung: Wotan, in: Neue Schweizer Rundschau 1936; zit. nach: Friedrich W. Doucet: Im Banne des Mythos. Die Psychologie des Dritten Reiches, Gütersloh 1982, S. 174

9 George L. Mosse: Die Nationalisierung der Massen, Berlin 1976, S. 248

10 Klaus Mann: Der Wendepunkt. Ein Lebensbericht(1942), Frankfurt am Main, Wien, Zürich 1976, S. 384

QUELLENNACHWEISE DER ABBILDUNGEN

1 Karl Bonatz, Bunker an der Reinhardtstraße in Berlin, 1942, heute Sammlung Boros; Foto: Andreas Mietzsch 2012

2 Ludwig Moshamer, Japanische Botschaft in Berlin, 1939-42; Foto: Andreas Mietzsch 2012

3 Dokumentationszentrum Reichsparteitagsgelände Nürnberg; Quelle: Wikipedia, Foto 2004: Stefan Wagner

4 Franz u. Ludwig Ruff: Kongresshalle Reichsparteitagsgelände Nürnberg; Quelle: Wikipedia, Foto 2009: Nicohofmann

5 Heinrich Wolff, Reichsbank-Erweiterungsbau, 1934-40, heute Auswärtiges Amt, li. der neue Kopfbau von Müller und Reimann; Foto: photothek / Auswärtiges Amt

6 Heinrich Wolff, ehemalige Reichsbank Frankfurt a. M., 1931-33; Foto: Andreas Mietzsch 2012

7 Ernst Sagebiel, ehem. Reichsluftfahrtsministerium, heute Bundesfinanzministerium, 1934-35, Foto vor 1938; Gerdy Troost, Das Bauen im Neuen Reich, Bayreuth 1938, S. 66

8 Bundesministerium der Finanzen; Foto: Andreas Mietzsch 2012

9 Karl Reichle, ehem. Reichsministerium für Volksaufklärung u. Propaganda, heute Bundesministerium für Arbeit und Soziales, 1936-40; Foto: Andreas Mietzsch 2012

10 Friedrich Hetzelt, Italienische Botschaft in Berlin, 1939-41; Foto: Andreas Mietzsch 2012

11 Hermann Giesler, ehemaliges „Gauforum" Weimar, Modell, 1937 Baubeginn, Foto vor 1938; Gerdy Troost, Das Bauen im Neuen Reich, Bayreuth 1938, S. 71

12 Einkaufszentrum Atrium im ehem. Gauforum Weimar; Quelle: Wikipedia, Foto 2008: MSt18061983

13 Heinrich Schreiber, Laboratoriumsgebäude Frankfurt/Main; Gerdy Troost, Das Das Bauen im Neuen Reich, Bayreuth 1938, S. 117

14 Herausbruch der Skulptur und Abriss Degussa 2011; Foto: Andreas Mietzsch

15 Clemens Klotz, „KdF" Seebad Prora auf Rügen, Seeseite, 1936-39; Quelle: Wikipedia, Foto 2004: Steffen Löwe

16 Paul L. Troost, Ehrentempel der Gefallenen am Königlichen Platz in München, Foto 1937; Quelle: ullstein bild

17 Kant-Grabmal am Königsberger Dom, 1922; Quelle: Wikipedia, Foto 2008: Kyselak

18 Ernst Barlach, Gefallenenmal für Hamburg; Quelle: Wikipedia, Foto 2005: Magnus Manske

19 Richard Kuöhl, „Kriegerwürfel" am Hamburger Dammtor, 1936; Quelle: Wikipedia, Foto 2008: Attila Nóbik

20 Ehrenmal für die jüdischen Gefallenen des Ersten Weltkriegs auf dem Jüdischen Friedhof, Rat-Beil-Str. in Frankfurt/Main; Foto: Andreas Mietzsch 2012

21 Marine-Ehrenmal Laboe; Quelle: Deutscher Marinebund e.V / Schumacher

22 Denkmal für Lale Andersen auf Langeoog; Quelle: Wikipedia, Foto 2006: Huebi

23 Andreas Meck, Ehrenmal der Bundeswehr in Berlin, 2007-2009; Foto 2012: Andreas Mietzsch

24 Andreas Meck, Ehrenmal der Bundeswehr in Berlin, Innenraum; Foto: Andreas Mietzsch 2012

25 Joseph Maria Olbrich, Wiener Secessionsgebäude, 1898; Quelle: Wikipedia, Foto 2006: Gryffinder

26 Peter Behrens, ehemalige Deutsche Botschaft in St. Petersburg, 1911-12, Foto 1912; Quelle: Bildarchiv Foto Marburg

27 Wilhelm Kreis, Landesmuseum für Vorgeschichte in Halle (Saale), 1911-13; Quelle: Wikipedia, Foto James Steakley 2000

28 Mies van der Rohe, Entwurf für ein Bismarckdenkmal auf der Elisenhöhe bei Bingerbrück, 1910; Quelle: MoMA, NewYork

29 Wilhelm Kreis, Entwurf für einen Bismarck-Turm, Motto: „Götterdämmerung", 1898; Leipziger Illustrierte Zeitung, Nr. 2916, S. 668

30 Erich Mendelsohn, Einsteinturm in Potsdam, 1920-21; Quelle: Foto 2006, Wikipedia

31 Erich Mendelsohn, Umbau des Verlagshauses Mosse in Berlin, 1921-1923, Foto vor 1929; Müller-Wulckow, W., Bauten der Arbeit und des Verkehrs, 1929, S. 93

32 Ludwig Mies van der Rohe, Entwurf für ein Bürohaus, 1922; Quelle: MoMA, New York

33 Wilhelm Kreis, Deutsches Hygiene-Museum in Dresden, 1928-30; Quelle: Wikipedia, Foto 2006: Myself

34 Eduard Jobst Siedler und Robert Kisch, Erweiterungsbau der Reichskanzlei, 1928-30, Foto von Frankl 1939; Quelle: Bundesarchiv, Bild 146-1988-045-26 / Frankl / CC-BY-SA

35 Hitler auf dem 1935 am Erweiterungsbau angebrachten Balkon im März 1938; Quelle: Bundesarchiv, Bild 183-H03417 / CC-BY-SA

36 Fritz Schupp u. Martin Kremmer, Schachtanlage in Essen-Katernberg, ehemaliges Kesselhaus, heute Design-Zentrum NRW, 1930, Foto vor 1938; Gerdy Troost, Das Bauen im Neuen Reich, Bayreuth 1938, S. 96

37 Werner u. Walter March, Hochschule für Leibesübungen Berlin (Haus des Deutschen Sports), 1927-1936, Foto vor 1938; Gerdy Troost, Das Bauen im Neuen Reich, Bayreuth 1938, S. 87

38 Weltausstellung Paris 1937, links der sowjetische, rechts der deutsche Pavillon; Quelle: ullstein bild

39 Karl Reichle, Erweiterungsbau des Ministeriums für Volksaufklärung und Propaganda, Mauerstraße, 1936-40, Foto 1938; Gerdy Troost, Das Bauen im Neuen Reich, Bayreuth 1938, S. 69

40 Hitler und Reichspräsident Paul v. Hindenburg in Potsdam am 21.3.1933; Quelle: Bundesarchiv, Bild 183-S38324 / CC-BY-SA

41 Paul L. Troost u. Kurt Schmid-Ehmen, Mahnmal an der Feldherrnhalle München, 1934, Foto vor 1938; Gerdy Troost, Das Bauen im Neuen Reich, Bayreuth 1938, S. 47

42 Königlicher Platz (Königsplatz) in München nach der Umgestaltung, Foto vor 1938; Gerdy Troost, Das Bauen im Neuen Reich, Bayreuth 1938, S. 12

43 Paul L. Troost, Ehrentempel der Gefallenen am Königlichen Platz in München, Foto vor 1938; Gerdy Troost, Das Bauen im Neuen Reich, Bayreuth 1938, S. 11

44 Marsch durch die dekorierte Münchner Innenstadt am 9.11.1938; Quelle: ullstein bild

45 Leo v. Klenze, Walhalla bei Regensburg, Stich um 1841; Quelle: Wikipedia, Foto 2003: W. Wagner

46 Grabmal des Theoderich in Ravenna, um 520 n.Chr.; Quelle: Wikipedia, Foto 2006: Wilfred Krause

47 Bruno Schmitz, Völkerschlachtdenkmal Leipzig, 1913; Quelle: Wikipedia, Foto 2007: Michael Sander

48 Bruno Schmitz, Kyffhäuser-Denkmal, 1896; Quelle: Wikipedia, Foto 2008: B. Angerstein

49 Albert Speer, Haupttribüne auf dem Zeppelinfeld, Reichsparteitagsgelände Nürnberg, Foto K. Gasser 1942; Quelle: Bundesarchiv, Bild 146-2008-0028 / Gasser, Karl / CC-BY-SA

50 Paul L. Troost, Ehrenhalle im Haus der Deutschen Kunst, München 1933/34; Quelle: ZIKG, München

51 Max Ernst Schneiders, Gefallenen-Ehrenmal in Aachen im Marienturm, 1933; Deutsche Bauzeitung, 1935, S. 569

52 Walter u. Johannes Krüger, Innenhof des Tannenberg-Denkmals nach der Umgestaltung von 1934; Quelle: ullstein-bild

53 Willy Meller, Adlerrelief am Festsaal der ehemaligen Reichsschulungsburg Erwitte, Foto 2012: Andreas Mietzsch I

54 Friedrich Gilly, Handskizze für ein Berliner Schauspielhaus, um 1798; Schmitz, Hermann: Berliner Baumeister vom Ausgang des 18. Jahrhunderts, Berlin 1925, S. 242

55 Heinrich Tessenow, Festspielhaus Hellerau, 1910-11; Quelle: Abb. 2006, Wikipedia, Foto Hans Peter Schaefer

56 Heinrich Tessenow, Festsaal in Hellerau, Innenraum, 1910/11; Gerda Wangerin, Gerhard Weiss: Heinrich Tessenow, 1976, S. 194

57 Hans Reissinger, Haus der Deutschen Erziehung, Bayreuth, 1937, Foto 1938; Gerdy Troost, Das Bauen im Neuen Reich, Bayreuth 1938, S. 81

58 Oskar Kaufmann, Volksbühne am Rosa-Luxemburg-Platz in Berlin von 1914, Foto Frankl 1930; Quelle: Bundesarchiv, Bild 146-2002-003-33A / Frankl / CC-BY-SA

59 Einfassungsmauer um den Grabbezirk des Königs Djoser, Sakkara (Ägypten), 2650 v. Chr.; Quelle: Wikipedia, Foto 2006: Berthold Werner

60 Max Littmann, Staatstheater Stuttgart, Kleines Haus, erbaut 1912, Foto 1912; Quelle: ullstein bild

61 Max Littmann, Staatstheater Stuttgart, Großes Haus, 1912; Quelle: Wikipedia, Foto 2010: AngMoKio

62 Walter Gropius, Stadttheater Jena, 1922, Foto 1923; Quelle: Bildarchiv Foto Marburg, Nr. fm 1.158.762

63 Emil Fahrenkamp, Stadttheater Mülheim, Aufgang, 1923-1925, Foto 1926; Paul Zucker, Theater und Lichtspielhäuser in Berlin, Berlin 1926, S. 66

64 Friedrich Lipp und Werry Roth, Landestheater Dessau, Foto um 1938; Gerdy Troost, Das Bauen im Neuen Reich, Bayreuth 1938, S. 79

65 Kurt Schönfeld und Ernst Wendel, Wehrkreisdienstgebäude Kassel, 1935-38; Quelle: Wikipedia, Foto 2009: Peter Schlömer

66 Hermann Alker und Alfred Hopp: Grenzlandtheater in Zittau, 1935-37; Foto 2010, Quelle: Wikipedia

67 Paul Baumgarten d. Ältere, Umbau der Deutschen Oper Berlin, Foyer, Foto 1935; Dt. Bauzeitung 1935, S. 945

68 Albert Speer, Tunneleingang am Großen Stern in Berlin, 1937, Foto vor 1939; Die Kunst im Dritten Reich, 1939, Folge 6, Ausgabe B, S. 243

69 Wilhelm Kreis, Oberkommando des Heeres, Festsaalbau, Westeingang, 1938 (Modell); Die Kunst im Dritten Reich, 1939, Folge 2, Ausgabe B, S. 61

70 Die zur Führerloge umdekorierte ehemalige Königsloge der Staatsoper Unter den Linden in Berlin am 21.2.1937; Quelle: ullstein bild

71 Fassade des Salzburger Festspielhauses mit dem Anbau von Clemens Holzmeister 1925/26, Foto Imagno 1927; Quelle: ullstein bild, Foto Imagno

72 Peter Speeth, Frauenzuchthaus in Würzburg, erbaut 1809, Foto vor 1908; Paul Mebes, Um 1800, Berlin 1908, Bd. 1, S. 49

73 German Bestelmeyer, Luftgaukommando München, heute Bayerisches Finanzministerium, 1935-36; Quelle: Wikipedia, Foto 2009: Andreas Praefcke

74 Hans Poelzig, Großes Schauspielhaus Berlin, Zuschauerraum, 1919, Foto vor 1933; Quelle: Architekturmuseum der TU-Berlin, Inv. Nr. F 1605

75 Reichsarbeitsdienst auf der Feierstätte auf der Loreley im Oktober 1938; Quelle: ullstein bild

76 Werner March, Waldbühne [Dietrich-Eckhardt-Bühne] in Berlin, Foto Frankl 1939; Quelle: Bundesarchiv, B 145 Bild-P019137 / Frankl, A. / CC-BY-SA

77 Waldbühne Berlin; Quelle Wikipedia, Foto 2007: Gryffindor

78 Volksbund Deutsche Kriegsgräberfürsorge, Freikorps-Ehrenmal und Feierstätte in Annaberg/Oberschlesien, Foto nach 1938; Gerdy Troost, Das Bauen im Neuen Reich, Bayreuth 1938, S. 45

79 Castel del Monte; Quelle: Wikipedia, Foto 2007: Niccolò Rigacci

80 Felix Emmel, Entwurfsskizze für ein Deutsches Schauspielhaus, 1936: Felix Emmel: Theater aus Deutschem Wesen, Berlin 1937

81 Albert Speer, Große Halle in Berlin, Modell, um 1939; Quelle: Bundesarchiv, Bild 146-1983-018-03A / CC-BY-SA

82 Albert Speer, Große Halle in Berlin, Innenraum,; Quelle: Archiv Albert Speer, Heidelberg

83 Albert Speer, Fassadendekoration des Ufa-Palastes Berlin, 1935 Deutsche Bauzeitung, 1935, S. 315

84 Oskar Kaufmann, Lichtspielhaus Cinés in Berlin, Foto um 1912; Deutsche Kunst u. Dekoration, 1913

85 Hugo Pál, Marmorhaus Berlin, Entwurfsskizze 1913; Berliner Architekturwelt, 1913, S. 295

86 Günther Nentwich & Wilhelm Simon, Union-Palast Berlin, 1912/13, Zustand 2012, Foto: Andreas Mietzsch

87 Friedrich Lipp, Atrium-Kino in Berlin, 1926, Foto vor 1931; Paul Zucker u. Georg Otto Stindt: Lichtspielhäuser - Tonfilmtheater, Berlin 1931, S. 78

88 Fritz Wilms, Mercedes-Palast in Berlin, Utrechter Straße, 1927-28, Foto 1929; Quelle: ullstein bild

89 Wilhelm Kreis, Entwurf für ein Ehrenmal in Bad Berka, 1931; Der Architekt, 1953, S. 44

90 Jacob Körfer, Kino Capitol in Köln, 1927-28, Foto vor 1931; Paul Zucker u. Georg Otto Stindt: Lichtspielhäuser – Tonfilmtheater, Berlin 1931, S. 27

91 Ludwig Ruff, Phoebus-Palast in Nürnberg, 1927, Foto vor 1931; Paul Zucker u. Georg Otto Stindt: Lichtspielhäuser – Tonfilmtheater, Berlin 1931, S. 31

92 Hans Fritzsche und Friedrich Löhlbach, Modell eines Filmpalastes in Berlin-Zehlendorf, Foto M. Krajewsky 1939; Quelle: ullstein bild, Foto: Max Krajewsky

93 Lichtdom auf dem Reichsparteitag 1936; Quelle: Bundesarchiv, Bild 183-1982-1130-502 / CC-BY-SA

94 unbekannter Architekt, Modell einer SA-Weihestätte in Braunschweig, 1937; Quelle: ullstein bild

95 Hans Poelzig, Hauptverwaltungsgebäude der I.G. Farben, Frankfurt am Main, 1928-30, Foto nach 1930; Quelle: Architekturmuseum der TU-Berlin, Inv. Nr. F 1852

96 Rudolf Fränkel, Kino Lichtburg in Berlin, 1929-30, Foto 1930; Quelle: ullstein bild

97 Werner March, Glockenturm auf dem Reichssportfeld in Berlin, 1936; Deutsche Bauzeitung, 1938, S. 250

98 Albert Speer, Neue Reichskanzlei Berlin, Modell des Ehrenhofs mit Haupteingang; Quelle: ullstein bild

99 Albert Speer, Deutscher Pavillon auf der Weltausstellung in Paris, 1937, Foto Scherl; Quelle: ullstein bild, Süddeutsche Zeitung Photo / Scherl

100 Bauten von Franz Geiger zu „König Ödipus", Zirkus Schumann in Berlin, 1910; E. Stern, H. Herald: Reinhardt und seine Bühne, Berlin 1919, S. 165

101 Ernst Stern, Bühnenbildentwurf zu „Julius Caesar", Großes Schauspielhaus Berlin 1920; Quelle: Theaterwissenschaftlich Sammlung der Universität zu Köln

102 Der nachgestellte Fackelzug vom Januar 1933, Foto Scherl; Quelle: ullstein bild, Süddeutsche Zeitung Photo / Scherl

103 Hitler-Rede auf dem Reichsparteitag in Nürnberg 9.9.1938; Quelle: ullstein bild

104 Edward Gordon Craig, Szene, 1909; E. G. Craig: Über die Kunst des Theaters, 1911 (1969), S. 83

105 Carl Czscheka, Bühnenbild zu „König Lear", Deutsches Theater Berlin, 1908; Max Reinhardt: Sein Theater in Bildern, Katalog, Hannover 1968, S. 39

106 Hans Poelzig, Bühnenbild zu König Lear, Großes Schauspielhaus Berlin, 1923; Quelle: Theaterwissenschaftlich Sammlung der Universität zu Köln

107 John Heartfield und Erwin Piscator, Spielgerüst (Praktikabel) für „Trotz alledem", 1925; Erwin Piscator: Das Politische Theater (1929), Schriften 1, Berlin 1968, S. 68

107 Emil Pirchan, Szenenentwurf zu „Wilhelm Tell", Staatliches Schauspielhaus Berlin, 1923; Quelle: Theaterwissenschaftlich Sammlung der Universität zu Köln

108 Emil Pirchan, Dekoration zu Shakespeares „Richard III.", Staatliches Schauspielhaus Berlin, 1920; Quelle: Theaterwissenschaftlich Sammlung der Universität zu Köln

110 Max Fritsche, Szenenentwurf zu „König Ödipus", Münster, 1929; Theater der Weimarer Republik (Ausstellungskatalog), 1977, S. 732

111 Ewald Dülberg, Szenenentwurf zu „Fidelio", Krolloper Berlin, 1927; Theater der Weimarer Republik (Ausstellungskatalog), 1977, S. 752

112 Paul Bonatz, Stuttgarter Hauptbahnhof, Foto vor 1933; Hans Hildebrand

113 Fritz Mayer, Blick auf Ehrenhalle an der Luitpoldarena in Nürnberg, 1930 eingeweiht, Foto Scherl 1936; Quelle: ullstein bild, Süddeutsche Zeitung Photo / Scherl

114 Jan Julius Hahlo, Bühnenbildentwurf zu „Jedermann" Großes Schauspielhaus Berlin, Carl Niessen: Max Reinhardt u. seine Bühnenbildner, Köln 1958

115 Hans Poelzig, Bauten zu „Der Golem, wie er in die Welt kam", 1920; Quelle: Architekturmuseum der TU-Berlin, Foto Nr. F 1626

116 Kurt Richter, K. Machus, Bauten zu „Madame Dubarry", 1919; Deutsche Kinemathek

117 Ernst Stern und Kurt Richter, Bauten zu „Das Weib des Pharao", 1922; Deutsche Kinemathek

118 Entwurf für ein Denkmal des Großdeutschen Reiches auf dem Kahlenberg bei Wien, 1941; Dieter Bartetzko, Illusionen in Stein 1985

119 Albert Speer, umgebaute Luitpoldhalle auf dem Reichsparteitagsgelände in Nürnberg, 1935, Foto vor 1938; W. Rittich: Architektur und Bauplastik der Gegenwart, 1938, S. 27

120 Leopold Blonder u. Karl Böhm, Bauten zu „Der Heilige Berg", 1926; Deutsche Kinemathek

121 Walter Röhrig, Hermann Warm u. Robert Herlth, Bauten zur Venedig-Episode in „Der müde Tod", 1921; Deutsche Kinemathek

122 Die Mauer in „Der müde Tod", 1921; Dieter Bartetzko, Illusionen in Stein 1985

123 Otto Hunte, Erich Kettelhut u. Karl Vollbrecht, Krimhild als Lichtgestalt „Die Nibelungen. Siegfried", 1924; Deutsche Kinemathek

124 Otto Hunte, Erich Kettelhut u. Karl Vollbrecht, Treppe vor Etzels Gästehaus in „Die Nibelungen. Kriemhilds Rache", 1924; Quelle: Deutsches Filminstitut DIF

125 Ansprache Hitlers auf dem Maifeld 1937; Quelle: ullstein bild

126 Otto Hunte, Erich Kettelhut u. Karl Vollbrecht, Siegfrieds Ritt durch den Wald, „Die Nibelungen. Siegfried", 1924; Deutsche Kinemathek

127 Heinrich Tessenow, Wettbewerbsentwurf für die Ehrenhalle im KdF-Seebad auf Rügen, 1936; Gerda Wangerin, Gerhard Weiss: Heinrich Tessenow, 1976, S. 250

128 Empfang in Gunthers Thronsaal, Menschen als Architektur; Dieter Bartetzko, Illusionen in Stein 1985

129 Wachen vor dem Haupteingang Voßstraße an der Neuen Reichskanzlei Berlin; Quelle: ullstein bild, Foto Heinrich Hoffmann, 1940

130 Walter und Johannes Krüger, Hindenburggruft im „Reichsehrenmal" Tannenberg, Foto vor 1938; Gerdy Troost, Das Bauen im Neuen Reich, Bayreuth 1938, S. 41

131 Die Wormser Burg aus: „Die Nibelungen. Siegfried“; Deutsches Filminstitut DIF

132 Otto Hunte, Erich Kettelhut u. Karl Vollbrecht, Gunthers Thronsaal in Worms, „Die Nibelungen. Siegfried“, 1924; Deutsche Kinemathek

133 Otto Hunte, Erich Kettelhut u. Karl Vollbrecht, Die Treppe vor dem Dom in Worms, „Die Nibelungen. Siegfried“, 1924; Deutsche Kinemathek

134 Ausstellungshalle im Deutschen Pavillon auf der Pariser Weltausstellung 1937 (Modell), Innenausstattung Woldemar Brinkmann; Quelle: ullstein bild, Foto Heinrich Hoffmann, 1937

135 Wilhelm Kreis, Gruft mit Ehrenmal unter der Soldatenhalle in Berlin, 1938 (Modell); Die Baukunst. Die Kunst im Deutschen Reich, 1939

136 Otto Hunte, Erich Kettelhut u. Karl Vollbrecht, Siegfrieds Gruft, „Die Nibelungen. Kriemhilds Rache“; Deutsche Kinemathek

137 Walter u. Johannes Krüger, Gruft im Braunschweiger Dom, 1936-38, Foto 1939; Die Kunst im Deutschen Reich, 1939, Folge 11, Ausgabe A, S. 363

138 Walter Köhler, Skizze zur Platzgestaltung um den Dom zu Worms, 1936; Deutsche Kunst und Denkmalpflege 2/1937 S. 63

139 Ziegler/Peter/Jung, Die rekonstruierte Kaiserpfalz in Kaiserslautern, 1936, Foto 1936; Deutsche Kunst und Denkmalpflege, 1937, S. 270

140 Das 1937-39 umgestaltete Langhaus des Braunschweiger Doms; Quelle: ZIKG, München

141 Hans Albers in „F.P.1 antwortet nicht“ – Filmplakat 1932

142 Fidus, Lichtgebet, zeitgenössische Postkarte

143 Ordensburg Vogelsang; Quelle Wikipedia, Foto 2007: VoWo

144 Wartburg Eisenach; Quelle: Wikipedia, Foto 2006: Robert Scarth

145 Ordensburg Vogelsang; Quelle Wikipedia, Foto 2011: Triffiado

146 Clemens Klotz, Ordensburg Vogelsang, Ehrenhof, Foto Scherl 1936; Quelle: ullstein bild, Süddeutsche Zeitung Photo / Scherl

147 Clemens Klotz, Ordensburg Vogelsang, Thingstätte; Quelle: Wikipedia, Foto 2006: Hans Weingartz

148 Georg Sluyterman von Langeweyde, Holzschnitt Vogelsang

149 Willy Meller, Sportlerrelief Vogelsang, weitgehend zerstört; Quelle: Wikipedia, Foto: Dickbauch

150 Hermann Giesler, Ordensburg Sonthofen, 1936, Foto 1944; Quelle: ullstein bild

151 ehemalige Ordensburg Krössinsee, Fernsicht 2012, Foto: Andreas Mietzsch

152 Marienburg; Quelle: Wikipedia, Foto 2010: DerHexer

153 Ordensburg Krössinsee, heute (nichtöffentliche) Kaserne; Foto: Andreas Mietzsch

154 Ordensburg Krössinsee; Quelle: Gerdy Troost, Das Bauen im Neuen Reich, Bayreuth 1938, S. 37

155 Burg Trifels, Gesamtansicht, Wiederaufbau durch Rudolf Esterer 1938, Quelle: Wikipedia, Foto 2006: R. Wallenstein

156 Burg Trifels, Rittersaal, Wiederaufbau durch Rudolf Esterer 1938; Quelle: Wikipedia, Foto 2006: Hermann Schmitz

157 Entwurf für einen Bunker, 1939; Deutscher Baumeister, 1940/12, S. 6

158 Der Gloria-Palast in Berlin nach einem Bombenangriff im Herbst 1943; Quelle: ullstein bild, Archiv Gerstenberg